DOUG FIELDS

Prólogo de Rick Warren

MINISTERIO DE JÓVENES con PROPÓSITO

9 Nueve principios básicos para un crecimiento saludable

Vida
EDITORIAL

DEDICADOS A LA EXCELENCIA

𝒮a misión de EDITORIAL VIDA es proporcionar los recursos necesarios a fin de alcanzar a las personas para Jesucristo y ayudarlas a crecer en su fe.

©2000 EDITORIAL VIDA
Miami, Florida 33166

Este libro se publicó en inglés con el título:
Purpose Driven Youth Ministry
por *Zondervan Publishing House*
©1998 por *Doug Fields*

Traducción: *Eric Whitney*

Edición: *Elizabeth Fraguela M.*

Diseño de cubierta: *Gustavo Camacho*

Diseño de interior: *Art Services*

Reservados todos los derechos

ISBN 0-8297-3199-7

Categoría: *Ministerio pastoral / Jóvenes*

Impreso en Estados Unidos de América
Printed in the United States of America

02   03   04   05   ❖   07   06   05   04

Toda persona con una visión para alcanzar con eficacia a los adolescentes, debe leer este libro.

Dr. Steve Gerali, Presidente del Departamento del Ministerio para jóvenes y Estudios del adolescente, Judson College

En una década solo se escribe un libro que da forma a la dirección para el trabajo con los jóvenes de la próxima generación. Doug Fields ha escrito este libro. Doug tiene la experiencia y destreza para guiarnos hacia el siglo veintiuno con una estrategia práctica que nos ayuda a ser más eficaces como obreros de jóvenes.

Dr. Jim Burns, Presidente, National Institute of Youth Ministry

¡Gracias, Doug, por escribir un libro tan estimulante, revelador y espiritualmente desafiante! La lectura de *MJP* será un requisito para cada clase del ministerio para jóvenes que enseño.

Dewy Betolini, Profesor asociado del Ministerio para jóvenes y Capellán de Biblia, Western Baptist College

MJP es un libro básico que es práctico. Es fácil de comprender y estimula la creatividad.

Les Christie, Profesor asociado del Ministerio para jóvenes, San José Christian College

Doug Fields es un líder preeminente en el campo del ministerio para jóvenes. Entiende lo que significa dirigirse por propósitos y establecer los valores esenciales para el ministerio estudiantil. Además, sus habilidades para la comunicación le permite brindar las aplicaciones prácticas que llevará su ministerio a un nivel más alto. Sinceramente recomiendo este libro.

Bo Boshers, Director ejecutivo, Student Impact [Impacto juvenil], Willow Creek Community Church

MJP es un muy esperado llamado para despertar al mundo del ministerio para jóvenes.

Rich Van Pelt, Presidente, Alongside Ministries

Doug Fields une todos sus años de un ministerio eficaz con los jóvenes en nueve principios prácticos fundamentales, bíblicos y aplicables que cualquier obrero de jóvenes puede utilizar.

Dr. Ken Garland, Profesor asociado de Educación Cristiana, Biola University, Talbot Theological Seminary

Doug Fields brinda una respuesta que es sólida en la filosofía y sin embargo práctica en cualquier marco de un ministerio para jóvenes. *MJP* brinda principios y estrategias que lo hace una herramienta valiosa en la clase y en el ministerio de todo obrero serio con los jóvenes.

Doug Randlett, Director ejecutivo, Centro del ministerio para jóvenes, Liberty University

Encontré que estaba de acuerdo con cada página. Especialmente aprecié la vulnerabilidad personal de Doug y cómo destacó los claros principios de la Palabra de Dios.

Dave Veerman, Socio, Livingstone Corporation, autor acerca del ministerio para jóvenes

El mejor, y más comprensivo de los libros para el ministerio de jóvenes que jamás he leído. Todo obrero para jóvenes que está en la vanguardia debe leer este libro.

Billy Beacham, Presidente, Student Discipleship Ministries

Doug Fields ha escrito el libro de texto para el ministerio de jóvenes. Afortunadamente, en vez de leerse como un libro de texto, se lee como una carta a un amigo cercano. Este libro está repleto de conceptos que nos hacen más que educar, nos inspiran. *MJP* no es la idea de un hombre acerca del ministerio para jóvenes, es una descripción de cómo debe ser el ministerio de jóvenes.

Mike Yaconelly, cofundador, Youth Specialties [Especialidades Juveniles]

MJP combina la práctica, principios y teoría con el resultado final de un libro increíble acerca del ministerio para los jóvenes. El compromiso personal de Doug y su experiencia en el ministerio con los jóvenes alentarán al voluntario, estudiante y profesional a alcanzar esta generación para Cristo.

Helen Musick, Instructor del Ministerio para jóvenes, Asbury Seminary

Doug Fields ha publicado el libro del «por qué». Este texto ayudará a los ministros de jóvenes a hacer menos actividades sin propósitos y más discipulado que rete la vida. Lo usaré aquí en el seminario para ayudar a los líderes a prepararse para una vida de ministerio.

Allen Jackson, Profesor de educación para jóvenes, Seminario Teológico Bautista de New Orleans

MJP alimenta a los obreros de jóvenes que están hambrientos por ver vidas cambiadas entre los jóvenes con una visión, valores e ideas eternas.

Kara Eckmann, Pastora de jóvenes, autora de *The Word on the Old Testament* [La palabra acerca del Antiguo Testamento]

Se deriva la credibilidad de este libro de su combinación única de principios bíblicos y la experiencia en la iglesia actual. En realidad, Doug es un pastor de jóvenes que trabaja diariamente con los jóvenes, padres, voluntarios y conserjes de iglesias. Estos principios fundamentales funcionan igualmente bien en una iglesia grande o pequeña.

Dr. Marv Penner, Presidente, Desarrollo de ministerios juveniles, Director de Briercrest Schools, Centro canadiense para investigaciones de adolescentes

¡Saque los demás libros del librero! Este es el libro más comprensivo, práctico y balanceado que siempre usará para desempeñar su ministerio con los jóvenes. Este libro fijará la norma de un ministerio eficaz para los jóvenes al entrar en el siglo vientiuno.

Lanny Donoho, Presidente, Youth Ministry Resources

MJP es una llamada para terminar con el ministerio improvisado para jóvenes. Sobre todo agradezco el énfasis de Doug acerca de desarrollar los hábitos espirituales entre los estudiantes, y no simplemente procesarlos mediante un programa de discipulado.

Tim Smith, autor, *8 Habits of an Effective Youth Worker* [Ocho hábitos de un obrero eficaz con los jóvenes]

Doug llega a la médula de lo que es bíblicamente importante en el ministerio para los jóvenes.

Miles McPherson, Presidente, Miles Ahead Ministries

Este libro está lleno de principios potentes, consejos sabios, percepciones prácticas, y herramientas útiles. Creo que tanto el novato como el veterano experimentado se beneficiará de su lectura.

Lynn Ziegunfuss, Directora de Capacitación, Youth for Christ/USA

Contenido

*Para los centenares de obreros de jóvenes comprometidos
que aman el aprendizaje.
Usted anhela tener información para cuidar
a los jóvenes que Dios le ha confiado.
Incansablemente busca maneras de alcanzar
a los que todavía no conocen a Cristo.
Usted es la razón de este libro.
¡Gracias por amar a Dios y a los jóvenes!*

Reconocimientos

Aunque mi nombre aparece en la tapa de este libro como el autor, los más cercanos a mí saben que jamás lo habría escrito sin el apoyo que me dieron extraordinarios hombres y mujeres de Dios a través de los años. Agradezco a Dios que me dio estas amistades que me respaldieron.

Quiero dar las gracias a los tres pastores para que trabajé, grandes hombres que tomaron interés en mí, me formaron, se ocuparon de mí y me permitieron el privilegio de participar en el ministerio con ellos: Jim Burns, Tim Timmons y Rick Warren. Cada uno, a su manera, ha moldeado mi vida por medio de mi asociación y amistad con ellos.

También estoy agradecido a mis amigos de *Youth Specialties,* que me han inspirado y desafiado durante los muchos años que hemos estado juntos. Muchas gracias a Tic Long, quien creyó lo suficientemente en mí, un joven obrero de los jóvenes, como para darme una plataforma para probar mis dones. Soy, en verdad, una persona enriquecida por estas relaciones con mis amigos de *Youth Specialties.* Agradezco también a Chap Clark y Marv Penner el aportar su sabiduría sobre el ministerio con la familia.

Mi equipo actual en la iglesia de Saddleback: Lynne Ellis, Aarón Gutridge, Ted Lowe y Matt McGill, no son solo algunos de mis amigos más queridos, sino que su compañerismo en el ministerio impacta claramente estas páginas. Particularmente quiero agradecerle a Matt el tiempo y esfuerzo extras que alegremente dedicó a este proyecto.

No habría encontrado la voz para escribir *Ministerio de Jóvenes con Propósito* sin las profundas amistades y compromisos de otros amigos obreros de jóvenes quienes hicieron añadiduras a lo ancho y a lo largo en mi ministerio: Johnny Baker, Barry Bland, Carol Cooper, Eddie James, Kurt Johnston, Mike Katzenberger, Amanda Korte, Jeff Maguire, Scott Rachels, Katie Sadler y especialmente a Keith Page, quien jugó un papel instrumental en mi años tempranos del ministerio con la juventud.

También quisiera expresar mi agradecimiento de corazón a las docenas de obreros de jóvenes que leyeron partes de mis borradores y me dieron sus perspectivas valiosas para comunicar mejor estos principios. Una amiga especial, Katie Brazelton, derramó conmigo su vida en este libro. No solo editó capítulos, sino que me desafió a pensar guiándome hacia la claridad y animándome durante el camino. Fue un regalo de Dios a través de este proyecto. Mi sincero agradecimiento para Greg Lafferty por luchar conmigo en el capítulo dieciocho, a Wendy Dalzell por mecanografiar el manuscrito, a Gaye Lyon, Mark Rayburn y Dave Lovejoy por el apoyo gráfico, a Linda Kaye, por ser mi asistente organizada y una amiga por mucho tiempo, y a Forrest Reinhart, por ir más allá del llamado a la amistad y dedicar incontables horas a este libro. Este es un mejor libro gracias a toda esta gente.

Mi aprecio más entrañable para mi preciosa esposa Cathy y mis hijos Torie, Cody y Cassie, que son una fuente constante de risas y rejuvenecimiento. ¡Los amo! Los sacrificios que ustedes cuatro hicieron para hacer posible este libro fueron sobrepasados solo por su amor a Dios y a mí. ¡*Nuestro* libro está terminado! ¡Deleitémonos en haber servido fielmente a Dios, y seamos bendecidos al escuchar las noticias de ministerios fructíferos con la juventud!

Prólogo

Virtualmente, tiene en sus manos un diploma de seminario del ministerio para jóvenes. Describe la visión, los valores, la estrategia y la estructura que hay detrás de uno de los ministerios de jóvenes más efecaces en los Estados Unidos. No conozco a nadie que desempeñe mejor el ministerio con la juventud que Doug Fields, y todos sus secretos están en este libro.

Antes de incorporarse al equipo pastoral de la Iglesia de la Comunidad del Valle de Saddleback, Doug ya era una autoridad nacionalmente conocida en el ministerio con la juventud. Estaba tan impresionado con su integridad personal, su amor a Dios y a los jóvenes, y su disposición de continuar estudiando no obstante el éxito alcanzado, que lo invité a unirse al equipo de Saddleback. Desde entonces, he visto a este pastor veterano construir un ministerio para jóvenes que ha transformado las vidas de literalmente miles de adolescentes. Mis propios hijos fueron poderosamente impactados por el ministerio manejado con propósito de Doug.

Si está buscando trucos, palabras mágicas o soluciones rápidas para el programa de jóvenes, este no es el libro correcto. Sin embargo, si está interesado en edificar un fundamento sólido, bíblico y equilibrado para alcanzar y discipular a la juventud año tras año, llegó al lugar apropiado.

La esencia del paradigma **manejado con propósito** es una estrategia y una estructura que asegura un énfasis igual al de los cinco propósitos del Nuevo Testamento para la iglesia. La mayoría de las iglesias y ministerios para la juventud tienen la tendencia de destacar sobremanera alguno de los propósitos (evangelización, adoración, comunión, discipulado y ministerio) desatendiendo los demás. Esto genera el desequilibrio. Pero, así como Saddleback y muchas otras iglesias con propósito lo han comprobado, el equilibrio genera salud, y la salud el crecimiento. Este libro explica cómo edificar un ministerio saludable con la juventud.

Desde la publicación de *Una Iglesia con Propósito*, nos han llovido informes de iglesias que se revitalizaron al aplicar estos principios. Ese libro se ha convertido en un libro de texto en muchos seminarios y facultades cristianas y, como resultado, hemos recibido muchas peticiones de ayuda para llevar ministerios específicos tales como la obra con estudiantes, interesados en regirse con propósito. Es la respuesta a cientos de cartas de ministerios para jóvenes que hemos recibido.

Ministerio de Jóvenes con Propósito no es un libro para solamente leer, sino para estudiar. Para sacarle mejor provecho, lo invito a comprarle un ejemplar a cada uno de los integrantes de su equipo de ministros de jóvenes, y estudiarlo con ellos, un capítulo a la vez, como muchos lo han hecho con *Una Iglesia con Propósito*. Estudie las implicaciones que cada capítulo tenga para su iglesia y haga una lista de los pasos de acción que intentará seguir.

Lo felicito por haber comprado este libro. Demuestra que usted es un estudiante. Todo líder es un estudiante, y en el momento que deje de aprender dejará de liderar. Afortunadamente, hay mucho que aprender en este libro, aun para los ministros veteranos de jóvenes. Usted aprenderá a edificar un ministerio equilibrado, manejado con propósito; a programar con propósito; a reclutar y preparar un equipo con propósito y hasta a- mantener con propósito su vida personal, mientras ministra a los jóvenes.

Creo que los mejores días de la iglesia están por venir. Este es un tiempo maravilloso para ministrar a la juventud. Mucho de los conceptos que usé al edificar la Iglesia Saddleback fueron los que descubrí y desarrollé siendo un ministro de jóvenes hace algunos años. El ministerio con los estudiantes es un gran lugar para experimentar con ideas que pueden bendecir a toda la iglesia.

¡Así que hágalo! ¡Arriésguese! ¡Experimente con distintos métodos, pero permanezca enfocado y regido con propósito! Mi oración es que Dios use este libro para capacitarlo, como al rey David,

a «servir a su propia generación conforme al propósito de Dios»
(véase Hechos 13:36).
Nos encantaría saber de usted.

Rick Warren
Pastor Principal
Iglesia de la Comunidad
del Valle de Saddleback

Introducción

Imagine por un minuto una dinastía deportiva, (un equipo que gana año tras año) escoja su favorito. Este éxito no se puede atribuir a un componente; varios factores combinados dan por resultado el éxito. Una verdadera dinastía es más fuerte que su mejor jugador. También debe tener jugadores clave que lo apoyen, un jefe entrenador motivador, entrenadores ayudantes experimentados, interés en adquirir talento libre, un dueño del equipo dispuesto a arriesgarse, una oficina productiva y un fuerte sistema para desarrollar el talento en formación (o mucha suerte al elegir el talento recién graduado). Los fanáticos deportistas promedio no toman todos estos factores en consideración cuando miran un juego de su equipo favorito. Por el contrario, se concentran en el mejor jugador del equipo y asumen falsamente que el éxito del equipo se debe a ese gran jugador.

Por desgracia, muchas de las iglesias visualizan al ministro de los jóvenes con esa misma mentalidad. Buscan el gran jugador (el obrero de los jóvenes) que puede salvar la franquicia (el ministerio de los jóvenes) y desarrollan un equipo ganador (voluntarios) que atraerá a los fanáticos (jóvenes). Una vez que el mejor jugador se identifica (ya sea un ministro nombrado o un laico voluntario), los dueños (la directiva de la iglesia, el comité seleccionado, el pastor principal) se concentran en otras actividades apremiantes de la organización (iglesia). Este tipo de escenario por lo general da por resultado una misión suicida para el jugador «estrella». Este avanza con entusiasmo y practica (trabaja) incontables horas procurando alcanzar el éxito (muchos jóvenes y programas) para complacer a los dueños. Pero para complacerlos a todos, el jugador tiene que

17

Los nueve componentes de un
Ministerio de jóvenes con propósito

Perseverancia — 9
Saber cómo mantener el enfoque, mantenerse fresco, ¡y quedarse vivo!

Participación de líderes — 8
Saber como traer a otros a bordo para ayudar a cumplir los propósitos

Padres — 7
Formar un equipo con la familia para obtener un ministerio más sólido

Expresión de valores — 6
Identificar creencias y estilos que apoyen los propósitos

Proceso — 5
Mostrar cómo piensa dirigir su audiencia hacia una madurez espiritual

Programas — 4
Crear programas para cumplir los propósitos y alcanzar el potencial de la audiencia

Potencial de la audiencia — 3
Identificar los estudiantes y su receptividad a los propósitos

Propósito — 2
Saber para qué existe su ministerio, escribirlo y colocar el liderazgo detrás de este

Poder de Dios — 1
Ayudar a los líderes apasionados con corazón puro a confiar en Dios

correr (a menudo sin saber a dónde) tanto y tan rápido durante tanto tiempo que eventualmente se cansa y sufre un daño (se quema) y tiene que ser reemplazado (renuncia o lo echan). A estas alturas, los dueños se involucran y buscan otro gran jugador que rescate el equipo del desánimo. El ciclo comienza de nuevo para edificar sin fundamento porque el último gran jugador estrella sintió el deber de ganar por su cuenta.

Mi meta para este libro es dirigirlo a través de un plan para edificar un ministerio saludable de jóvenes que no dependa de un gran obrero de jóvenes y que no se destruya cuando esa persona se va de la iglesia. Espero que use mis experiencias, observaciones y conversaciones con cientos de obreros para infundir conocimientos a su ministerio para jóvenes que les ayude a ser saludables. Donde hay salud, hay un crecimiento eventual.

Un ministerio saludable de jóvenes es un ministerio de jóvenes con propósito (MJP). Sin embargo, tener un ministerio de jóvenes con propósito no significa sencillamente que tenga un propósito detrás de todo lo que hace. Quiere decir que persigue y refleja los propósitos que Jesús mandó y manifestó en la iglesia primitiva: el Gran Mandamiento y la Gran Comisión. Reconocerá los cinco propósitos como:

1. evangelización
2. adoración
3. compañerismo
4. discipulado
5. ministerio

Un ministro con propósitos tendrá programas y estructuras que reflejen estos propósitos. En los capítulos siguientes se usan nueve componentes esenciales para desarrollar un plano para edificar un ministerio saludable de jóvenes. Los cinco propósitos eternos forman el componente principal alrededor del que se construyen los otros. Estos nueve componentes son:

1. poder de Dios
2. propósito

3. potencial de la audiencia
4. programas
5. proceso
6. expresión de valores
7. padres
8. participación de líderes
9. perseverancia

Si sigue el plano, descubrirá una estrategia completa que funciona. MJP no es un molde que promueve «hazlo a mi manera porque es la única». El modelo MJP es *un* modelo, no es *el* modelo. Hay muchas maneras para desarrollar el ministerio de jóvenes, y los buenos obreros estudian otros modelos eficaces que estimulan su pensamiento y aprenden a ser un ministro más competente. Si le avergüenza aprender de otra persona o ministerio, tiene un problema de orgullo (Proverbios 13:10). Dios honra los motivos de los humildes y de los que desean aprender, pero le duele el corazón de los orgullosos.

El ministerio de jóvenes con propósito no se deriva de la forma que el ministerio para jóvenes se *hacía* o *se debe* hacer, sino de cómo *se está* haciendo. Como obrero de jóvenes, estoy en la trinchera todos los días tratando de fortalecer estos nueve componentes en mi iglesia. Durante casi veinte años he vivido con la carga de la responsabilidad de desarrollar un ministerio para jóvenes que los prepare en lugar de ser un ministro de jóvenes que coordina actividades. No quiero dirigir programas, quiero discipular jóvenes. A través de estos años, he experimentado una amplia gama de éxitos y derrotas en mi empeño de edificar un ministerio saludable para jóvenes. Este libro es parte de una jornada continua para honrar a Dios mediante mi compromiso con la iglesia y los estudiantes.

Es tanto para líderes del ministerio de jóvenes con solo unos cuantos jóvenes como también para aquellos que tienen cientos de ellos. Y está dirigido para voluntarios que recién comienzan tanto como para veteranos graduados de seminarios con veinte años de experiencia de en el ministerio para jóvenes. ¿Cómo puede ser posible? Es posible porque los nueve componentes se basan en su habilidad de tomar estos principios transferibles y aplicarlos al contexto de su ministerio para jóvenes. Su estilo de liderazgo, educación y experiencia práctica será importante a medida que interprete los principios y determine cómo usarlos para fortalecer su ministerio. ¡No trate de hacerlo solo! Lea el libro con un equipo que se comprometa a lograr un ministerio espiritualmente saludable. Entonces use las preguntas: «Hágalo personal», al final de cada capítulo, para motivarse mutuamente a alcanzar nuevos niveles de crecimiento personal y en forma personal y grupal.

A continuación encontrará un repaso de los nueve componentes.

Primer componente
PODER DE DIOS
obra mediante líderes apasionados con corazones puros

El ministerio saludable de jóvenes comienza cuando tomamos en serio el poder de Dios para nuestras vidas espirituales. Una conexión directa existe entre la vitalidad espiritual de un líder y un ministerio saludable de jóvenes. La preparación actual para el ministerio de jóvenes a menudo destaca mucho *cómo hacer la obra de Dios* y descuida *cómo ser una persona de Dios*.

Segundo componente
PROPÓSITO
descubra por qué existe su ministerio y ejercítelo con comunicación y liderazgo.

Muy a menudo la mentalidad del ministerio para jóvenes consiste en «entra allí y comienza con algunos programas». Esta sección establece la importancia de crear un plano para su ministerio de jóvenes basándose en los cinco propósitos del Nuevo Testamento que mantiene una iglesia saludable.

Descubrir los propósitos es solo el comienzo. La verdadera salud comienza con su habilidad para comunicar los propósitos, y continúa a medida que aprende cómo poner liderazgo detrás de ellos de manera que la gente tenga un dirección interesante y una imagen de crecimiento.

Tercer componente
AUDIENCIA EN POTENCIA
identificar qué jóvenes son los «objetivos» para los propósitos

---

Es común que un ministro de jóvenes establezca programas para jóvenes que no existen o que no consideran a los jóvenes que tienen diferentes niveles de consagración. Esta sección explicará cómo catalogar los diferentes niveles de consagración espiritual de los jóvenes de manera que sus programas sean más eficaces en el cumplimiento de los cinco propósitos del Nuevo Testamento.

Cuarto componente
PROGRAMAS
decida qué programa alcanzará la audiencia en potencia y ayude a cumplir los propósitos de Dios

---

Los programas son el medio para alcanzar jóvenes de diferentes niveles y cumplir los cinco propósitos de la iglesia. La fórmula para crear un programa debe ser así:

Propósito + audiencia en potencia = Programa

Esta sección detallada lo ayudará a enfocar la edificación saludable del orden de los propósitos, evangelización, compañerismo, discipulado, ministerio y adoración en su ministerio de jóvenes y en la vida de los estudiantes.

Quinto componente
PROCESO
muestre sus programas para ayudar a los jóvenes a alcanzar una madurez espiritual

Los procesos permiten que los jóvenes vean dónde están situados en el plan del ministerio de crecimiento espiritual. Debe diagramar un proceso como un embudo, un diamante de juego de pelota, una pirámide, o cualquier otra cosa que sirva como una marco para los propósitos y programas.

Sexto componente
EXPRESIÓN DE VALORES
defina qué valores fortalecerán su ministerio y enriquezca sus propósitos

Todas las personas tienen valores, aptitudes, estilos y creencias que influyen en sus vidas. Un ministerio saludable de jóvenes identifica su valor clave y lo usa para fortalecer su ministerio. Cuando termine de leer estos componentes, sabrá que

- los propósitos revelan *por qué* existe su ministerio;
- la audiencia en potencia define a *quién* planea alcanzar;
- los programas destacan *cómo* intenta alcanzar su meta y cumplir su propósito;
- los procesos comunican hacia *dónde* quiere que los jóvenes vayan para lograr un crecimiento espiritual;
- la comunicación de valores muestra *qué* es importante para su ministerio; y,
- el poder de Dios determina *cuándo* va a suceder el crecimiento.

En este punto el libro cambia el énfasis de programación a personas. Los próximos tres componentes se concentran en los padres, los voluntarios y usted.

Séptimo componente
PADRES
formar un equipo con la familia para obtener un ministerio más sólido con la juventud y la iglesia

---

Los ministerios para jóvenes no pueden ser saludables si están aislados de la familia. La estrategia necesita una atención cuidadosa para llevar al máximo el papel valioso que juegan los padres como socios para ayudar a los hijos a alcanzar su potencial espiritual. Aunque ni los jóvenes ni los padres quieren una integración total, hay algunas formas deliberadas para formar un ministerio de jóvenes que toma en cuenta a la familia.

Octavo componente
PARTICIPACIÓN DE LÍDERES
buscar voluntarios y capacitarlos hasta convertirlos en ministros que cumplan los propósitos

---

Un ministerio saludable de jóvenes se basa en un fuerte liderazgo de voluntarios adultos que expresan su pasión por cuidar y dedicar tiempo de sus vidas ocupadas para edificar relaciones con jóvenes y ayudarlos a crecer en su fe. La salud comienza a emerger cuando los líderes adultos dejen de ser supervisores de actividades para convertirse en líderes.

Noveno componente
PERSEVERANCIA
aprender cómo sobrevivir las abrumadoras responsabilidades, problemas de disciplina y la aventura del cambio

El ministerio de jóvenes es difícil. Como evidencia hay un alto grado de entrada y salida de los obreros de jóvenes. Esta sección se concentra en: administrar el tiempo, tratar con jóvenes problemáticos, contender con los problemas de la política en la iglesia y hacer cambios con sabiduría antes de que estos asuntos lleven a la derrota. Estos capítulos de supervivencia se desarrollaron mediante años de experiencia y son ricos en pasión para ayudarle a correr y ganar en el ministerio de los jóvenes.

Aviso: A veces, mientras lea este libro, tal vez se sienta abrumado por la extensa cantidad de material que debe aprender y aplicar. Seguir las sugerencias enumeradas aquí le aliviará su ansiedad:

1. Busque el principio transferible detrás de cada idea. Usted puede leer una idea específica y decir: «¡No puedo hacer esto!» Sin embargo, usted puede transferir el principio general a la condición de su ministerio de jóvenes.

2. Reconozca que su horario, ayuda y recursos serán diferentes a los míos. Su habilidad para transferir principios variará de acuerdo a la disposición de *tiempo*, su habilidad para conseguir *ayuda* y la fortaleza de sus *recursos*.

3. *MJP* es un método de equipo. Ministro con un equipo de personas, y compartimos nuestros gozos y frustraciones. Puedo originar los principios y el liderazgo por ser la persona al frente, pero la aplicación es un proceso de equipo.

4. No compare su ministerio de jóvenes con los nuestros ni con cualquier otro. La comparación no es productiva, o se sentirá mal («Somos peores») o arrogante («Somos mejores»). Siempre perderá cuando compare lo que sabe acerca de sí mismo con lo que no sabe acerca de mio. Usted no puede ver todos los errores que he cometi-

do y que me han ayudado a descubrir lo que sé hoy. Tome nota: A distancia, los demás ministerios siempre se ven mejor.

5. No se sienta culpable por las cosas que no está haciendo. En este libro verá muchas ideas y principios que hace veinte años, ni siquiera cinco, yo no estaba haciendo. A medida que procesa este material, tome lo que funcione y adáptelo a su ambiente.

6. Formar un ministerio de jóvenes saludable requiere tiempo. Roma no se fabricó en un día como tampoco se formará su ministerio para jóvenes. Sea paciente, realista y estratégico acerca de que principios asignar como prioridades. Tal vez le lleve dos años comenzar a ver la salud que desea ver. Tómese su tiempo, construya con sabiduría, confíe en la sabiduría de Dios y no tenga miedo de obtener ayuda de otros.

7. Desarrollar un ministerio de jóvenes con propósito lo motivará. Tal vez no le sea fácil comprender e implementar de inmediato los principios de este libro. Quizá necesite marcar ciertas secciones y comentarlas con otros líderes de jóvenes. Mientras más revise un capítulo y piense en los principios, mejor los entenderá y aplicará.

Aunque existen varios libros para los ministerios con los jóvenes, no sé de ninguno que sea tan comprensivo y práctico como este. Muchos de los libros para estos ministerios que he leído son ricos en teoría, pero están escasos de práctica; muchos ofrecen una cuantas piezas del rompecabezas, pero dejan el resto para que los lectores lo descubran por su cuenta. Usted encontrará que este libro es tan filosófico como práctico. Intenta dejarle algunos principios transferibles que se pueden aplicar a cualquier grupo de jóvenes sin considerar el tamaño, denominación, facilidades, recursos o liderazgo existente.

Bendiciones,
Doug Fields

Primer componente

PODER DE DIOS

UNO

Los ministerios saludables para jóvenes
tienen líderes espiritualmente saludables

Mi amigo Ted leyó este primer capítulo y dijo: «Doug, tú no puedes comenzar el libro de esta manera; no hay ideas suficientes para el programa». Mi amiga Lissa, por otro lado, leyó el mismo capítulo y dijo, «¡Poderoso comienzo! A cada obrero de jóvenes se le debe requerir que lea este material antes de comenzar con ese ministerio. ¿Por qué estas respuestas tan diferentes?»

Ted tiene veintidós años y está comenzando a trabajar en el ministerio con la juventud. Cree en algo llamativo, un ministerio atractivo con la juventud que tenga slogans pegadizos, calendarios extravagantes, programas grandes e ideas creativas que pavimenten la ruta para un ministerio saludable con la juventud.

Lissa tiene cuarenta y dos años, es una obrera experimentada en el trabajo con los jóvenes que comenzó igual que Ted. Ella entiende la seducción de una idea entusiasta para dicho ministerio. Durante varios años de su liderazgo le dió más importancia al entusiasmo que a la salud. Las ideas del ministerio con la juventud eran más importantes que la intimidad con Dios. Los programas eran de mayor importancia que la oración. Permitió que su corazón se endureciera y luego se describió como una mentirosa espiritual en lugar de una líder espiritual.

Lissa no es la única. Yo también caminé por ese sendero. Yo también pasaba todo el tiempo buscando ideas creativas y programas extravagantes para hacer brillar mi ministerio para jóvenes. Desde entonces aprendí, como Lissa, que un ministerio saludable para la juventud no comienza con ideas, sino con líderes espirituales.

Cuando una iglesia (o líder del ministerio de jóvenes) valora principalmente la apariencia, hay poca necesidad de liderazgo espiritual. Un no cristiano podría llegar a ser un obrero de «éxito» con la juventud en esa clase de iglesia al aumentar las actividades, lanzar ideas nuevas y aumentar la asistencia. Después de una pequeña investigación, probablemente no encontraría ninguna diferencia mensurable entre este tipo de ministerio con la juventud y un club de servicio no cristiano. Ambos usan la apariencia para atraer.

Este primer capítulo lo desafía (también a su iglesia y al equipo del ministerio con la juventud) a desarrollar un ministerio en el que los líderes confíen en el poder de Dios. Este es el ingrediente esencial y fundamental para construir un legado espiritual saludable a largo plazo. A fin de cuentas, la salud es más atractiva que el entusiasmo.

Mi viaje desde la apariencia hasta la salud

En 1979 comencé a trabajar voluntariamente con jóvenes de 11 a 14 años en el ministerio de mi iglesia. ¡Me encantaba! Aunque no sabía lo que hacía, supe que Dios me estaba usando, a mí y a mis energías, para relacionarme con estos jóvenes y cuidarlos. Durante mi primer año, el director de los jóvenes dejó nuestra iglesia y yo llegué a ser el líder por omisión. (¡Era el único voluntario!) Un año después aún no sabía lo que hacía, pero estaba muy ocupado haciéndolo. Nuestro grupo tomaba parte en todo lo que podía encontrar. Si un volante llegaba a nuestra iglesia anunciando una actividad para los estudiantes menores, allá íbamos nosotros. Si asistía a una conferencia y obtenía un plan de muestra, lo usaba en la Escuela Dominical cuando volvía. Estaba demasiado ocupado y divirtiéndome mucho como para reconocer o admitir que no tenía la menor idea de cómo construir un ministerio saludable con jóvenes ni mucho menos que se esperara que yo edificara algo. El ministerio no era nada más que cuidar de los adolescentes con algún estudio bíblico ocasional. Pero como los estudiantes estaban entretenidos y la asistencia subió, todos parecían pensar que éramos un ministerio saludable de jóvenes.

Después de ser voluntario durante dos años, en 1981 me ofrecieron un puesto de interno con sueldo en un ministerio profesional para jóvenes. Me conmovió pensar que recibiría un sueldo para hacer lo que tanto me gustaba. Salté ante esta oportunidad y continué trabajando en este ministerio con jóvenes mientras terminaba la universidad y el seminario. Mi vida nunca se detenía. Además de la pesada carga de estudios, entrenaba a los equipos de la escuela para que yo pudiera obtener mejor acceso al terreno escolar de la localidad. Planeé campamentos, hablé a cualquier grupo que me escuchara y fui a cada conferencia disponible para preparar ministros para jóvenes. Mi vida era el ministerio para jóvenes, y llegué a ser un experto en ir, hacer y lograr.

En 1985, mi mentor en el ministerio con jóvenes me entregó el liderazgo de lo que se consideró un ministerio exitoso. Aunque me emocionaba, por otra parte también me obligaba a probar que yo «era el hombre». Esto me empujó a hacer más y a buscar ser el más grande y mejor en todo lo que hice (apariencia). Casi todas las noches de la semana yo estaba fuera de casa. Mientras que todas las actividades y entusiasmo aseguraban que nadie dudara sobre mi disposición para trabajar, yo dudaba de todo. En medio de esto, no podía librarme del vacío en todo lo que hacía. Estaba distante del Señor y mi corazón se endurecía lentamente. Nadie supo cómo se debilitaron mis disciplinas porque por fuera todo parecía andar bien. Podía hablar bien en relación a mi espiritualidad. Me había convertido en el niño de cartel para Proverbios 26:23: «Como baño de plata sobre vasija de barro son los labios zalameros de un corazón malvado».

Como mi vida interior se endurecía, mi mundo exterior en el ministerio con la juventud comenzaba a mostrar las grietas. Tres problemas principales me frecuentaban y me dejaban frustrado continuamente: no podía crear programas atractivos como los de otras iglesias, no estaba seguro de ser la persona correcta para el ministerio con la juventud y nunca podía hacer lo suficiente para agradar a todos.

Era demasiado arrogante para pensar que estos problemas me aventajarían y estaba demasiado inseguro como para pedir ayuda. Pero después de un año de mi nuevo reinado pastoral, Dios usó estos problemas que asomaban para ablandar mi corazón y enseñarme lo que necesitaba saber desesperadamente, si continuaría en el ministerio. Hubiera deseado aprender estas lecciones de un libro, pero para ser sincero, no creo que hubiera hecho la pausa necesaria para aprender de otros aunque hubieran escrito al respecto.

En cambio, me obligaron a encontrar una dependencia auténtica del poder de Dios para cambiar mi vida e impactar mi ministerio con la juventud.

Problema 1: No podía crear programas atractivos como los de otras iglesias

En mi búsqueda continua de ideas nuevas, lo último que escogí fue un programa que agradara a los padres, traer multitudes de estudiantes de afuera y ayudarlos a crecer espiritualmente. Necesitaba un programa poderoso que nos llevara de menor a mayor. Sin conocer algo mejor, estudié los ministerios de jóvenes de las «grandes ligas» y esperé que lo que estuvieran haciendo proporcionara mi respuesta. Traté de aplicar sus programas en mi ambiente, pero no entendí que había demasiadas variables para ser copiadas y tomadas en mi contexto del ministerio con la juventud.

Era demasiado inmaduro para buscar los principios transferibles que quizá me ayudaran. En su lugar, quería que un programa instantáneo trajera éxito rápido. Lo que sí aprendí es que copiar el programa de otro siempre lleva al fracaso. Algunas ideas del programa funcionaban por un tiempo, pero en mi ambiente no tenían la misma fuerza que tuvieron en las otras iglesias.

> **Copiar el programa de otro siempre me llevó al fracaso.**

Pensé que si el ministerio con la juventud consistía en crear programas intrigantes y yo no podía hacer esos programas, no debía ejercer dicho ministerio. Dependía de otros ministerios para proporcionar mis respuestas en vez de depender de Dios para mostrarme su plan para un ministerio saludable. Siempre me comparaba con otros obreros que hacían que los programas increíbles parecieran sencillos. Mi incapacidad para crear programas magníficos se derivaba de mis comparaciones, y mi duda llegó al límite. Llegué a convencerme de no tener el conocimiento ni las habilidades para trabajar bien el ministerio con la juventud.

Problema 2: Quizá no era la persona correcta para el ministerio de los jóvenes

Durante mis primeros años en el ministerio con los jóvenes, recuerdo pararme frente a los más jóvenes (11 a 14) y disfrutar sus miradas intrigantes. Era joven, divertido, enérgico y bien apreciado. Sus caras decían: «Esto será bueno». Pero solo unos pocos años después, cuando las cosas no iban tan bien, vi una mirada diferente, una que decía: «Más vale que esto sea bueno». Al carecer del conocimiento y las habilidades, pensé que los estudiantes ya no me apreciaban. Su entusiasmo decayó, la asistencia bajó, los voluntarios encontraron otros ministerios en la iglesia a los cuales dedicar su tiempo, y nuestros programas cambiaron cada vez que espié otro ministerio de jóvenes. Tanto los padres como los ancianos de la iglesia preguntaban qué pasaba, y admití que todos los problemas eran mi culpa. Miraba constantemente por encima del hombro para ver si otra gente pensaba lo mismo que yo, que tal vez no era la persona ideal para el ministerio con los jóvenes a pesar de tener todo lo necesario.

Aunque trabajé horas agotadoras, el trabajo no resultaba ser como todos parecían querer. Surgieron expectativas no explicadas previamente, y abastecieron mi personalidad trabajadora queriendo arreglarlo todo, aunque específicamente no podía identificar los problemas. Hacía tiempo que mi deseo de trabajar en este ministerio se había cambiado de agradar a Dios a apaciguar a la gente. Quería tener el aprecio de todos, y ese deseo me llevó al tercer problema mayor.

Problema 3: Nunca podía hacer lo suficiente para agradar a todos

El momento crítico comenzó luego de un intento para aumentar el número de asistencia decreciente. Organicé un campamento evangelístico que para asistir, tenía por requisito traer a un amigo inconverso. Para mi asombro, nuestros jóvenes respondieron al desafío. Ese fin de semana el poder de Dios se movió y la mayoría de los estudiantes inconversos volvieron del campamento con una nueva y significativa relación con Jesucristo. Era el mejor campamento que jamás había experimentado.

Al siguiente lunes del campamento, entré a la oficina de la iglesia ansioso por dar las noticias al personal de la iglesia y oír los mensajes de elogio que creí habrían estado llegando toda la mañana. A medida que me acercaba a la oficina de la iglesia, la mezcla de mi inseguridad y orgullo crearon una fantasía en la cual imaginé a todo el personal aguardando mi llegada en una fila a la entrada para felicitarme y cantando el coro «Cuán grande es él».

Mi burbuja de fantasía explotó cuando el administrador de la iglesia me preguntó inmediatamente: «¿Sabe usted que nuestro megáfono se rompió este fin de semana y que las camionetas de la iglesia no fueron devueltas a sus respectivos lugares de estacionamiento?» No sabía qué responder. Me quedé sin habla (lo cual era un pequeño milagro). Este no era el saludo que esperaba. En mi estado de choque, dije algo acerca de estacionar las camionetas y comprar un megáfono nuevo. Bajé la cabeza y caminé a mi oficina. Mientras me sentaba en mi escritorio, pensé «¿Renuncia se escribe con s o con c?» Fue entonces que recibí una llamada telefónica de una de las madres de los jóvenes. Asumí que me llamaba para agradecerme el cambio de vida operado en su hijo luego del fin de semana. Por el contrario, dijo: «Doug, tengo algunos problemas con su liderazgo en el campamento durante el fin de semana». Y pasó a explicarme que la única historia que había oído de su hijo era que una noche los chicos se acostaron en ropa interior, expulsando ventosidades y prendiendo fósforos para hacer fuego y reírse de la apariencia de las llamas. Continuó llamándome la atención por lo irresponsable y peligroso que esto era, diciendo que realmente los chicos pudieron haber explotado. (¡Yo solo pensaba qué magnífico vídeo podría ser esto!) Me imagino que ella pensaba que era algo que habíamos planeado y no una travesura de jóvenes. De cualquier manera, me convertí en el objeto de su ira.

Hacía solo diez minutos que había llegado a la oficina y ya había tenido dos conversaciones negativas con respecto a uno de mis mejores fines de semana en el ministerio. Salí inmediatamente. Mientras manejaba hasta mi casa, no pude contener mis emociones y comencé a llorar (no el tipo de llanto con lágrimas en los ojos, pero mi cuerpo estaba convulsionado). Pensé en todo el tiempo, la energía y la emoción que había dedicado al fin de semana. Mentalmente repetí las conversaciones profundas, las numerosas decisiones difíciles del liderazgo y las caras de los muchos estudiantes que se habían entusiasmado con Cristo. Mientras lloraba, decidí arrogantemente que después de todo el trabajo que había hecho no merecía este trato.

Fue en ese momento, sentado en mi coche a un lado del camino, que sentí la presencia sobrenatural de Dios. Desearía decir que había una instrucción audible; pero no la había. No obstante, en mi corazón sentí la presencia de Dios como nunca antes había experimentado. Sentí que Dios me decía: «Doug, tú nunca serás capaz de hacer lo suficiente para agradar a todos. Concéntrate en mí. Descansa en mí. Permanece en mí. Si tu corazón gira hacia mí, podemos trabajar juntos y hacer algunas cosas buenas.» Eso era. ¡Este fue el momento que revolucionó mi ministerio! Mis tres problemas del ministerio con la juventud se solucionaron luego de esa experiencia. La respuesta no estaba en programas, ni en sentirse apreciado, ni en complacer a todos. La respuesta estaba en convertirme en la persona correcta para el ministerio con los jóvenes. Había dejado a Dios fuera de la ecuación y había estado haciendo el ministerio con la juventud usando mi propio poder. Mi corazón se había endurecido, y empleaba todo mi tiempo *haciendo* el trabajo de Dios sin *ser* un hombre de Dios.

> **Empleaba todo mi tiempo haciendo el trabajo de Dios sin ser un hombre de Dios.**

Dios no solo trabajó en las vidas de los jóvenes por medio de ese campamento, pero también lo usó para hacer su trabajo en mí. Mi enfoque y la dependencia se habían centrado insensatamente en mi propia habilidad de realizar *(hacer)*. Ahora entendí que si permanecía dependiendo de Dios y tenía mi enfoque en él, me daría el poder *para ser* su siervo y así alcanzar sus propósitos en mi ministerio.

Cómo llega uno a ser un obrero de la juventud ¿Quién depende de Dios?

Muchos obreros de jóvenes con quienes hablo pueden sentirse inadecuados con sus dones, su llamado al ministerio con la juventud y su desempeño como líderes. La esperanza en estas luchas se encuentra al concentrarse en Dios y su Palabra. La solución a mis tres problemas cambió mi vida y ministerio, y me llevó a aumentar mi dependencia en el poder de Dios y a desarrollar mis habilidades como un líder espiritual.

Respuesta 1: Reconozca el poder de Dios a través de la humildad personal

Cuando mi orgullo me empujó a crear programas extravagantes, Dios me enseñó humildad. Mediante la experiencia que me estrujó el corazón, reconocí que a fin de cuentas los programas no funcionan, es Dios. Dios no necesita un programa para obrar. Ni siquiera me necesita a mí. Reconocer esto me hizo humilde cuando finalmente admití que mi parte en la obra de Dios es muy pequeña. Cuando acontecen cosas buenas necesito reconocer que suceden gracias al poder de Dios y no por mí.

Di☺s n☺ necesita un pr☺grama para ☺brar. Ni siquiera me necesita a mí.

Si usted es alguien que absorbe el crédito por el éxito, la humildad puede ser una cualidad extranjera. Quien se adueña del crédito por el éxito alcanzado, fácilmente pierde de vista el poder de Dios. Nunca planeo adueñarme del crédito que pertenece a la obra de Dios, pero a menudo me he visto haciendo un cambio sutil pensando que el ministerio con la juventud no es la obra de Dios, sino el resultado de mis habilidades y esfuerzos. Lamento admitirlo, pero muchas veces me he dado palmaditas por la espalda cuando fue Dios quien merecía el crédito. Tristemente, cuando las cosas iban mal no me consideré responsable. Casi sin excepción, si las cosas no salían bien imploraba que Dios reforzara «su» trabajo.

Cuando las vidas cambian, aumenta la asistencia y suceden cosas buenas, necesitamos reconocer el poder de Dios, alabarlo y acreditárselo a él. Pablo dió este consejo en 1 Corintios 1:31: «Si alguien ha de gloriarse, que se gloríe en el Señor». Usted y yo no tenemos nada que ver con la transformación verdadera de una vida terrenal a una vida eterna, eso es obra de Dios. Podemos guiar a los estudiantes en una dirección correcta, y hasta podemos tener el privilegio de ser embajadores de Dios, pero bajo ningún concepto debemos apropiarnos del crédito de Dios. Si nos jactamos, necesitamos jactarnos acerca de Dios. Es sinceramente humillante pensar en el imponente privilegio y responsabilidad de ser usados por Dios.

Respuesta 2: Someta sus habilidades a Dios y permita que su poder obre a través de lo que es usted

Cuando me sentí inadecuado como ministro de jóvenes y dudaba de mi llamado, tuve que practicar la sumisión. Regularmente someto a Dios todo lo que soy y todo lo que tengo para ofrecer porque no tengo el conocimiento, la energía natural ni la habilidad para relacionarme con los adolescentes como lo hacía hace veinte años. Cada semana, cuando estoy con los adolescentes, recuerdo que ya dejé de ser joven (soy de la edad de sus padres).

¿Alguna vez se ha sentido como un adulto aburrido? ¡Yo sí! Si los estudiantes me piden que los lleve de la iglesia a su casa, les contesto: «Está bien, ¿pero te puedes sentar en el asiento del niño?» Es que tengo pañales y biberones por todas partes, y eso no es muy atractivo. Una vez que están en mi coche, empujan los botones preprogramados de las estaciones de radio pensando que encontrarán una estación de música. ¡No en mi coche! Escucho las noticias (lo más loco que escucho es la estación dedicada a llamadas telefónicas). Trato de mantenerme al día escuchando algo de su música. Alguna que otra vez, veo MTV hasta que termino con dolor de cabeza por lo mucho que giran la cámara. No conozco las últimas bandas, y no me gusta que los estudiantes me hagan escuchar su música (principalmente porque no entiendo la letra).

Además de sentir que no estoy al día, tengo menos energía que antes. ¡Detesto pasar la noche en vela! No puedo salir con ellos siempre. Con toda sinceridad tengo que admitir que no tengo el mismo conjunto de habilidades que tenía hace una década. Además, estoy aprendiendo que no es del todo malo.

Al someter mis habilidades al poder de Dios, puedo descansar en la misma verdad que el apóstol Pablo comunicó acerca de su debilidad cuando Dios le dijo en 2 Corintios 12:9: «Te basta con mi gracia; pues mi poder se perfecciona en la debilidad.» Pablo respondió: «Gustosamente haré más bien alarde de mis debilidades, para que permanezca sobre mí el poder de Cristo.»

Esta sumisión impide que me deprima. Admito que no puedo mantenerme al ritmo de la cultura de los adolescentes y que ya no soy tan chispeante. Cuando someto mi vida y mis habilidades a Dios para el trabajo del ministerio con la juventud, descanso en la promesa de que ese poder de Dios está disponible para mí, «es cierto que [Jesucristo] fue crucificado en debilidad, pero ahora vive por el poder de Dios. De igual manera, nosotros participamos de su debilidad, pero por el poder de Dios viviremos con Cristo para [servirlos] ustedes» (2 Co 13:4).

Permita que el poder divino que se revela en la vida del creyente encienda sus habilidades. Regocíjese sabiendo que su presencia y palabras dan al poder de Dios otra oportunidad de comunicarse con estudiantes a quienes Dios ama. Recuerde lo que dijo Pablo acerca de su falta de habilidades verbales en 1 Corintios 2:4-5: «No les hablé ni les prediqué con palabras sabias y elocuentes sino con demostración del poder del Espíritu, para que la fe de ustedes no dependiera de la sabiduría humana sino del poder de Dios». Cuando pienso que la verdad de Dios trabaja a través de mis debilidades, se estremece mi alma y me mantiene en marcha.

> **Regocíjese sabiendo que su presencia y palabras dan al poder de Dios otra oportunidad de comunicarse con jóvenes a quienes Dios ama.**

Respuesta 3: Concéntrese en ser una persona de Dios antes de hacer la obra de Dios

En lugar de tratar de agradar a otros, aprendí a vivir mi vida para una audiencia de Uno. Hacer la obra de Dios no es tan importante como ser la persona de Dios. Ya que tiendo a ser una persona que le gusta agradar a la gente, necesito un recordatorio continuo de que Dios está más preocupado por mi salud espiritual que por mi apariencia del ministerio con la juventud.

En la iglesia, *hacer* puede convertirse en una ilusión que requiere más atención que nuestro *ser*. Jesús tiene una advertencia para la gente que está más preocupada por hacer que por ser: «No todo el que me dice: "Señor, Señor", entrará en el reino de los cielos, sino solo el que hace la voluntad de mi Padre que está en el cielo. Muchos me dirán en aquel día: "Señor, Señor, ¿no profetizamos en tu nombre, y en tu nombre expulsamos demonios e hicimos muchos milagros?" Entonces les diré claramente: "Jamás los conocí. ¡Aléjense de mí, hacedores de maldad"» (Mateo 7:21-23).

¿Se imagina verse parado delante de Dios haciendo una lista de todas las cosas que ha hecho? «Dios, hablé por ti; confeccioné retiros para ti; durante varios años trabajé de voluntario. ¿Quieres que siga la lista? Hice vídeos magníficos; leí *Ministerio de Jóvenes con Propósito* por ti; hasta amé a los hijos del pastor. ¡Y todo lo hice por ti!» No sugiero que dude de su salvación, pero le motivo a considerar todo lo que hace y reírse de lo ridículo que sería presentar una lista como esa ante los ojos de Dios.

La siguiente oración vale el precio de este libro si la puede aplicar a su vida: «Usted nunca podrá hacer lo suficiente». Esta vez ponga su nombre en el blanco e imagíneme como a un amigo suyo diciéndole esto cara a cara. «Quiero que sepa una verdad importante que le evitará mucho dolor, dolor de corazón, y tiempo si puede entenderlo: _____, usted nunca podrá hacer lo suficiente. Siempre hay algo más por hacer. ¡El ministerio para jóvenes nunca termina! No permita que hacer la obra de Dios le cueste dejar de ser la persona de Dios.»

Refuerce su ministerio con la juventud colocando una prioridad más alta en «ser» que «hacer». He visto que la integridad espiritual juega un papel tan importante en el ministerio con la juventud que con sinceridad puedo decir que mejor prefiero a un voluntario santo que a diez voluntarios hábiles que no confían en Dios. No hago un secreto de esto. Los adultos en nuestro ministerio entienden que valoro su madurez espiritual mucho más que su ministerio. No me mal entienda; quiero que los voluntarios hagan su ministerio, pero no a costa de su crecimiento espiritual. El poder de Dios trabajando en las vidas de los líderes es el fundamento de un ministerio saludable de jóvenes.

¿Juega a las escondidas?

Son muchos los obreros de jóvenes que consciente o inconscientemente están atrapados en un juego inútil de ministerio a las escondillas. Ministran escondiéndose detrás de un programa exagerado, buscando con desespero la próxima idea para inflar su ministerio. Si esto describe su trabajo, mi oración es que oiga la voz de Dios y se libere. Dios nos llama compasivamente a regresar a casa donde tenemos la libertad de estar a salvo y seguros para relacionarnos con él. Es aquí donde podemos poner en primer lugar lo que va primero desarrollando nuestra propia vida espiritual y concentrándonos en crecer en Cristo.

Proverbios 5:21-23 nos recuerda que no importa cuánto hagamos por Dios o cuán ocupados estemos con el ministerio para los jóvenes, a Dios no lo podemos engañar en lo que a nuestra vida interior se refiere: «Nuestros caminos están a la vista del Señor; él examina todas nuestras sendas. Al malvado lo atrapan sus malas obras; las cuerdas de su pecado lo aprisionan. Morirá por su falta de disciplina; perecerá por su gran insensatez.»

Los jóvenes que usted ministra no necesitan sus ideas ingeniosas ni sus magníficas habilidades para programar. Lo que necesitan es un modelo vivo, un hombre o una mujer de Dios apasionado por su fe. Su pasión será contagiosa. Los jóvenes querrán lo que usted tiene. Su fe lo ayudará a desarrollar un fuerte fundamento para un ministerio saludable de jóvenes.

Jesús comunicó este mismo principio a sus seguidores cuando dijo en Lucas 6:47-49: «Voy a decirles a quién se parece todo el que viene a mí, y oye mis palabras y las pone en práctica: Se parece a un hombre que, al construir una casa, cavó bien hondo y puso el cimiento sobre la roca. De manera que cuando vino una inundación, el torrente azotó aquella casa, pero no pudo ni siquiera hacerla tambalear porque estaba bien construida. Pero el que oye mis palabras y no las pone en práctica se parece a un hombre que construyó una casa sobre tierra y sin cimientos. Tan pronto como la azotó el torrente, la casa se derrumbó, y el desastre fue terrible.»

¡El ministerio para jóvenes es difícil! Está lleno de distintos tipos de tempestades y el poder de Dios es todo lo que usted tiene para ayudarlo a combatir los aguaceros. Ninguna idea o programa del ministerio de jóvenes pueden competir con el poder de Dios que trabaja *en* y *por* usted mientras él le da pasión por los estudiantes y usted le da un corazón puro. Si busca a Dios verá elementos sobrenaturales dentro de su ministerio que ninguna idea atractiva podría producir jamás. Al descansar en Dios y confiar en su poder, usted deja lugar para que él haga su obra. Ore pidiendo que Dios realice los milagros mientras usted lee este libro.

Ninguna idea o programa puede competir con el poder de Dios que trabaja en y por usted mientras él le da pasión por los estudiantes y usted le da un corazón puro.

HÁGALO PERSONAL

Para asimilar

Si es un obrero voluntario, un interno, un miembro del personal pagado, o un estudiante de universidad llamado por Dios al ministerio con los jóvenes, recuerde que su ministerio con la juventud en la iglesia no será saludable si su vida no está fundada en Dios y depende de su poder. Su caminata espiritual es una parte esencial en la ecuación del ministerio saludable con la juventud.

Jesús aclaró que damos frutos cuando estamos relacionados a él, Juan 15:5. El apóstol Pablo entendió el crecimiento espiritual, y desafió a sus lectores a evaluar su fe para asegurarse de que no estuvieran solo «haciendo una pantomima» (véase 2 Co 13:5).

Si se prueba y encuentra que necesita ayuda en su vida espiritual, lo invito a hacer cualquier cosa para reforzar este fundamento espiritual. Las siguientes acciones siempre me han ayudado:

1. Admita sus luchas.
2. Pida a Dios poder para disciplinarse con el propósito de la piedad (1 Ti 4:7).
3. Pida a Dios valor para confesar estas luchas a un amigo que verdaderamente se preocupe por usted y lo pueda ayudar.
4. Trabaje con este amigo en un plan espiritual de restauración.

Para comentar

Su ministerio juvenil tomará un paso saludable si usted está dispuesto a entrar en diálogo acerca del material que lee. Los líderes buenos son estudiantes ávidos, y no le temen a la discusión, aunque cause vulnerabilidad. Las preguntas al final de cada capítulo sirven como disparadores para generar discusión en el equipo del ministerio juvenil.

1. ¿Tiene un ambiente del ministerio juvenil donde se evalúa el crecimiento espiritual?
2. ¿Sienten los jóvenes que los líderes del ministerio juvenil son hombres y mujeres de Dios?
3. ¿Qué papel juega la oración en su ministerio?
4. Como un equipo, ¿está usted honestamente interesado en la salud espiritual de los jóvenes o en la emoción provocada por la apariencia de los grandes programas?
5. ¿Cómo puede motivar la espiritualidad entre sus líderes?
6. ¿Qué hará si ve en un líder señales de tener un corazón endurecido?
7. ¿Dónde es evidente el poder de Dios en su ministerio?

Segundo componente
PROPÓSITO

DOS

Descubra los cinco propósitos
para el ministerio con los jóvenes

Cuando hablo en conferencias de ministros de jóvenes, la pregunta que más me hacen es «¿Qué debo hacer para que mi grupo crezca?» Aunque esta sea una pregunta ambiciosa, no es la más importante.

Yo respondo: «Primero dime, ¿por qué existe tu ministerio con la juventud?» Esa es la pregunta más importante. La respuesta, o más comúnmente la falta de una respuesta, por lo general es una buena indicación de la capacidad de crecimiento del grupo. Cualquier ministerio para jóvenes es capaz de crecer cuando se apoya en los propósitos que Dios tiene para la iglesia.

El material de este capítulo lo ayudará a descubrir los cinco propósitos de Dios para un ministerio saludable. Estos propósitos son los componentes esenciales, la piedra angular para construir un ministerio con la juventud que goza de salud y crecimiento a largo plazo. El proceso para comprender los propósitos de Dios y su aplicación hará calmar la mentalidad de comenzar y hacer funcionar un programa. Mientras que procura reducir la marcha para descubrir

> **Comprender los propósitos de Dios y su aplicación hará calmar la mentalidad de comenzar y hacer funcionar un programa.**

los propósitos de Dios, al mismo tiempo mejorará la salud y aumentará más rápido el índice de crecimiento de su ministerio.

Son muchos los obreros de jóvenes que están ocupados haciendo programas, pero no pueden articular el propósito bíblico detrás de lo que hacen. Solamente están haciendo. Hace poco me reuní con un veterano pastor de jóvenes (veinte años o más) quien vergonzosamente admitió que nunca fue capaz de decir por qué hacía lo que hacía. Nunca se detuvo a pensarlo. Sé que él no es el único. Estimo que menos de diez por ciento de los líderes de jóvenes con quienes hablo puede explicar la razón de la existencia del ministerio. Menos aun han podido explicar con claridad su propósito para que otros puedan acogerlo y seguirlo. Y es raro encontrar un ministerio de jóvenes que tenga el liderazgo necesario para manejar y cumplir los propósitos. Debido a la ausencia de propósito y liderazgo bíblico, hay poca oportunidad para desarrollar un ministerio saludable con los jóvenes. Por otra parte, he visto una relación obvia entre el crecimiento espiritual y el crecimiento numérico en los ministerios para jóvenes que han descubierto los siguientes cinco propósitos, los han definido con claridad (capítulo tres) y han colocado el liderazgo detrás de los propósitos (capítulo cuatro). Cuando haga esto, será capaz de dirigir con pasión, dirección, y confianza.

Los cinco propósitos eternos de un ministerio con propósito para jóvenes

Una iglesia con propósito

Mi pastor, Rick Warren, escribió un libro llamado *Una Iglesia con Propósito*, [1] en el cual dedica seis capítulos para descubrir los cinco propósitos que Dios tiene para su ministerio: *evangelización, adoración, comunión, discipulado y servicio.*

Rick no creó estos propósitos, estudió las Escrituras y los descubrió. Y al expresarlos, edificó una iglesia saludable. Uno de los más grandes privilegios de mi vida fue trabajar con Rick y ver estos propósitos expresados mediante una estrategia en la Iglesia Saddleback, en el sur de California. Rick ayudó a desarrollar mis ideas llevándome a la Palabra de Dios como la fuente de la existencia de nuestro ministerio.

Este capítulo es un reflejo secundario del trabajo de Rick, pero es suficiente para ayudarlo a entender y comenzar el proceso de descubrir los cinco propósitos. La premisa de Rick en *Una Iglesia con Propósito* es que todas las iglesias están guiadas tanto por un énfasis verbal como por uno no verbal. Una iglesia se puede guiar por tradición, personalidad, finanzas, gente, programas, pero nada de esto derivará en una iglesia saludable. Una iglesia saludable se debe edificar en los cinco propósitos del Nuevo Testamento. Rick escribe:

> ¡Las iglesias fuertes se edifican con propósitos! Al concentrarse igualmente en los cinco propósitos del Nuevo Testamento para la iglesia, esta desarrollará el equilibrio saludable que hace posible el crecimiento duradero. Proverbios 19:21 dice: «El corazón humano genera muchos proyectos, pero al final prevalece los designios del Señor». Los planes, programas y personalidades no perduran. Pero los propósitos de Dios *permanecerán* ... A menos que la fuerza impulsadora detrás de una iglesia sea bíblica, la salud y el crecimiento de la iglesia nunca serán lo que Dios deseó. Las iglesias fuertes no se edifican con programas, personalidades, ni trucos. Se fundamentan en los propósitos eternos de Dios.

Los ministerios saludables con la juventud se fundamentan en estos mismos propósitos eternos. Afortunadamente, Dios ya nos los dio en la Biblia. Es nuestra tarea descubrirlos, comunicarlos y poner el liderazgo detrás de ellos.

Usted no crea los cinco propósitos, los descubre

A muchos obreros de jóvenes les gusta ser innovadores en su ministerio. Esta es una cualidad buena y será una gran ventaja cuando usted desarrolle una declaración de propósito. Pero cuando se refiere a los propósitos de Dios para su iglesia, el elemento de la innovación no reposa en nosotros. Ningún propósito que pudiéramos crear por nuestra cuenta sería más completo que los cinco que ya Dios ha creado divinamente para nosotros. Nuestros programas pueden ser negociables pero la evangelización, la adoración, la comunión, el discipulado y el servicio no son negociables. Nuestros programas y estilos pueden reflejar nuestra personalidad y creatividad, pero los propósitos de Dios reflejan su plan y amor para la iglesia.

> **Nuestros programas y estilos pueden reflejar nuestra personalidad y creatividad, pero los propósitos de Dios reflejan su plan y amor para la iglesia.**

Una iglesia movida con propósito se edifica alrededor de los cinco propósitos que se encuentran en dos pasajes populares, el Gran Mandamiento y la Gran Comisión. Mientras los cinco propósitos se describen en varios versículos del Nuevo Testamento,[3] estos dos pasajes que relatan las palabras de Jesús, resumen todos los otros.

El Gran Mandamiento: «"Ama al Señor tu Dios con todo tu corazón, con todo tu ser y con toda tu mente" —le respondió Jesús—. Éste es el primero y el más importante de los mandamientos. El segundo se parece a éste: "Ama a tu prójimo como a ti mismo". De estos dos mandamientos dependen toda la ley y los profetas» (Mateo 22:37-40).

La Gran Comisión: «Por tanto, vayan y hagan discípulos de todas las naciones, bautizándolos en el nombre del Padre y del Hijo y del Espíritu Santo, enseñándoles a obedecer todo lo que les he mandado a ustedes. Y les aseguro que estaré con ustedes siempre, hasta el fin del mundo» (Mateo 28:19-20).

Los cinco propósitos se encuentran en estos dos pasajes:

1. Adoración: «Ama al Señor tu Dios con todo tu corazón»
2. Ministerio: «Ama a tu prójimo como a ti mismo»
3. Evangelización: «Vayan y hagan discípulos»
4. Comunión: «Bautizándolos»[4]
5. Discipulado: «Enseñándoles a obedecer»

Estos son los cinco propósitos del Nuevo Testamento que mueven la iglesia en Saddleback y miles de otras iglesias que los han descubierto. Espero que esté pensando: «Esto no es nuevo; lo he oído antes». Exacto. Hace dos mil años que se conocen. Lo que puede ser nuevo para usted es el incentivo de dirigir un ministerio para jóvenes creado para reflejar y cumplir estos cinco propósitos. Cuando los cinco propósitos forman el fundamento de por qué hacer lo que hace, su ministerio se convertirá en un ministerio de jóvenes con propósito.

> **Cuando los cinco propósitos forman el fundamento de por qué hacer lo que hace, su ministerio se convertirá en un ministerio de jóvenes con propósito.**

Usted y yo podemos diferir en *cómo* procuramos cumplir estos cinco propósitos (con programas), pero nunca debe haber desacuerdo en cuanto a *qué* Dios nos ha llamado a hacer.

Una mirada más cercana a los cinco propósitos en un ministerio para la juventud

Antes de continuar, veamos una definición básica para cada propósito.

Propósito de la evangelización

Evangelizar es comunicar las buenas nuevas de Jesucristo a los que todavía no tienen una relación personal con él. Dios decidió usar su pueblo para ayudar a cumplir su plan de salvación. Las últimas palabras de Jesús nos hacen recordar que somos llamados a ser testigos suyos (Hechos 1:8).

Evangelizar es un propósito débilmente expresado en muchos ministerios con la juventud. Es difícil de cumplir en el ámbito de un programa, y es una amenaza en el ámbito personal. El liderazgo adulto debe modelar el propósito de la evangelización, si queremos que los estudiantes vean la importancia de esta comisión. Mientras los jóvenes desarrollan su fe, deben aprender que la evangelización no es solo su responsabilidad como creyentes, sino también un privilegio. Cuando este propósito se haga evidente en el ministerio para jóvenes, habrá un crecimiento sustancial. Este crecimiento no dependerá de un programa evangelístico, sino que sucederá al tener estudiantes evangelísticos.

> **El crecimiento no dependerá de un programa evangelístico, sino que sucederá al tener estudiantes evangelistas.**

El capítulo seis sugiere maneras prácticas para incorporar la evangelización en su ministerio para jóvenes.

Propósito de la adoración

Definimos adoración como celebrar la presencia de Dios y honrarlo con nuestro modo de vivir. Es nuestra razón de existir. En Romanos 12:1 se nos dice: «En adoración espiritual, ofrezca su cuerpo como sacrificio vivo, santo y agradable a Dios». Todo lo que hacemos en nuestro ministerio con la juventud es por amor a Dios y porque deseamos honrarlo y venerarlo con nuestra vida.

En el ministerio con la juventud solemos limitar la definición de adoración a cantar canciones de alabanza. Esta definición es demasiado limitada. La adoración se expresa en varias maneras: orar (Salmos 95:6), oír la Palabra (Juan 17:17; Deuteronomio 31:11), ofrendar (1 Corintios 16:1-2), bautizar (Romanos 6:3-4), meditar (Habacuc 2:20) y participar en la Cena del Señor (1 Corintios 11:23-26).

El capítulo siete presenta un ejemplo único de cómo un servicio de adoración puede alcanzar tanto a cristianos como a no cristianos.

Propósito de la comunión

Después que los jóvenes se convierten en creyentes, generalmente por alguna avenida de evangelización personal o programada, se les da la bienvenida a la comunión de creyentes. Efesios 2:19 dice: «Por lo tanto, ustedes ya no son extraños ni extranjeros, sino conciudadanos de los santos y miembros de la familia de Dios». Dios no pidió que los cristianos vivieran aislados, pero sí en comunión con otros creyentes e identificados con el cuerpo de Cristo. La comunión verdadera sucede cuando los estudiantes son conocidos, amados, tenidos por responsables y alentados en su peregrinaje espiritual.

Aunque la evangelización puede ser débil en muchos ministerios para jóvenes, por lo general el compañerismo es el propósito más fuerte. A menudo, el compañerismo se expresa con tanto ahínco que los jóvenes cristianos pierden de vista la evangelización y solo se concentran en otros creyentes, excluyendo el mundo de los inconversos de su campo de misión. Estos ministerios con la juventud llegan a ser los grupos de jóvenes, grupos exclusivos de cristianos, o círculos santos peligrosamente apáticos respecto a los perdidos.

Dedicamos el capítulo ocho a ayudarlo a crear un ambiente de compañerismo en el cual se pueda conocer a los jóvenes, nutrirlos, hacerlos responsables y animarlos.

Propósito del discipulado

Discipular es el término que por lo regular se usa para describir el proceso que edifica o fortifica a los creyentes que desean ser semejantes a Cristo. Las Escrituras están llenas de mandamientos para madurar y crecer en la fe. En Hebreos 6:1 se nos exhorta: «Dejando a un lado las enseñanzas elementales acerca de Cristo, avancemos hacia la madurez». El discipulado es un proceso de toda la vida que Dios usa para llevarnos a la madurez en Cristo.

En el ministerio para jóvenes, el discipulado puede ser el propósito menos recompensando y más nebuloso ya que la madurez espiritual es difícil de medir. Esto es especialmente cierto si trabaja específicamente con jóvenes de doce a catorce años. Por lo general, dos años en la vida de un adolescente no son suficientes para observar la madurez que ocurre gracias a su trabajo de discipulado. Cuando usted cree que comienza a reconocer algún fruto espiritual, el joven se gradúa de preparatoria.

El discipulado saludable prospera bajo líderes espirituales dispuestos a hacerlo posible. Constantemente plantan las semillas y riegan la fe de los jóvenes. Todo esto se hace confiando en que Dios hará lo imposible y traerá crecimiento. En 1 Corintios 3:6-7, el apóstol Pablo nos recuerda este proceso: «Yo sembré, Apolos regó, pero Dios ha dado el crecimiento. Así que no cuenta ni el que siembra ni el que riega, sino solo Dios, quien es el que hace crecer.»

El capítulo nueve presenta una nueva y emocionante manera de ayudar el proceso de discipulado sin permitir que los jóvenes lleguen a depender de un programa o persona para alcanzar su madurez espiritual. El capítulo proporciona una perspectiva revolucionaria para muchos obreros de jóvenes que dependen de los programas al preparar a sus jóvenes para un crecimiento espiritual a largo plazo.

Propósito del ministerio

Servir se puede definir como «satisfacer necesidades con amor». Dios ha bendecido a cada creyente con dones especiales para usarse en el ministerio. En el ministerio para jóvenes necesitamos comunicar con claridad que estos dones que Dios nos ha dado no vienen con limitaciones de edad. Los jóvenes no deben esperar a ser adultos para servir. Un ministerio saludable de jóvenes constantemente motivará a los jóvenes a descubrir sus dones y practicarlos en cada oportunidad de ministerio y misión. Cuando el propósito del ministerio se aplica, usted gradúa jóvenes siervos de Dios en lugar de asistentes a un programa, los cuales no son más que espectadores con pocas raíces como para mantenerse plantados en los caminos de Dios. Los jóvenes no se graduarán de su fe cuando terminen, se graduarán del ministerio para jóvenes.

Un ministerio saludable con la juventud constantemente motivará a los jóvenes a descubrir sus dones y practicarlos en cada oportunidad de ministerio y misión.

El capítulo diez nos muestra cómo desafiar a los jóvenes para que activen su fe y hagan el trabajo del ministerio. Muestra también cómo desafiar a sus ministros jóvenes para que se conviertan en líderes de jóvenes.

Equilibrio de los cinco propósitos

La mayoría de los ministerios con jóvenes podrían obtener las siguientes calificaciones, del 1 a 10, por los esfuerzos para alcanzar los cinco propósitos:

Comunión	A (10)
Discipulado	B (8)
Adoración	C+ (7)
Ministerio	C- (5)
Evangelización	D+ (3)

Estas notas son una generalidad de lo que veo cuando preparo obreros de jóvenes por todo el país, y puede o no ser un reflejo exacto de su ministerio. ¿Qué calificación le daría a los propósitos en su ministerio para jóvenes? ¿Se ve teniendo un énfasis fuerte de evangelización sin muchos jóvenes maduros porque el discipulado es débil? ¿Qué tal lo opuesto? ¿Tiene usted un discipulado fuerte pero durante años no ha visto ningún cristiano nuevo porque no tiene esfuerzos de evangelización? ¿O su ministerio con la juventud tiene una fuerte adoración, discipulado y comunión y usted se pregunta por qué no crece (no hay evangelización) y por qué los jóvenes son apáticos (no hay ministerio)? La mayoría de los ministerios de jóvenes sobresalen en por lo menos uno de estos propósitos, pero generalmente a costa de los otros.

Siga pensando en su ministerio para jóvenes. ¿Encontró equilibrio entre la evangelización, el compañerismo, el discipulado, la adoración y el ministerio? Cuando lo haga, descubrirá una imagen emocionante de la salud bíblica y un ministerio con propósito para jóvenes.

Los cinco propósitos en la Iglesia Saddleback

Mientras procuramos edificar miembros saludables en la Iglesia Saddleback, queremos que todos sepan las cinco razones bíblicas por las cuales existimos. Nuestro pastor ideó un lema y puso los propósitos en cinco palabras comenzando con *M* para su fácil retención. El lema es «Un Gran Compromiso con el Gran Mandamiento y la Gran Comisión harán una Gran Iglesia». Las cinco palabras *m* son: *misión, membresía, madurez, ministerio y magnificación*. Los adultos en nuestra iglesia las aprenden así:

Misión: Comunicamos la Palabra de Dios mediante la evangelización.

Membresía: Incorporamos al pueblo de Dios en nuestro compañerismo.

Madurez: Educamos a la familia de Dios a través del discipulado.

Ministerio: Demostramos el amor de Dios a través del ministerio.

Magnificación: Celebramos la presencia de Dios en la adoración.

Al trabajar con este componente de propósito dentro de nuestro ministerio con la juventud en la Iglesia Saddleback, sentíamos que algunas palabras no eran amistosas para el joven. La mayoría de los jóvenes, especialmente los inconversos, no se identifica con palabras como *misión, membresía y magnificación*. Como queremos que los jóvenes entiendan y tomen parte en los propósitos de nuestro ministerio, escogimos palabras que los jóvenes puedan comprender más fácilmente para comunicar los propósitos.

Mi pastor entiende bien el gran cuadro de los propósitos y cree que hay varias maneras de decir la misma cosa. Los cinco propósitos de la iglesia no tienen que comunicarse a nuestros jóvenes con las mismas palabras que usa la iglesia. Esta libertad permite que cambiemos y personalicemos las palabras sin comprometer los propósitos. Las palabras son importantes, pero las acciones son más importantes aun. Nuestros jóvenes aprenden los cinco propósitos con estas palabras:

Alcanzar es nuestra palabra para la evangelización.
Relacionar es nuestra palabra para la comunión.
Crecer es nuestra palabra para el discipulado.
Descubrir es nuestra palabra para el ministerio.
Honrar es nuestra palabra para la adoración.

Este capítulo le explicó los cinco propósitos; el próximo capítulo demuestra cómo escribir una declaración de propósito que su ministerio de jóvenes e iglesia puedan ver, entender y seguir. Use el ejercicio «Hágalo Personal» para pensar en palabras que funcionarán como esqueleto en su declaración de propósito. Enfocarse en las cinco palabras le ayudarán a comunicar y reforzar los cinco propósitos para que otros puedan ayudarlo a seguir los propósitos que Dios tiene para su ministerio con la juventud. Pero si ya tiene una declaración de propósito, la cual cree que es eficaz y le gustan las palabras aunque no revelen los cinco propósitos con claridad, está bien. La prioridad de un ministerio manejado con propósito para la juventud no es identificar cinco palabras mágicas para adornar el membrete, es construir un ministerio con la juventud que refleje claramente la evangelización, la comunión, el discipulado, el ministerio y la adoración.

HÁGALO PERSONAL

1. Debajo hay tres maneras en que los mismos propósitos se pueden comunicar. Anote cualquier palabra que inmediatamente le venga a la mente para comunicar el término común.

TÉRMINOS CLAVE	COMÚN	IGLESIA SADDLEBACK	MINISTERIO CON LA JUVENTUD SADDLEBACK	SUS PALABRAS
1. «Ama a ... Dios»	adoración	magnificación	honrar	_____
2. «Ama al ... prójimo»	ministerio	ministerio	descubrir	_____
3. «haced discípulos»	evangelizar	misiones	alcanzar	_____
4. «bautizándolos»	comunión	membresía	relacionar	_____
5. «enseñándoles ... a obedecer»	discipulado	madurez	crecer	_____

2. De los cinco propósitos, ¿con cuáles se identifica mejor?
3. ¿En qué propósito emplea la mayor parte del tiempo de su ministerio? ¿Coincide esto con su respuesta a la pregunta anterior? Sí o no, ¿por qué?
4. Haga un inventario de sus programas del ministerio para jóvenes y observe qué propósitos cumplen.
5. ¿Qué calificación daría a los cinco propósitos vistos en su ministerio con los jóvenes?

Evangelización   _____

Comunión   _____

Discipulado   _____

Ministerio   _____

Adoración   _____

6. Quizá su ministerio con los jóvenes destaca algunos propósitos más que otros. Cree un plan de acción que traiga equilibrio a su ministerio. ¿Qué paso puede tomar para reforzar su ministerio?

7. ¿Qué hará para asegurar que su ministerio exprese los cinco propósitos?

NOTAS

1 Rick Warren, *Una Iglesia con Propósito,* Editorial Vida, Miami, FL, 1998. Lo invito a obtener el libro de Rick para estudiarlo con su pastor. No solo será un obsequio magnífico, sino que beneficiará eventualmente su ministerio para jóvenes. Una iglesia saludable es una fuerza sustentadora detrás de un ministerio saludable con la juventud.

2 Warren, *Una Iglesia con Propósito,* pp. 88-89.

3 En el capítulo 3, nota 1, véase una lista de pasajes para estudiar dentro de su contexto del ministerio con los jóvenes.

4 De los cinco propósitos, la conexión entre el bautismo y la comunión ha sido el más difícil de entender para los obreros. En una explicación, Rick Warren escribe: «En el texto griego de la Gran Comisión hay tres verbos en presente continuo: *yendo, bautizando y enseñando.* Cada uno de estos verbos forman parte del mandamiento "haced discípulos". Yendo, bautizando y enseñando son elementos esenciales del proceso de discipulado. A primera vista usted se puede preguntar por qué la Gran Comisión le da la misma prominencia al simple acto del bautismo que a las grandes tareas de evangelización y edificación. Evidentemente, Jesús no lo nombró por accidente. ¿Por qué el bautismo es tan importante como para incluirse en la Gran Comisión de Cristo? Creo que esto es así porque simboliza uno de los propósitos de la iglesia: *la comunión unos con otros,* la identificación con el cuerpo de Cristo... El bautismo no solo es un símbolo de salvación, sino también un símbolo de comunión» (*Una iglesia con propósito,* p. 111).

TRES

Por qué una declaración de propósito es importante y cómo crearla

Durante un reciente seminario de MJP, tuve que almorzar con David, un apasionado pero frustrado obrero de jóvenes de Nashville. Tenía una lista de conflictos de los que quería hablar. Le fue difícil encontrar voluntarios, y los voluntarios que tenía no parecían entender por qué existía el ministerio para la juventud. Eran gente agradable, pero básicamente perdidos en el cuadro general del ministerio. Algunos de sus voluntarios eran fuentes de conflicto porque trataban de promover sus propios planes. También estaba cansado de ser interrogado y cuestionado con respecto a sus decisiones para el programa. Me dijo que dudaba de su liderazgo y de su llamado.

Sin advertirlo, David mantenía un secreto ante los jóvenes, el equipo del ministerio de jóvenes y la iglesia. Conocía los cinco propósitos de su ministerio, pero los mantenía escondidos. No lo hacía intencionalmente, pero tampoco reconocía la importancia de hacerlos saber. Se abrieron sus ojos cuando le hablé acerca de la importancia de comunicar los propósitos a través de una declaración de propósito. ¡Sacudió su cabeza y dijo: «Sí, eso es! Di por hecho que todos sabían lo que queremos alcanzar. Obviamente, esto es demasiado grande para suponerlo.»

David consideró a los jóvenes, a los padres y a sus voluntarios como personas valiosas que no tenían la menor idea de por qué existía su ministerio con la juventud. La mayoría de ellos aprecia a

David, y el ministerio tenía algunas cosas de calidad, pero el sentido de claridad y dirección se estaba perdiendo.

Dije a David que establecer los cinco propósitos en una declaración escrita de propósito y aprender a dirigir desde esa perspectiva (capítulo cuatro), ayudaría a resolver algunos de sus problemas y a hacer un impacto positivo en su ministerio. A usted también se lo aseguro.

Qué hará una declaración de propósito a su ministerio con la juventud

Una declaración de propósito aclarará la existencia de su ministerio

Al revelar una declaración de propósito, quitará el misterio de su ministerio. Una declaración clara de propósito lo ayudará a:

- dar sentido a sus programas,
- utilizar a sus voluntarios con más eficiencia y
- orientar la madurez espiritual de sus jóvenes

Una vez que comunique los propósitos de Dios para su ministerio, no tendrá que preguntar el *porqué* otra vez. La nueva pregunta será *cómo*: ¿Cómo alcanzamos lo que Dios nos ha llamado a hacer? El porqué se debe contestar antes que el cómo pueda tener sentido para otros.

La declaración de propósito del ministerio con la juventud de la Iglesia Saddleback contesta la pregunta del *porqué*.

El porqué se debe contestar antes que el cómo puede tener sentido para otros.

> **Nuestro ministerio para los jóvenes existe para ALCANZAR a jóvenes no creyentes, RELACIONARLOS con otros cristianos, ayudarlos a CRECER en su fe, desafiar a los que crecen a DESCUBRIR su ministerio y HONRAR a Dios con su vida.**

Nuestra declaración de propósito no deja pregunta alguna acerca de por qué existimos. No da las respuestas específicas a cómo alcanzaremos el porqué, porque el cómo no es un elemento importante para una declaración de propósito. El cómo cambiará mientras sus programas cambien, pero el porqué nunca debe cambiar.

Una declaración de propósito atraerá seguidores

Proverbios 29:18 dice: «Donde no hay visión, el pueblo se extravía.» Este versículo llegó a ser una realidad en mis primeros años del ministerio con jóvenes, cuando ni siquiera estaba seguro de por qué existía. Antes de descubrir nuestro propósito y aprender la importancia de comunicarlo, observé a jóvenes y voluntarios que vagaban sin objetivo. Llegaron a estar emocionalmente divididos y dejaron nuestro ministerio porque no había una clara comunicación acerca de por qué hacíamos lo que hacíamos. El ministerio no tenía dirección y la gente sentía que su presencia no tenía importancia.

De ahí aprendí que muchas personas en la iglesia son seguidores y tienen una gran necesidad de ser dirigidos y alentados en la dirección correcta. Quieren pertenecer a un ministerio que tenga propósito, y continuarán si saben a dónde van y están de acuerdo con el rumbo que se tome. La gente siente atracción por los ministerios que honran su tiempo y brindan significado a su vida. La gente es selectiva con su tiempo y no empleará mucho esfuerzo si falta dirección.

Una declaración de propósito reducirá el conflicto

Una dirección clara lo ayudará a manejar el conflicto de su ministerio. Si los propósitos de Dios no se comunican, la gente creará sus propios propósitos y cómo promoverlos. Al venir a Saddleback, llegué a conocer a los pocos voluntarios del ministerio para jóvenes preguntándoles qué entendían respecto al propósito de nuestro ministerio. Cada persona mencionó un propósito diferente, pero cada respuesta era aguda, apasionada y convincente. Uno dijo: «Existimos para animar a los jóvenes a practicar la adoración.» Otro dijo: «Existimos para edificar la comunión y ofrecer oportunidades a grupos pequeños.» Aun otro dijo: «Queremos alcanzar a jóvenes perdidos mediante programas evangelísticos.» A medida que conocía a estos voluntarios, se hacía claro que sus definiciones de propósito estaban relacionadas directamente con lo que ellos pensaban que debía estar sucediendo. Todos tenían buenas intenciones, pero no estaban de acuerdo con el propósito de nuestro ministerio, y esto los llevó al conflicto.

Antes de mis años de declaración de propósito, personalicé todos los comentarios negativos dirigidos a nuestro ministerio. Como no había comunicado nuestro propósito, la gente estaba confundida y hacía muchas preguntas. Sus preguntas, hasta las más inocentes, las sentía como ataques y las interpreté como falta de lealtad. Ahora reconozco que esta gente no era desleal sino que estaba perpleja por la falta de dirección.

Ya que tenemos una declaración de propósito, el conflicto acerca de la dirección casi no existe. Si hay conflicto acerca del propósito, no lo tomo personalmente, porque confío en el propósito de Dios para nuestro ministerio. Cuando alguien ataca nuestro propósito, se le muestran los cinco propósitos del Nuevo Testamento y se le recuerda por qué existimos. En Saddleback nunca discutimos nuestros propósitos. Hemos discrepado sobre el *cómo* de nuestro ministerio o sobre el *estilo* pero nunca sobre el *porqué*.

Si usted quisiera unirse a nuestro equipo de voluntarios en la Iglesia Saddleback, le pediría que estuviera de acuerdo con los propósitos de la iglesia. Sin este acuerdo habrían muchas posibilidades para agendas personales [programas particulares] y conflictos. Hace mucho tiempo decidí que no tengo tiempo para luchar con los santos de la iglesia. Ni usted tampoco. Ese tiempo de batalla se debe reservar para el Enemigo. Una declaración de propósito, claramente comunicada, lo ayudará a llevar al máximo este tiempo de batalla.

> **No tengo tiempo para luchar con los santos de la iglesia. Ni usted tampoco.**

Una declaración de propósito creará entusiasmo personal

Si usted no puede apasionarse con el propósito de su ministerio, está en el ministerio equivocado. Cuando la gente entienda su propósito y concuerde con él, se generará entusiasmo entre los líderes, padres y jóvenes. Nunca olvidaré la mirada de «¡Ajá!» en la cara de uno de nuestros voluntarios después de oírme enseñar nuestro propósito. Vino a mí sonriente y dijo: «¡Ya lo comprendo! ¡Fue magnífico! ¡Gracias!»

Recientemente estaba preparando mi mensaje para el fin de semana, mientras comía y estudiaba en Taco Bell (mi oficina favorita). Estaba sentado detrás de algunos jóvenes que se habían escapado de las clases de una escuela muy cercana. Miré a los jóvenes, asumí que eran inconversos y los filtré por nuestra declaración de propósito: «Existimos para ALCANZAR a jóvenes inconversos». Ellos son una de las cinco razones (evangelización) para lo cual existimos como un ministerio. Mi mente daba vueltas, pensando cómo nuestro ministerio para jóvenes podría alcanzar a estos jóvenes, y pedí a Dios sabiduría, más que la mía. Al pasar, para ir a rellenar mi vaso de soda, paré en la mesa y los invité a nuestra fiesta de Año Nuevo. Tuvimos unos pocos segundos de conversación y me fui. No escribo esto para que piense que soy valiente al hablarle a los jóvenes no cristianos, sino como ejemplo de lo que hace un líder cuando está apasionado con el propósito.

Una declaración de propósito profesionalizará su ministerio

Estoy apasionado con el ministerio para la juventud. Deseo ver que nuestra profesión continúe creciendo como una importante elección de la carrera para los llamados al ministerio, en lugar de ser una piedra de paso para un ministerio *superior* dentro de la posición pastoral. Como un defensor del ministerio para jóvenes, quiero que los obreros sean altamente considerados y apreciados por lo que hacen; una declaración de propósito comunicará la salud, la calidad y el profesionalismo.

> **La forma más rápida de mostrar a una iglesia que están pasando cosas es lanzar cuidadosamente una declaración de propósito.**

Durante mi seminario de MJP, los obreros de la juventud preguntan: «¿Por qué emplea tiempo desarrollando una declaración de propósito cuando necesitamos ideas para programas? Nuestra iglesia está buscando algo que suceda rápidamente para que se vea que estamos funcionando.» Verdaderamente, la forma más rápida de mostrar a una iglesia que están pasando cosas es lanzar cuidadosamente una declaración de propósito. Hacer esto es como colgar una bandera sobre la puerta de la iglesia proclamando: «Tomamos en serio lo que hacemos. Nuestro ministerio para jóvenes tiene propósito. Somos más que un centro de cuidado diurno de adolescentes.»

Cómo crear una declaración de propósito

Repase la dirección de su iglesia

Antes de escribir una declaración de propósito, necesita aclarar la dirección que su iglesia está tomando, para que su declaración de propósito del ministerio con jóvenes funcione en armonía con la dirección de su iglesia. El ministerio para jóvenes no se organizó para que fuera una entidad separada de la iglesia, sino un elemento sostenedor de la misión general de la iglesia. Sea muy cuidadoso en proteger esto. Cuando el ministerio de jóvenes llega a ser más profesional, corremos el peligro de desarrollar una visión de túnel y creer que dicho ministerio es el único en la iglesia. Esa es una actitud errada y divisiva.

Usted debe discutir los propósitos de su iglesia con su pastor o con el liderazgo directivo. Si no hay nada escrito que explique por qué su iglesia existe (no lo que cree, sino por qué existe), tal vez necesite ayudar al liderazgo a descubrir los propósitos de adoración, evangelización, comunión, discipulado y servicio como se describió en el capítulo dos.

Usted puede acercarse al pastor de una iglesia sin propósito en una de dos maneras. Puede decirle: «Pastor, no lo puedo creer, nuestra iglesia está tan lisiada; es increíble que no tengamos una declaración de propósito.» O puede conservar su puesto y preguntar: «¿Puede ayudarme a entender por qué existe nuestra iglesia? Estoy leyendo este libro que explica la importancia de descubrir y definir nuestro propósito. Me gusta lo que leo, pero no quiero que nuestro ministerio para jóvenes tenga una dirección equivocada.»

Si encuentra que su iglesia no tiene nada escrito con respecto a los cinco propósitos, comience a hablarle al pastor acerca de esto. Limítese de usar la reunión con el pastor para preguntar si este se opone a escribir una declaración específica de propósito para su ministerio con la juventud. Si no hay objeción, debe comenzar por involucrar a otros. (Si su iglesia tiene una declaración existente de propósito que su pastor quiere que se use, vaya al capítulo cuatro. Pero al hacerlo, asegúrese de que su equipo de liderazgo entienda los cinco propósitos expuestos en el capítulo dos.)

Enseñe los cinco propósitos al liderazgo del ministerio para jóvenes

Una vez que sepa la dirección de su iglesia, enseñe a otros en su ministerio por qué su iglesia existe. Tendrá mejor éxito al escribir una declaración de propósito si permite que su gente sea parte del proceso de descubrimiento estudiando las Escrituras con ellos y enseñándoles acerca de los cinco propósitos.[1]

Usted necesitará decidir a quién implicará en este proceso; no todos en su ministerio necesitan participar. Está bien ser selectivo e involucrar a los líderes (tanto jóvenes como adultos) que hayan invertido su tiempo y energía en el ministerio y tengan realmente interés en su dirección. En la etapa de escribir, un equipo pequeño será más eficiente. Pero cuando esté listo para lanzar su declaración de propósito, debe enseñarla a todos en su ministerio. (Si es el único líder de su ministerio, no espere un equipo antes de escribir una declaración de propósito. Escriba una con su pastor principal y úsela para invitar a otros a participar en su ministerio.)

Hasta puede pedirle a su equipo de liderazgo que lea este libro para que su visión en común motive interés. Nadie se sorprenderá con el nuevo énfasis y por lo tanto habrá más apoyo para la dirección del ministerio. En cada seminario de MJP que enseño, observo equipos de ministerio de jóvenes que llegan al seminario preguntándose si ese día será una pérdida de tiempo. Al final del día, el equipo sale unido con la misión de ser guiado con propósito.

Aliente a los líderes del ministerio para jóvenes a escribir sus pensamientos

No se sienta responsable de llevar toda la carga al elegir las palabras de la declaración de propósito. Una vez que haya empleado un tiempo enseñando los cinco propósitos de la iglesia a un grupo de personas, haga que lo ayuden a crear la declaración de propósito. Pídales que piensen en cinco palabras clave para expresar los cinco propósitos (véase el capítulo dos), enséñeles algunas muestras de declaraciones de propósito y entonces anímelos a pasar algún tiempo orando y escribiendo una declaración de propósito.

Aunque los cinco propósitos de la iglesia sean inspirados por Dios e incambiables, el idioma de su declaración de propósito es negociable. Use las palabras que mejor comuniquen el significado de los cinco propósitos. Además de la declaración de propósito del ministerio con jóvenes de la Iglesia Saddleback en la página 63, a continuación hay otras tres muestras. Le advertiría que no copie de inmediato cualquiera de ellas cortando así su proceso de descubrimiento. Hacer su propio trabajo lo ayudará a entender mejor los cinco propósitos y a escribir una declaración de propósito personal para su ministerio con jóvenes.

Declaración de propósito de la Iglesia Saddleback

La Iglesia Saddleback existe para traer personas a Jesús y a la Membresía de su familia, desarrollarlas hacia una madurez similar a la de Cristo y prepararlas para sus ministerios en la iglesia y la vida de la misión en el mundo, y que luego magnifiquen el nombre de Dios.

Declaración de propósito de un ministerio voluntario con los jóvenes en Pickerington, Ohio

ContraCorriente existe para alcanzar jóvenes no cristianos, ayudarlos a testificar la Palabra de Dios, ofrecerse para servir a Cristo y cuidarse uno al otro.

CUIDAR	comunión
ALCANZAR	evangelización
OFRECERSE	adoración
TESTIFICAR	discipulado
SERVIR	ministerio

Declaración de propósito de un Ministerio de
Jóvenes con Propósito en Mesa, Arizona

**La meta de nuestro ministerio para jóvenes es
exponer a los adolescentes al amor de Dios,
prepararlos para exaltar a Dios, disfrutar de otros
creyentes, y experimentar el trabajo del ministerio.**

EXPONER   evangelización
PREPARAR   discipulado
EXALTAR   adoración
DISFRUTAR   comunión
EXPERIMENTAR   ministerio

A medida que aliente a su liderazgo a escribir sus ideas, también dígales que tengan presentes las siguientes pautas:

1. *Una declaración de propósito debe ser sencilla.* Se debe capturar en una oración para que los jóvenes, padres y voluntarios la memoricen con facilidad. Mantenga los nombres del programa fuera de su declaración de propósito. Esto no solo acortará su declaración, también lo eximirá de cambiarla cada vez que cambie sus programas.

2. *Una declaración de propósito debe tener significado.* Una declaración de propósito se puede redactar de manera ingeniosa, pero será inútil si no comunica con claridad el significado correcto.

3. *Una declaración de propósito debe estar orientada a la acción.* Use palabras que comuniquen acción progresiva. Nuestro ministerio para jóvenes hizo esto usando verbos como alcanzar, relacionar, crecer, descubrir y honrar. Estos verbos comunican la actividad que nos guiarán al futuro.

4. *Una declaración de propósito debe ser motivadora.* Ya que una oración puede crear una percepción que ayudará a los voluntarios a determinar si su ministerio vale su tiempo,

usted necesita una declaración que inspire energía, como un cartel de neón en la puerta del ministerio. Si su nueva declaración de propósito no es digna de suficiente mención para justificar el costo de las hojas en que fue escrita, probablemente no motiva lo suficiente.

Reúna los ejemplos escritos de su equipo y redacte una oración

Después que su equipo de liderazgo le dé algunos ejemplos para trabajar, necesitará examinar sus sugerencias y proponer una sola oración. Usted puede ser inspirado por Dios y construir la declaración perfecta de propósito en minutos, pero es más probable que luche con su desarrollo por un tiempo antes de sentirse cómodo para lanzarla.

Su declaración de propósito no debe ser una conglomeración de las palabras preferidas de cada miembro. No se deje llevar por el deseo de complacer a los participantes haciendo una combinación de todas sus aportaciones. El consenso del grupo en la redacción no es importante. Lo importante es llegar a una declaración clara que le permita liderar con confianza. El consenso llega a ser importante luego, cuando se pide a otros que hagan un compromiso para apoyar su propósito del ministerio. Usted no tiene que ser el único creador de la declaración de propósito, pero necesitará coordinar su nacimiento, adueñárselo, venderlo, explicarlo e ilustrarlo.

Qué hacer una vez que la declaración de propósito esté escrita

Busque la sabiduría de otros

Una vez que tenga una declaración de propósito bien hecha, sería sabio mostrarla a otros (pastores, amigos, padres, otros pastores de la juventud) que no estuvieron implicados en el proceso de la composición, y pida su consejo. Proverbios 15:22 dice: «Cuando falta el consejo, fracasan los planes; cuando abunda el consejo, prosperan.» Un buen líder busca consejeros de afuera. Si le teme a las opiniones de otros, usted no es un líder. Proverbios 19:20 dice:

«Atiende al consejo y acepta la corrección, y llegarás a ser sabio.» Después de escuchar el consejo de muchos, interprete la información, ore por esto y dígaselo a su pastor.

> **Si le teme a las opiniones de otra gente, no es un líder.**

Obtenga apoyo de su pastor

Siempre que haga un cambio importante en su ministerio es sabio consultar a su pastor. Debe comunicar al liderazgo los cambios principales que se estén comentando en su ministerio. No le pida a su pastor que haga nada del trabajo relacionado con la declaración de propósito, pero antes de hacer pública la declaración, pídale su apoyo con respecto a las palabras y a la dirección de su ministerio.

¿Por qué necesita un defensor? Porque puede encontrar, después de lanzar su declaración de propósito y hacer algunos cambios en su ministerio, que la gente lo cuestionará. Tal vez algunos digan: «Nunca antes hemos tenido una declaración de propósito. ¿Por qué ahora necesitamos una?» Tal vez a ellos ni siquiera les guste la dirección que tomen los cinco propósitos. Usted puede encontrar que ellos aman la comunión pero no quieren la evangelización, ya que atraerá nuevos jóvenes y trastornará el ambiente vigente. Puede que los que estén enojados procuren sabotear sus esfuerzos ignorándolo y quejándose directamente con su pastor. Usted no quiere que agarren a su jefe desprevenido. Cuando informen a su pastor, no debe haber sorpresa por la oposición. Su pastor puede apoyar verbalmente su dirección y así disipar el ímpetu negativo.

Láncela con sabiduría

Una vez que obtenga el apoyo de su pastor, haga pública la declaración de propósito. Es mejor lanzar su nueva declaración de propósito en un momento que se preste al cambio natural: a principios de enero, cuando todos esperan cambios; en junio, durante la temporada de graduación de los jóvenes o cuando todos pasan de año; a fines de agosto o principios de septiembre cuando comienza el nuevo año escolar (los meses dependen de cada país).

Piense cómo comunicará estos propósitos para que su equipo sienta confianza con la dirección que Dios le ha dado a su ministerio. Cuando anuncie la declaración de propósito, úsela como una oportunidad para enseñar a los que no estuvieron implicados en su creación, dónde se encuentran en la Biblia los cinco propósitos para la iglesia. Asegúrese de que sepan que estos son propósitos eternos de Dios para un ministerio saludable y no un invento propio.

Brinde la oportunidad de procesar su participación futura

Antes de hacer pública nuestra declaración de propósito en Saddleback, anticipé una pequeña dificultad. Antes que yo llegara, algunos de los voluntarios habían trabajado en el ministerio para jóvenes y no les gustaba el cambio y otros eran mayores que yo y creían saber lo que era mejor para el ministerio. Aunque eran miembros de una iglesia con propósito, sentían que el ministerio con la juventud solo necesitaba cumplir con el propósito de la comunión. El círculo santo del grupo de jóvenes les traía comodidad.

Expliqué claramente los cinco propósitos de la iglesia y mostré a todos la declaración que usaríamos para comunicarlos. Aunque mi pastor no estaba allí, retransmití su entusiasmo para que los voluntarios supieran que este era un acuerdo en equipo. Si tuviera que hacerlo otra vez, le pediría a mi pastor que asistiera a esta reunión de voluntarios para mostrar con propiedad su apoyo verbal y no verbal.

Después de explicar los propósitos, di a todos dos semanas para considerar en oración si podrían apoyar completamente la declaración, o no. Les dije que podían «desembarcar» y no habría rencores. No quería que creyeran que necesitaban esconderse de mí en la iglesia si no querían trabajar con jóvenes o cumplir los propósitos. Les dije que los cambios en el ministerio a veces crean oportunidades para que la gente cambie de direcciones. Nuestro barco del ministerio para jóvenes había estado descansando cómodamente en la dársena (decir atascado en la dársena era más realista) por un tiempo, y era hora de «levar anclas». En una manera positiva dije:

«Es tiempo de desembarcar si no es capaz de ir en nuestra nueva dirección.» Tenían que apoyarlo cien por ciento, o para beneficio del ministerio, encontrar otro lugar donde servir dentro de nuestra iglesia. Este no fue un acto malintencionado; fue un acto de liderazgo.

Por fortuna, un sentido claro de dirección conmovió a la mayoría de la gente. Estaban optimistas y animados. Así que tuve una transición fácil. Pero no siempre es tan fácil para todos. Algunos amigos míos que son obreros de los jóvenes podían haber tenido a Jesús mismo explicando los cinco propósitos, y aún tener gente quejándose. La cultura de algunas iglesias engendra críticas y se oponen a toda novedad. Algunas personas de su grupo que no aprecian el cambio o no lo aprecian a usted, pueden ver la introducción de una declaración de propósito como una oportunidad de cambiar de ministerio. No considere negativo el reorganizar. Puede ser un cambio positivo, ya que la gente que usted atraiga en el futuro se unirá a un equipo unido, dirigido con propósito.

Ponga el liderazgo detrás de su propósito

Si es el líder de su ministerio y lo que ha leído hasta ahora le suena aterrorizador, necesita reconsiderar su papel de *el* líder. No todos los que piensan ser líderes lo son. Los líderes tienen que tomar algunas decisiones difíciles y encontrar valor para hacer lo correcto. No siempre cuentan con el aprecio de todos. Una vez alguien me dijo que si todos me apreciaban, probablemente yo no era un líder eficiente.

Crear un ministerio para jóvenes dirigido con propósito tomará una cantidad tremenda de compromiso, perseverancia y liderazgo. Después que lea el próximo capítulo, sabrá si tiene lo que hay que tener para ser el tipo de líder que puede inspirar su ministerio para jóvenes hacia los cinco propósitos de la iglesia. Casi cualquiera puede crear una declaración de propósito, pero necesita liderazgo para usarla en formar un ministerio para jóvenes dirigido con propósito.

Crear un ministerio para jóvenes dirigido con propósito tomará una cantidad tremenda de compromiso, perseverancia y liderazgo.

HÁGALO PERSONAL

1. ¿Tiene su iglesia una declaración de propósito? Si es así, ¿la conoce?
2. ¿Tiene su ministerio con la juventud una declaración de propósito? Si no, ¿piensa que su ministerio para jóvenes necesita una? ¿Qué cree haría una declaración de propósito por su ministerio con la juventud?
3. Si su ministerio para jóvenes tiene una declaración de propósito, ¿puede escribirla de memoria? Sí o no, ¿por qué?
4. Los líderes del ministerio para jóvenes, tanto jóvenes como adultos, ¿comprenden con claridad la dirección de su ministerio con la juventud?
5. Trate de escribir una declaración de propósito usando las cinco palabras que escribió bajo la primera pregunta al final del capítulo anterior (página 58)
6. Estudie los pasajes que aparecen en la primera nota y comente sus implicaciones para el propósito de su ministerio.

NOTAS

[1] Rick Warren, *Una Iglesia con Propósito*, Editorial Vida, Miami, FL, 1998, p. 103, aparecen los siguientes pasajes de estudio potencial: Mateo 5:13-16; 9:35; 11:28-30; 16:15-19; 18:19-20; 22:36-40; 24:14; 25:34-40, 28:18-20; Marcos 10:43-45; Lucas 4:18-19, 43-45; Juan 4:23; 10:14-18; 13:34-35; 20:21; Hechos 1:8; 2:41-47; 4:32-35; 5:42; 6:1-7; Romanos 12:1-8; 15:1-7; 1 Corintios 12:12-31; 2 Corintios 5:17-6:1; Gálatas 5:13-15; 6:1-2; Efesios 1:22-23; 2:19-22; 3:6, 3:14-21; 4:11-16; 5:23-24; Colosenses 1:24-28; 3:15-16; 1 Tesalonicenses 1:3; 5:11; Hebreos 10:24-25; 13:7,17; 1 Pedro 2:9-10; 1 Juan 1:5-7; 4:7-21. En Hechos 2 usted puede ver otro ejemplo de estos cinco propósitos puestos en práctica a través de los ojos de la iglesia primitiva.

CUATRO

Transmita su propósito y diríjalo a través del ejemplo

A los obreros de la juventud les encanta descubrir los cinco propósitos que Dios tiene para la iglesia (véase el capítulo dos), y en verdad se divierten estableciendo una declaración de propósito (véase el capítulo tres). Desgraciadamente, a menudo su entusiasmo disminuye cuando encuentran el material que usted verá en este capítulo. Lo que está a punto de leer requiere liderazgo. Lo desafiará a moverse más allá del descubrimiento de los cinco propósitos de Dios y la creación de una declaración de propósito, pidiéndole que salte a la fase de la aplicación.

Es posible que en este salto considere que los requisitos del liderazgo son difíciles. El liderazgo separa el ministerio de la juventud dirigido con propósito, del ministerio guiado por actividades y programas de la juventud. La aplicación de este libro en muchas maneras depende de su habilidad de ser un líder. Transmitir los propósitos es una tarea inmensa para cualquier líder, pero seguir este desafío reforzará su ministerio con la juventud.

> **El liderazgo separa el ministerio de la juventud dirigido con propósito, del ministerio guiado por actividades y programas de la juventud.**

Cómo un líder transmite los propósitos

Saber por qué existe su ministerio para jóvenes y tener una declaración articulada de propósito será de poco valor si usted no comunica, maneja y sostiene su propósito. Mientras más personas entiendan y se concentren en su propósito, más saludable llegará a ser su ministerio. Aquí es donde se demostrará la prueba del verdadero liderazgo. ¿Está listo para tomar el próximo paso y ayudar a su ministerio a avanzar más allá de solo las buenas intenciones para alcanzar los propósitos de Dios?

Usted debe tomar tres responsabilidades para hacer que se conozcan los propósitos de Dios dentro de su ministerio: comunicar y repetir los propósitos y asegurarse de que personas clave memoricen la declaración de propósito.

Un líder comunica los propósitos

Su propósito no puede llegar a ser común hasta que la gente lo conozca. Hasta entonces, estará tratando de construir un ministerio con jugadores mal informados, confusos y no comprometidos. Sería como acomodar uniformes nuevos a nueve jugadores de béisbol poco dispuestos a jugar y entonces pedirle a todo el equipo que jugara en el campo izquierdo sin un entrenador. La gente puede estar involucrada, pero no será eficiente hasta estar completamente informada y en posición.

Para ayudar a los jóvenes, voluntarios, padres y líderes de la iglesia a retener su declaración de propósito, usted necesitará comunicarla continuamente. A continuación encontrará algunas ideas para ayudarlo a comunicarse con cada uno de estos grupos.

Jóvenes

- Use una y otra vez sus cinco palabras clave.
- Escriba su declaración de propósito en toda su literatura. (Cada semana los jóvenes deben ver su declaración de propósito.)
- Enseñe cada uno de los cinco propósitos durante el año.

- Desafíe a los jóvenes dedicados a memorizar la declaración de propósito.
- Haga visible su declaración de propósito con un cartel en el salón de reunión.

Voluntarios

- Haga que memoricen la declaración de propósito como parte del compromiso que tienen con el ministerio para jóvenes.
- Grabe, con su propia voz, la explicación de los propósitos y entregue a cada uno un casete para repasar los propósitos.
- Pídales que enseñen los propósitos a sus grupos pequeños por lo menos dos veces al año.
- Pregúnteles regularmente si saben y entienden los propósitos.
- Comience el desafío de la declaración de propósito (explicado en las páginas 66-74).

Padres

- Explique su declaración de propósito en cada reunión de padres.
- Imprima su declaración de propósito en papeles con membrete del ministerio para que se vea en todas las cartas enviadas a los hogares.
- Pida y asigne padres que oren específicamente por uno de los cinco propósitos.
- Cada dos meses escriba una carta a los padres explicando uno de los propósitos.
- Muéstreles cómo cada programa se creó para cumplir un propósito específico (en el capítulo cinco verá esto con más claridad).

Líderes de la iglesia

- Mande a cada persona involucrada en el liderazgo una copia de su declaración de propósito y una descripción breve de cada uno.

- Pida a cada líder de la iglesia o anciano que ore específicamente por uno de los cinco propósitos relacionado a su ministerio para jóvenes.

- Cuando explique sus programas a los líderes de la iglesia, siempre diga «Este programa cumple nuestro propósito de _____.»

Un líder repite los propósitos

Después de hacer un buen trabajo al transmitir sus propósitos a todos los grupos, hágalo de nuevo. Un buen líder constantemente comunicará los propósitos y recordará a la gente la importancia de saberlos. Nadie conocerá los propósitos o los evaluará tanto como el líder del ministerio. Siempre me asombra comprobar que la gente que creo que debe saber nuestros propósitos, no los sabe. Una repetición constante ayudará a sus seguidores a capturar la visión del ministerio.

> **Nadie conocerá los propósitos ni los evaluará tanto como el líder del ministerio.**

Antes de venir a la Iglesia Saddleback trabajé en otra iglesia durante once años. Comuniqué nuestra declaración de propósito con una ilustración de un embudo (en Saddleback usamos la ilustración de un diamante de béisbol, como verá en el capítulo doce). Lo enseñé continuamente. Hablé acerca del embudo, mostré esquemas del embudo y hasta repartí embudos de regalo. Me volví loco con el concepto del embudo porque quería que la gente entendiera por qué hacíamos lo que hacíamos.

Antes de una de nuestras reuniones de equipo de voluntarios, secretamente todos llegaron una hora antes que yo para crear una campaña anti-embudo. Hicieron sombreros con forma de embudo, dibujaron embudos en sus camisas, pintaron embudos en banderas y decoraron la habitación con embudos. Dibujaron círculos alrededor de los embudos con una raya a través del círculo que comunicaba «no más embudos». Tenían carteles de protesta que decían: «Fuera con el embudo» y «Basta de abusar del embudo». Cuando me vieron caminando hacia el salón de reunión, corrieron a esconderse detrás de los sofás para ver mi reacción. Al entrar, gritaron «¡Sorpresa!» y se arrodillaron rogándome que los librase de la esclavitud del embudo. Mi reacción externa inmediata fue sonreír y luego reírme de la ocurrencia, pero internamente me devastó.

Aquí estaba mi equipo de voluntarios, con quienes había dirigido, nutrido y estado en el ministerio durante años, diciéndome: «Basta, ya es suficiente; entendemos el punto.» Sentí que atacaban mi liderazgo.

Esa noche, ya tarde, llamé a un mentor y le conté esta dolorosa experiencia. Este hombre, de mucho éxito en los negocios, me dijo: «Doug, lo que hicieron es uno de los elogios más grandes que he oído jamás. La mayoría de los seguidores no oyen acerca del propósito lo suficiente como para aprenderlo, y menos para cansarse de él. Me encantaría que mis empleados reconocieran por qué existe nuestra compañía. Muchos no tienen ni idea de nuestro negocio excepto por su responsabilidad principal. Además, tus voluntarios no se burlaban de tus propósitos, se divertían con tu proceso visual. Retira los embudos por un tiempo, pero jamás retires tus propósitos.» Así lo hice. Mantuve al mínimo la retórica del embudo. Pero fue interesante notar que los voluntarios seguían usando el idioma del embudo cuando describían nuestro propósito.

En Nehemías 4:6-15, la gente que reedificaba el muro de Jerusalén se cansaba ante la presión de tener que tratar con sus enemigos. En medio del proyecto de cincuenta y dos días, Nehemías les tuvo que recordar su propósito. Nehemías nos da un buen ejemplo de liderazgo. Es sabio recordar a la gente los propósitos de Dios para su ministerio cada veintiséis días (o una vez al mes), para que no los pierdan de vista.

Un líder se asegura que las personas clave memoricen la declaración de propósito

Hasta después de transmitir la declaración de propósito y repetirla, usted encontrará que algunas de las personas clave necesitan un ligero empujón para memorizarlos. Es importante que los líderes clave memoricen la declaración, para que hayan más probabilidades de que la repitan y enseñen a otros. Esto también los ayudará a liderar con confianza, porque sabrán a dónde van.

Inventé un pequeño juego llamado «El desafío de la declaración de propósito» para ayudar a mis voluntarios a memorizarla. Es así: Si uno de nuestros jóvenes memoriza nuestra declaración de propósito y la dice frente al grupo, este escoge a cualquier voluntario para que también repita nuestra declaración de propósito. Si el voluntario no la puede repetir, le debe al joven cinco dólares o un almuerzo.

Cuando comenzamos este juego, llamé aparte a un alumno de noveno grado y le pedí que durante la semana memorizara la declaración de propósito y viniera el domingo por la mañana preparado a ganarse algún dinero. Cuando llegó el domingo, el estudiante (Andy) pasó al frente y repitió nuestra declaración de propósito con comodidad. Mientras los voluntarios comenzaban a meterse bajo sus sillas, Andy señaló a Cynthia, una de nuestras voluntarias más antiguas. Cynthia subió, ni siquiera trató de decir la declaración de propósito y le entregó a Andy cinco dólares. Durante varias semanas hicimos esto hasta que nuestros voluntarios la aprendieran o se declararan en bancarrota. Nuestros líderes tomaban medidas drásticas (todo menos hacerse tatuajes) para memorizarlo. Una mujer aprendió la declaración de propósito con la canción «Cristo me ama» y la cantó frente a los jóvenes. ¡Cualquier cosa para lograrlo!

Para memorizarla más fácilmente, hice que los jóvenes y los voluntarios comenzaran concentrándose en las cinco palabras clave. Cuando entendieron la progresión de esas cinco palabras, las palabras circundantes fueron más fácil de aprender, (para darles otra pequeña esperanza) les dije también que nuestra declaración de propósito era solo unas pocas palabras más larga que Juan 3:16, que de niños muchos de ellos habían memorizado con tanta facilidad.

Qué hacer después que saben su declaración de propósito

Mientras viva con la tarea de comunicar y repetir, usted encontrará que hay por lo menos otras cuatro responsabilidades que debe tomar para dirigir un ministerio dirigido con propósito para jóvenes: monitorizar la declaración de propósito, administrar su tiempo en función de los propósitos, dar el ejemplo de los propósitos con su vida, y crear programas para cumplir los propósitos.

Monitorice la declaración de propósito

Vigile la marcha su declaración de propósito evaluando ocasionalmente las palabras. Si Dios no le dio palabras específicas, no debe sorprenderse cuando las palabras se muestren falibles. Quizá tenga que cambiar su declaración de propósito para mejorar la claridad. Nuestra primera declaración de propósito tuvo cuatro palabras clave para comunicar los cinco propósitos. Tenía sentido para mí, pero advertí que los otros no hacían la conexión, así que cambiamos la frase para aclarar el significado.

Aquí hay otro ejemplo de cómo tuvimos que monitorizar una declaración de propósito existente después de haberla lanzado. Una declaración anterior de propósito se leía así:

> Nuestro ministerio con la juventud existe para ALCANZAR a jóvenes inconversos, RELACIONARLOS, hacerlos CRECER en su fe, desafiarlos a DESCUBRIR su ministerio y HONRAR a Dios con su vida.

A primera vista, no notará diferencias con la que leyó en la página 63. Poco después de comunicar la declaración de propósito a nuestra iglesia, la madre de un joven vino a decirme: «Varios padres están realmente contentos de que usted tenga orientación en el ministerio para jóvenes, pero estoy un poco desilusionada porque pienso que no está haciendo lo que su declaración dice que hará. No veo ningún crecimiento en la fe de mi hijo.»

Estábamos alcanzando a su hijo. Él asistía a unos pocos programas, pero no era cristiano (me lo dijo él mismo). Basada en la frase de arriba, la queja de la mamá era válida. Nuestra declaración de propósito le decía que si alcanzábamos a su hijo, lo *relacionaríamos* y lo haríamos *crecer* en su fe. Habíamos alcanzado a su hijo, pero él no crecía en su fe. ¿Por qué? Porque no tenía fe. Necesitábamos cambiar la frase porque es imposible ayudar a alguien a crecer en una fe que no tiene. Tuvimos que ser más específicos. Las palabras subrayadas son las que añadimos para hacer más específica nuestra declaración de propósito.

Nuestro ministerio para los jóvenes existe para ALCANZAR a jóvenes no creyentes, RELACIONARLOS con otros cristianos para ayudarlos a CRECER en su fe, y desafiar a los que crecen a DESCUBRIR su ministerio y HONRAR a Dios con su vida.

Administre el tiempo de acuerdo a los propósitos

Después de entender por qué existe su ministerio, querrá enfocar más detenidamente su tiempo. El capítulo diecisiete sugiere técnicas más específicas de administración del tiempo, pero aquí quiero motivarlo a comenzar por evaluar su tiempo basado en sus propósitos.

Cuando todo tipo de correspondencia se encuentra sobre su escritorio y usted encuentra una invitación a un programa de jóvenes, deténgase y evalúe la oportunidad. Usted siempre tendrá docenas de oportunidades, pero necesita decidir si su tiempo será administrado por oportunidades o por prioridades. Sus prioridades deben ser sus cinco propósitos. Examine sus oportunidades y pregúntese: «¿Esto nos ayudará a alcanzar mejor uno de nuestros propósitos? ¿Esta oportunidad está relacionada con nuestros propósitos? ¿Qué tipo de propósito ayudará a cumplir? y ¿Necesitamos de esta ayuda ahora mismo?» Si no lo va a ayudar a alcanzar su propósito, agotará su tiempo. Un líder aprende a determinar qué es importante, ya que no todo vale la pena. Si usted se permite a sí mismo y a su ministerio estar demasiado ocupado, su eficiencia disminuirá. Evite dejar que las oportunidades lo manejen y trate que sean los propósitos quienes lo hagan. El viejo dicho «Si apunta a la nada, siempre le pega» es verdad. También es verdad que si usted apunta a todo, rara vez dará en el blanco. Sus propósitos, sin embargo, lo mantendrán apuntando directo al blanco.

Cuando vea el tiempo que asigna a elementos diferentes de su ministerio, puede comenzar pensando: *¿Cuánto tiempo doy a cada uno de los cinco propósitos durante una semana o un mes?* Esta evaluación comenzará a mostrarle no solo a dónde va su tiempo, sino también cuáles de los propósitos obtienen su mejor atención.

> **Usted necesita decidir si su tiempo será administrado por sus oportunidades o por sus prioridades.**

Sea ejemplo de los propósitos con su vida

Si es un líder que vive los propósitos, *arrastrará* a la gente en lugar de *empujarla*. Empujarlos para hacer lo que usted quiere es difícil, agotador y sin recompensa. El líder que trata de empujar a su gente en la dirección correcta halla resistencia. Usted tendrá mucho más éxito arrastrando a otros en la dirección correcta, si lo observan en acción. Su ejemplo causará que ellos quieran emular sus acciones.

Vivo los propósitos del ministerio con la juventud de Saddleback, entre otras cosas, tratando de *alcanzar* a los jóvenes inconversos. Recientemente estuve en un programa de la iglesia donde había muchos jóvenes inconversos de mirada áspera. Muchos de nuestros jóvenes creyentes les cogieron miedo y no querían tener nada que ver con ellos. Para ser franco, yo también tenía algo de miedo. No tenía mucho en común con ellos, no sabía lo suficiente acerca de las drogas para hablar su idioma. Pero entendía que existimos para alcanzar a esos jóvenes, y si yo no los saludaba, era muy probable que tampoco lo hicieran nuestros líderes jóvenes o adultos. A causa de esto, llevé a otro líder conmigo (el más grande que pude encontrar), y comenzamos a saludar a esos jóvenes. Pronto vi que otros líderes adultos y jóvenes se sintieron *arrastrados* y saludaron a estos jóvenes.

> **No puedo hablar acerca de la importancia del servicio si al final de un programa no estoy amontonando sillas o recogiendo papeles.**

¡Todos vigilan a los líderes! No puedo hablar del valor de estar en un grupo pequeño si, por ejemplo, yo mismo no estoy en uno. No puedo hablar acerca de la importancia del servicio si al final de un programa no estoy amontonando sillas o recogiendo papeles. Los líderes son ejemplo de los valores importantes y proveen un modelo viviente de la declaración de propósito.

Diseñe programas para cumplir los propósitos

Como los programas están hechos para influir en los jóvenes (no para aumentar las actividades), un líder cambiará y diseñará los programas para reflejar mejor los propósitos del ministerio. Este entiende que los propósitos son más importantes que los programas y se asegurará de que los propósitos sean realzados sin considerar el destino del programa. También reconoce que los programas son una vía para llegar a un fin y no un fin en sí mismos.

> **Los programas son una vía para llegar a un fin y no un fin en sí mismos.**

A medida que usted entienda mejor los cinco propósitos y en el próximo capítulo trabaje en algunas de las ideas, probablemente comenzará a pensar en hacer unos cambios estratégicos en su ministerio. Tenga presente que la mayoría de la gente no aprecia el cambio. El cambio crea conflicto y pondrá su liderazgo a prueba. Si usted cree en los propósitos de Dios, debe estar dispuesto a manejar las quejas que vienen como resultado de los ajustes en el programa. El único consuelo durante el conflicto, es saber que hace lo correcto para construir un ministerio saludable con la juventud en los propósitos eternos de Dios. (En el capítulo diecinueve lo llevaré por algunos pasos importantes para aplicar el cambio.)

Un componente más que vital que se debe explicar antes de comenzar a crear los programas que cumplan los propósitos, son los diferentes niveles de compromiso de los jóvenes tanto dentro como fuera de su ministerio. El próximo capítulo (el tercer componente: la audiencia potencial) muestra una manera de catalogar los diferentes niveles de compromiso. Cuando sea capaz de enfocar los propósitos hacia los diferentes compromisos, se encontrará creando una estrategia con programas que tienen un propósito. ¡Aquí es donde el ministerio de jóvenes con propósito comienza realmente a tomar forma!

HÁGALO PERSONAL

1. ¿Cree ser el tipo de líder que puede dar a conocer los propósitos de Dios para la iglesia? Sí o no, ¿por qué?
2. ¿Cómo enseñaría los cinco propósitos a los jóvenes de su grupo?
3. ¿Cuán bien se conocen los propósitos entre los jóvenes, voluntarios y padres?
4. ¿Cuáles son algunas maneras específicas para que los líderes puedan ayudar a los jóvenes a entender los cinco propósitos?
5. Si tiene una declaración de propósito que fue escrita hace mucho tiempo, ¿es todavía aplicable y entendible para su ministerio con la juventud?

6. ¿Qué piensa sobre el desafío de la declaración de propósito descrito en las páginas 82-83?

7. ¿Cuál de los cinco propósitos encuentra más difícil de ejemplificar con su vida? ¿Por qué?

Tercer componente

AUDIENCIA POTENCIAL

CINCO

Identifique los compromisos de los jóvenes

Ya debe estar ansioso por comenzar a crear programas para cumplir los cinco propósitos de Dios. Quiero ahorrarle el problema que Patrick Denton, un obrero de la juventud durante ocho años, experimentó cuando cometió el error de comenzar a programar demasiado pronto. En uno de mis seminarios de MJP, Patrick se entusiasmó al descubrir los cinco propósitos. Determinó que su ministerio estaba fuera de equilibrio, porque la mayor parte de sus programas estaban creados para cumplir el propósito del discipulado y los otros cuatro propósitos estaban descuidados. Estaba tan emocionado con su nueva comprensión, que dejó el seminario después del segmento de los propósitos para calcular cómo agregar los otros propósitos a sus programas.

Varios meses después, Patrick me llamó y explicó cómo su entusiasmo prematuro y los cambios habían creado grandes problemas en su ministerio. Patrick hizo algunas modificaciones importantes en su programa de los miércoles por la noche, la «Casa Llena». Agregó componentes nuevos a la Casa Llena para que mantuviera un equilibrio entre los cinco propósitos del Nuevo Testamento. Antes de los cambios, la Casa Llena era un estudio exitoso de la Biblia que cumplía el propósito del discipulado. Los jóvenes de Patrick traían sus Biblias y gozaban del estudio de la Palabra de Dios. No tenía una gran asistencia de jóvenes, pero los que asistían eran sólidos, responsables y desarrollándose en su fe.

Patrick rediseñó la Casa Llena para incluir algunos juegos locos que fueran atractivos entre los jóvenes inconversos, y así cumplir el propósito de la evangelización. Después de los juegos, brindaba meriendas y animaba a los jóvenes a comer juntos en grupos pequeños para cumplir con el propósito de la comunión. Cuando todos estaban sudados por los juegos y habían acabado de comer, los reunía para cantar canciones y así cumplir el propósito de la adoración. Luego, daba su estudio usual de la Biblia para cubrir el propósito del discipulado, y concluía los programas en la cocina de la iglesia para que los jóvenes pudieran hacer sándwiches de mantequilla de maní y jalea para regalar a la gente de la calle cumpliendo el propósito del ministerio. Patrick creía que había diseñado el programa fundamental del ministerio con la juventud, cumpliendo los cinco propósitos de la iglesia.

Patrick dejó el seminario demasiado temprano. Y se puede adivinar qué pasó con la Casa Llena después de seis meses. Los juegos locos atrajeron a algunos jóvenes nuevos, pero generalmente se iban después de comer. No querían cantar, ni escuchar un estudio de la Biblia. Los pocos jóvenes que se quedaban no sabían nada acerca de Dios, así que Patrick tuvo que simplificar su enseñanza. Al principio, los cambios del programa parecieron una buena idea a los jóvenes originales de la Casa Llena, quienes querían un lugar para invitar a algunos de sus amigos no cristianos, pero después que pasó la novedad, sintieron que no obtenían nada profundo de la enseñanza de Patrick. También extrañaban la intimidad y la confianza que habían tenido con cristianos consagrados. Aunque realmente apreciaban a Patrick, muchos dejaron de asistir y los miércoles se iban con sus amigos cristianos de la escuela a otra iglesia que tenía un estudio más profundo de la Biblia y sin ningún tipo de juegos.

Después de seis meses, Patrick tenía casi el mismo número de jóvenes que asistía antes de los cambios, pero ahora sus jóvenes eran nuevos o inconversos, y al grupo le faltaba profundidad espiritual. Además, los padres se quejaban a Patrick porque sus hijos se iban a otras iglesias.

Patrick se había concentrado en los propósitos, pero no pensó en los varios niveles de compromiso y en la receptividad que cada compromiso permite. Sus errores de programación nos dan una oportunidad de aprender algunos principios.

Anteponer programas a las personas, trae problemas

Primer problema de Patrick: Un programa no puede cumplir con eficacia los cinco propósitos

Si en un mismo programa usted desarrolla los cinco propósitos, no puede concentrarse en ninguno con poder. En vez de dar al blanco, Patrick metrallaba por todas partes. Trató de crear una atracción evangelística con juegos y descubrió que necesitaba más energía evangelística, más profundidad y más calidad para mantener a los inconversos. Pero no tenía tiempo de hacerlo todo en la Casa Llena, porque sentía la necesidad de desarrollar los otros propósitos. Con esta programación, comprendió que no podía concentrarse bien en ninguno de los propósitos y esto dio por resultado una pobre calidad. El error más grande de Patrick fue presentar todos los propósitos sin pensar cómo podía alcanzar mejor su audiencia potencial específica a través de uno de los propósitos.

> **Si en un mismo programa desarrolla los cinco propósitos, no puede concentrarse en ninguno con poder.**

Segundo problema de Patrick: Un programa no impactará con éxito a todos los jóvenes

Es bastante lógico imaginar que los jóvenes pertenecientes a su ministerio tengan diferentes niveles de compromiso espiritual (tenemos algunos que quieren saber la palabra «expiación» en Hebreo mientras que otros quieren que sus padres les paguen para asistir al programa). Por el hecho de que los jóvenes fueran tan diferentes, Patrick no podía esperar que un programa pudiera satisfacer las necesidades de todos. Algunos jóvenes necesitan lo básico, mientras que otros necesitan activar su antigua fe. Algunos jóvenes no cristianos necesitan oír una presentación clara del evangelio, mientras que otros necesitan aprender y desarrollar las disciplinas espirituales. Patrick trató de reunir todas las necesidades en un programa y se vio frustrado por la diversidad de su audiencia y un programa demasiado general.

Soluciones

Cuando comience a evaluar sus programas en relación a los cinco propósitos, debe hacerse dos preguntas importantes acerca de cada uno de los programas:

1. ¿Qué propósito primario (evangelización, adoración, comunión, discipulado o ministerio) cumple este programa (por ejemplo, la Casa Llena)?
2. ¿A quiénes intentamos alcanzar con este programa?

Si su respuesta a la primera pregunta es «todos ellos», el programa no es muy diferente al de Patrick y puede esperar dificultades. Si su respuesta a la segunda pregunta es a los «jóvenes», usted es demasiado general. ¿A qué clase de jóvenes? Puedo pensar en por lo menos cinco tipos de jóvenes en nuestro ministerio:

- el joven no cristiano
- el cristiano nuevo
- el joven que sabe mucho acerca de la Biblia, pero es apático a la mayoría de las cosas que hacemos
- el joven que crece
- el líder espiritual

Estas audiencias potenciales existen, queramos reconocerlas o no. Reconocerlas derivará en efectividad. Sus programas llegarán a tener más éxito, mientras que se cumplen los propósitos de Dios, si usa algún tiempo preliminar para identificar las diferentes audiencias en su ministerio. Si no hace esto, puede encontrarse en la situación de Patrick, creando programas para jóvenes que no existen en su ministerio.

> **Sus programas llegarán a tener más éxito, mientras se cumplen los propósitos de Dios, si usa algún tiempo preliminar para catalogar las diferentes audiencias en su ministerio.**

En el resto de este capítulo, le mostraré cómo catalogar a la audiencia potencial de jóvenes dentro y fuera de la iglesia, y diseñar programas especialmente pensados para alcanzarlos.

Cómo catalogar su audiencia potencial

En la Iglesia de Saddleback catalogamos nuestra audiencia potencial a través de una serie de cinco círculos concéntricos que llamamos «los Círculos de Compromiso» (véase la figura 5-1).

Fig. 5.1

Estos círculos cumplen dos tareas importantes. Primero, ayudan a ilustrar nuestras audiencias potenciales. Si sabemos a quiénes estamos tratando de alcanzar, diseñamos nuestros programas enfocando uno de los cinco propósitos de Dios, y ponemos como meta nuestra audiencia potencial. En segundo lugar, los círculos ayudan a comunicar la meta de nuestro ministerio para jóvenes: alcanzar la juventud de nuestra comunidad y llevarlos a compromisos profundos. A medida que lea nuestras descripciones, quizá encuentre que en su ministerio para la juventud no tiene cierto tipo de estudiante de esa lista. Concéntrese en la palabra *potencial*. Tal vez ahora no tenga jóvenes dedicados, pero los que tiene poseen el potencial para llegar a ser jóvenes dedicados. Las siguientes descripciones representan nuestras cinco audiencias potenciales.

> **Si sabemos a quiénes estamos tratando de alcanzar, podemos diseñar nuestros programas para enfocar uno de los cinco propósitos de Dios y ponemos como meta nuestra audiencia potencial.**

Jóvenes de la comunidad

Reconocemos como *jóvenes de la comunidad* a los adolescentes que viven a una distancia práctica y realista de nuestra iglesia. Más específicamente, vemos las escuelas que están a una distancia de diez o quince millas de nuestra iglesia como nuestra audiencia potencial de la comunidad. No consideramos a los jóvenes de California del Sur como nuestra audiencia potencial de la comunidad. Tampoco consideramos a todos los jóvenes del condado como nuestra audiencia de la comunidad. En lugar de eso, para mantener nuestro ministerio manejable nos concentramos en las escuelas y vecindarios representados en una fracción de nuestro condado. Hay aproximadamente veintiséis mil jóvenes en las escuelas en veinte millas alrededor de la propiedad de nuestra iglesia. El único compromiso que estos jóvenes tienen en común es su *falta de compromiso* para asistir a la iglesia.

Este número de jóvenes indica que hay demasiados adolescentes que no han sido alcanzados en nuestra comunidad. Es un número que proclama que algo debe hacerse para alcanzar a esos jóvenes con las buenas nuevas de Jesucristo. Este número masivo también nos dice que nunca habrá competencia entre los ministerios para jóvenes de otras iglesias de nuestra área. ¿Por qué? Porque menos de diez por ciento de los adolescentes de nuestra comunidad están participando en las iglesias. Esto significa que más de veintitrés mil adolescentes inconversos necesitan oír acerca del amor de Dios. Nuestra comunidad, entonces, tiene un blanco importante para el propósito de evangelizar. El capítulo seis se concentra en cómo alcanzar a los jóvenes de la comunidad expresando el propósito primario de la evangelización.

Jóvenes de la multitud

El próximo círculo representa lo que llamamos *jóvenes de la multitud*. Son los que vienen a un culto de jóvenes de fin de semana[1] y llenan una tarjeta de información. Nuestro programa de fin de semana se creó para nuestros jóvenes regulares y sus amigos inconversos. Esto lo consideramos el programa a nivel de entrada.

Algunos de nuestros jóvenes de la multitud son invitados por asistentes regulares, otros son forzados a asistir por sus padres, y aun otros asisten aunque sus padres no estén involucrados en la iglesia. Estos son nuestros asistentes regulares; algunos son cristianos y otros no lo son. Su compromiso consiste en asistir a la Iglesia Saddleback y se refieren a ella como su iglesia.

Si podemos conseguir que los jóvenes se entusiasmen para asistir regularmente a uno de nuestros cultos de fin de semana, tenemos una magnífica oportunidad para atraerlos al resto de nuestro ministerio. El capítulo siete entra en detalles adicionales acerca de cómo programamos para los jóvenes de la multitud, con un culto de jóvenes que cumple el propósito de la adoración.

Jóvenes de la congregación

Una vez que los jóvenes entregan su vida a Cristo, nuestra meta es colocarlos en un grupo pequeño donde puedan relacionarse con otros cristianos y crecer en su fe. Los jóvenes que llegan más allá del nivel de la multitud y se comprometen a asistir a nuestros grupos pequeños de mediados de semana se consideran *jóvenes de la congregación*. Motivamos constantemente a nuestros jóvenes (la multitud) del fin de semana a tomar el próximo paso e involucrarse en nuestros grupos pequeños a mediados de semana, donde serán conocidos, cuidados, responsables y relacionados con otros creyentes. Consideramos que esta intimidad cumple el propósito de la comunión. El capítulo ocho explica más acerca de los jóvenes de la congregación y su compromiso con los grupos pequeños.

Jóvenes dedicados

Definimos como *jóvenes dedicados* a los que están comprometidos a desarrollar hábitos espirituales como: estudio personal de la Biblia, oración, responsabilidad ante otro creyente, memorizar pasajes bíblicos, ofrendar y dedicarse al cuerpo de la iglesia. El capítulo nueve explica una manera exclusiva para preparar jóvenes dedicados a través del discipulado.

Jóvenes del centro

Cuando los jóvenes comprometidos descubren sus dones y quieren expresarlos ministrando a otros, llegan a ser *los jóvenes del centro*. Este es mi aspecto favorito en el ministerio para jóvenes. Amo a los jóvenes que cumplen el propósito de Dios para su vida descubriendo sus dones y expresándolos en el ministerio. Recuerde, *descubrir* es la palabra clave que representa el propósito del ministerio en nuestra declaración de propósito. Estos jóvenes que ministran no se gradúan de su fe cuando se gradúan en el ministerio para la juventud.

Lo que puede haber comenzado como un esfuerzo evangelístico para alcanzar a la comunidad, forma un círculo completo cuando los jóvenes del centro llegan a ser ministros estudiantiles. Los jóvenes del centro también tienen la oportunidad de llegar a ser líderes estudiantiles: líderes que llegan a ser jugadores clave en un ministerio creciente con la juventud al comprender el cuadro general de por qué existe su ministerio para jóvenes. El capítulo diez brinda más información acerca de los jóvenes del centro ministrando y liderando a jóvenes.

De ninguna manera quiero sugerir que Jesús usó los cinco círculos del compromiso en su estrategia para alcanzar al mundo, pero es obvio que ministró a toda la gente en todos los diferentes niveles de la fe. Él ejercía una influencia espiritual en los pueblos por los que viajó (comunidad), y a menudo enseñó a grandes grupos (multitud). En Lucas 10, envió a los setenta y dos (la congregación). Dirigió una banda de doce discípulos (los dedicados), y tuvo un grupo íntimo formado por Pedro, Santiago y Juan (el centro).

> **Jesús ministró a la gente en todos los diferentes niveles de la fe.**

Los círculos no son *el* modelo para representar los compromisos de los jóvenes. Si puede usar este modelo para ayudarlos a identificar mejor el compromiso de los jóvenes, hágalo. Los círculos lo ayudarán a tener mejor sentido en sus programas. Si aprecia el modelo pero no quiere usar las palabras ni las definiciones que yo usé, no se limite a ellas. Tengo un amigo que ha llamado a su audiencia potencial «desconocidos, no convencidos, convencidos, relacionados, y comprometidos». Use las palabras que le convenga mejor. Solo recuerde que no es tan importante ser original como ser eficaz.

Qué hacer después de catalogar su audiencia potencial

Defina su audiencia potencial por compromisos

Después de catalogar su audiencia potencial, pregunte: «¿Con qué está comprometida cada audiencia?»

- El compromiso de los jóvenes de la comunidad es *no asistir a la iglesia:* viven apartados de Cristo;
- El compromiso de los jóvenes de la multitud es *asistir a nuestra iglesia:* oyen acerca de Cristo;
- El compromiso de los jóvenes de la congregación es con *un grupo pequeño:* tienen una relación con Cristo y con otros cristianos;
- El compromiso de los jóvenes dedicados es con *los hábitos espirituales:* están desarrollándose en Cristo;

Los jóvenes del centro están dedicados a hacer el *ministerio:* están sirviendo a causa de Cristo.

Cuanto más claro sea el cuadro que tenga sobre cada nivel de compromiso, tanto más fácil será relacionarse con los jóvenes en sus respectivos niveles.

Reconozca que el tamaño del grupo disminuirá a medida que aumente su compromiso

Los círculos de compromiso nos recuerdan constantemente nuestras audiencias potenciales. También nos revelan un panorama práctico de cómo se ve un ministerio para jóvenes guiado con propósito. Como cada círculo representa un compromiso más profundo, usted comenzará a experimentar algún desgaste en cada nivel fuera de la comunidad. Ese es un elemento normal del proceso de la madurez.

COMUNIDAD

MULTITUD

CONGREGACIÓN

DEDICADOS

CENTRO

Fig. 5.2

Concéntrese en la palabra «Potencial» y comience con los que tenga

Una palabra clave en este componente de audiencia potencial es *potencial.* Usted puede transferir nuestro concepto del círculo a su propio ambiente y reconocer que tiene unos pocos jóvenes de la multitud, unos pocos jóvenes de la congregación, y ninguno dedicado o en el centro. Está bien. Si tiene *cualquier* estudiante en su ministerio para jóvenes, tiene el *potencial* para llevarlo hacia el centro. Comience por edificar el ministerio para jóvenes con los que tenga, y comience a orar y a crear sus programas para llevar a los jóvenes hacia el próximo nivel de compromiso.

Cuando llegué a Saddleback, había treinta y cinco jóvenes en el ministerio para jóvenes. Clasifiqué a la mayoría de esos jóvenes en el nivel de la multitud, y ahí es donde comenzamos. Ellos eran nuestra audiencia potencial. Creamos un programa para satisfacer las necesidades de los jóvenes de la multitud y también comencé un programa de grupo pequeño para aquellos jóvenes que estaban listos a dar el próximo paso en su fe. Este enfoque de grupo pequeño llegó a ser nuestro programa de la congregación. No fue hasta mi tercer año en Saddleback que establecimos un programa para los dedicados. Y no fue hasta mi quinto año que realmente estalló nuestro centro. Aunque ya en el segundo año teníamos a jóvenes del centro, no teníamos un programa fuerte. Escribo esto para alentarlo. No es necesario comenzar hoy desarrollando las cinco audiencias potenciales. Un ministerio saludable con jóvenes guiados con propósito no se lleva a cabo rápidamente. Construir salud toma tiempo. Sea paciente con el progreso de sus programas.

Exprese más el deseo de su corazón que las categorías y niveles

Algunos obreros de jóvenes no aprecian el tipo de estructura de dedicación que tenemos en la Iglesia Saddleback. Me han preguntado: «¿A los jóvenes no les disgusta sus categorías ni se sienten como si estuvieran saltando por los niveles espirituales?» La verdad es que nunca experimenté ninguna oposición de los jóvenes a los círculos de compromiso. Los círculos simplemente definen dónde están los jóvenes y a dónde queremos llevarlos. Los jóvenes de nuestro ministerio están familiarizados con los círculos porque los enseñamos varias veces al año y regularmente nos referimos a moverse de la comunidad al núcleo. Siempre que hablamos expresamos los deseos de nuestro corazón, queremos ver a los jóvenes desarrollándose espiritualmente. Entendemos que los círculos son un modelo humano, usado para catalogar a nuestra audiencia potencial. No son círculos espirituales y nunca se deben confundir como tales.

Los círculos nos proporcionan una clasificación, no una identidad. Tenemos cuidado de no asignar un «valor» a un joven basado en el nivel de dedicación. No tenemos ceremonias de reconocimiento para proclamar: «Oigan todos, Philip acaba de pasar del círculo de la multitud al círculo de la congregación. Démosle un aplauso.» El propósito de los círculos no es aislar jóvenes, sino reconocer los niveles de dedicación para aumentar el desarrollo mediante un diseño de programas más estratégico.

> **Los círculos nos proporcionan una clasificación, no una identidad.**

Cómo crear una estrategia con propósito

Ahora que ya conoce los cinco propósitos de la iglesia y ha clasificado a su audiencia potencial, está listo para preguntarse: «¿Qué tipos de programas cumplirán los cinco propósitos *y* alcanzarán a nuestra audiencia potencial?» Una fórmula que me gusta usar para programar es:

audiencia potencial + propósito = programa

Por ejemplo,

jóvenes de la comunidad + propósito de la evangelización = programa de Víspera de Año Nuevo

Así que, el programa de Víspera de Año Nuevo llega a ser una estrategia para alcanzar a los jóvenes de la comunidad, cumpliendo con el propósito de la evangelización. Las figuras 5.3, 5.4, 5.5 muestran tres estrategias diferentes para aplicar esta fórmula a diferentes ministerios de la juventud. Ningún ejemplo es *la* manera correcta. Hay diversas maneras de dirigirse a varias audiencias. Además de la audiencia y los propósitos potenciales, cada ministerio debe considerar

Primer ejemplo
Ministro de Jóvenes medio-tiempo, 1ª Iglesia Presbiteriana

¿QUIÉN es nuestro objetivo? Audiencia potencial	¿CUÁL es nuestro propósito? Propósito Primario	¿CÓMO procuraremos hacer esto? Programa Primario
Comunidad	Evangelización	Programa anual de alcance
Multitud	Comunión	Programas sociales trimestrales
Congregación	Discipulado	Escuela Dominical
Dedicados	Adoración	Adoración y alabanza a mediados de semana
Centro	Ministerio	Proyecto mensual de servicio

Fig. 5.3

Segundo ejemplo
Ministerio guiado por voluntarios, Iglesia Luterana El Salvador

¿QUIÉN es nuestro objetivo? Audiencia potencial	¿CUÁL es nuestro propósito? Propósito Primario	¿CÓMO procuraremos hacer esto? Programa Primario
Comunidad	Evangelización	Visitación ocasional en la escuela
Multitud	Discipulado	Escuela Dominical
Congregación	Ministerio	Equipos de ministerio dirigidos por jóvenes a mitad de semana
Dedicados	Comunión	Reunión social mensual
Centro	Adoración	Noche trimestral de alabanza

Fig. 5.4

Tercer ejemplo
Ministro de Jóvenes tiempo completo, Iglesia Saddleback

¿QUIÉN es nuestro objetivo? Audiencia potencial	¿CUÁL es nuestro propósito? Propósito Primario	¿CÓMO procuraremos hacer esto? Programa Primario
Comunidad: Capítulo 6	Evangelización	Desafío de evangelización entre amigos
Multitud: Capítulo 7	Adoración	Cultos de adoración de fin de semana
Congregación: Capítulo 8	Comunión	Grupos pequeños de estudio bíblico por áreas a mediados de semana
Dedicados: Capítulo 9	Discipulado	Herramientas de autodiscipulado
Centro: Capítulo 10	Ministerio	Liderazgo estudiantil (mensual)

Fig. 5.5

- la dirección de la iglesia
- el tiempo disponible de los líderes
- la cantidad de ayuda adulta
- los recursos accesibles

Estas solo son algunas variables que impactarán su estrategia en los programas que usted diseñe, y la frecuencia con que los haga. Si el tiempo es limitado, no tiene ayuda ni recursos, no será capaz de hacer todo lo que quisiera hacer. Recuerde que no todos los programas tienen que ser semanales. Para cumplir con el propósito de la adoración con los jóvenes dedicados, usted puede escoger una noche para cantar alabanzas una vez por mes (o trimestralmente, dependiendo de su tiempo).

En los siguientes ejemplos tome nota del término *primario* antes de propósito y *programa*. Lo uso para indicar el propósito bíblico *principal* y el programa para cada nivel específico de compromiso. Por ejemplo, en el programa de Víspera de Año Nuevo habrá compañerismo. Unos pocos jóvenes estarán allí por el ministerio, pero el propósito primario es la evangelización. Otro ejemplo involucra a nuestros grupos pequeños (véase el capítulo ocho): El propósito primario es el compañerismo porque en los grupos pequeños usamos la mayor parte de nuestro tiempo para relacionarnos con otros creyentes. El propósito del discipulado surge en estos grupos pequeños, porque comenzamos con un estudio bíblico.

Si puede captar la fórmula: propósito primario + audiencia potencial = programa, se ahorrará tiempo y dolores de cabeza tratando de hacer buenos programas. A medida que Dios lo dirija, notará que sus programas se desarrollarán de forma única. Los propósitos eternos de Dios nunca cambian, y una audiencia potencial existe en la mayoría de las iglesias, pero los programas pueden y deben cambiar tantas veces como sea necesario para alcanzar a su audiencia potencial y cumplir mejor el propósito de Dios para su ministerio.

La figura 5.6 muestra cómo, en la Iglesia Saddleback, seguimos con propósito a nuestra audiencia potencial.

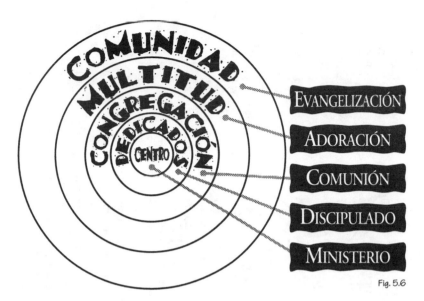

Fig. 5.6

Los próximos cinco capítulos explican cómo crear programas para alcanzar las cinco audiencias potenciales y expresar los cinco propósitos. Explico principios transferibles importantes y también presento algunas maneras específicas en que el ministerio para los jóvenes de la Iglesia Saddleback crea los programas para estas audiencias.

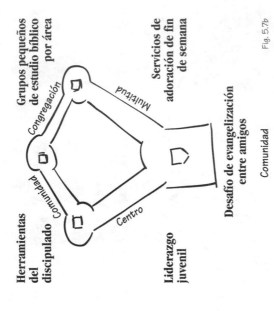

Herramientas del discipulado

Grupos pequeños de estudio bíblico por área

Congregación

Comunidad

Multitud

Centro

Liderazgo juvenil

Servicios de adoración de fin de semana

Desafío de evangelización entre amigos

Comunidad

Fig. 5.7b

Los cinco programas principales que se enumeran en la Fig. 5.5 están en orden progresivo alrededor de un diamante de béisbol. El diamante es el proceso que usamos para comunicar movimiento. Leerá una descripción detallada de cada uno de estos programas en los capítulos 6-10. Además usamos otros programas, que llamamos programas secundarios, que se describen en el capítulo doce. Verá cómo estos programas secundarios ayudan a llevar la comunidad al núcleo. También entenderá por qué usamos el símbolo de un diamante de béisbol para comunicar movimiento.

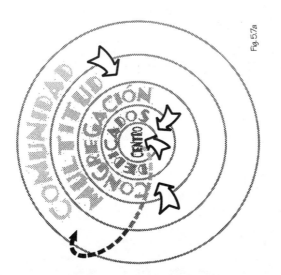

Fig. 5.7a

Los círculos anteriores son un ejemplo de la intención de nuestro movimiento. Al joven de la comunidad lo queremos llevar al núcleo y al joven del núcleo lo devolvemos a la comunidad para que alcance esa comunidad.

HÁGALO PERSONAL

1. Anote los nombres de sus programas y marque la casilla que mejor defina sus objetivos.

PROGRAMA	COMUNIDAD	MULTITUD	CONGREGACIÓN	DEDICADOS	CENTRO

2. ¿Es necesario que alguno de sus programas se enfoque mejor? Si el objetivo de uno de sus programas considera más de una audiencia, ¿qué debe hacer para enfocarlo mejor?
3. ¿Saben los jóvenes que asisten a sus programas a quiénes están dirigidos los programas?
4. ¿Cómo llenaría usted esta gráfica para su ministerio con la juventud?

¿QUIÉN es nuestro objetivo? Audiencia potencial	¿CUÁL es nuestro propósito? Propósito primario	¿CÓMO procuraremos hacer esto? Programa primario
Comunidad		
Multitud		
Congregación		
Dedicados		
Centro		

5. ¿Cuál es el número aproximado de jóvenes involucrados en su ministerio?

Comunidad _____

Congregación _____

Dedicados _____

Centro _____

6. Escriba su propia definición para cada audiencia potencial (véanse las páginas 96-99).

Comunidad

Multitud

Congregación

Dedicados

Centro

7. ¿Cuáles son los pasos definidos que los jóvenes toman para ir al próximo nivel de dedicación en su ministerio?

NOTAS

[1] Nuestros cultos de adoración de fin de semana se celebran al mismo tiempo que los cultos de adoración para adultos. Al momento de escribir este libro, estamos celebrando tres reuniones cada fin de semana: Los sábados por la tarde a las 5:00 y los domingos por la mañana a las 8:45 y a las 11:00. Todos estos programas tienen el mismo formato. El capítulo siete explica mejor estos cultos.

Cuarto componente

PROGRAMAS

SEIS

Alcance a los jóvenes de la comunidad
Cumpla el propósito de Dios: Evangelización

Aarón Gutridge era el jugador estrella de fútbol en la Escuela Secundaria Tustin. Cada semana el periódico local informaba de sus jugadas sobresalientes. Todos en la escuela sabían quién era él, y tenía una influencia tremenda en la escuela. Aarón no creció en una iglesia, no era cristiano, venía de un hogar destruido y en la cancha solo se refería a Dios para maldecirlo.

Matt, uno de nuestros jóvenes dedicados, invitó a su amigo Aarón al programa «Tiempo Extraordinario» que nuestra iglesia celebra los viernes por la noche. Esta es una fiesta de pizza después de un partido de fútbol. Pero para comer pizza Aarón tuvo que llenar una tarjeta con su dirección. Luego de hacer esto, pasó de ser un joven desconocido de la comunidad a ser un estudiante potencial de la multitud. Ya no era un extranjero del todo.

Al martes siguiente le escribí una carta a Aarón. Le di las gracias por haber visitado nuestra iglesia y lo invité a reunirse con Matt para venir a nuestro programa del domingo por la mañana, que está preparado para jóvenes de la multitud. Recibí una agradable sorpresa cuando al siguiente domingo Matt trajo a Aarón, y este trajo a cinco amigos inconversos del equipo de fútbol. Este domingo en particular, Aarón escuchó por primera vez un mensaje acerca del amor de Dios. Después del programa, invitamos a los muchachos a participar en un juego de baloncesto el domingo por la tarde con algunos de nuestros líderes adultos. Ellos aceptaron, jugamos, los líderes ganaron y Aarón y sus compañeros competitivos volvieron durante varios domingos buscando la revancha. Luego de un par de meses, Aarón rindió su vida a Jesucristo y cambió la motivación para asistir a la iglesia. Llegó a ser activo en el estudio de la Biblia que celebramos a mediados de semana y en los grupos pequeños, cuyo objetivo son los jóvenes de la congregación. Después de un año se mostró ansioso por desarrollar su fe y los hábitos de un estudiante dedicado. Pronto Aarón estaba en nuestro grupo de liderazgo de jóvenes, que persigue a los jóvenes del centro. Después de la escuela superior Aarón jugó fútbol en la universidad, donde continuó creciendo en su fe. Actualmente es un pastor que trabaja todo el tiempo entre la juventud.

Cuando observa de cerca la historia de Aarón, verá que en cooperación con la soberanía de Dios, varios factores se unieron para trabajar hasta alcanzarlo y ayudarlo a pasar de la comunidad al centro: un programa de la comunidad que no lo amenazaba al asistir (Tiempo Extraordinario), un estudiante dedicado que lo invitó (Matt), un plan de conservación de resultados (una carta), un programa a nivel de entrada en que podía oír el evangelio (programa de la multitud cada fin de semana), algún contacto para relacionarse a través de los partidos de baloncesto (líderes adultos), y otros programas para suplir su crecimiento (esto es la congregación, dedicados y los programas del centro). Me encantaría contar este tipo de historia acerca de todos los jóvenes que aparecen en un programa de la comunidad, pero no puedo. Un crecimiento espiritual como el de Aarón es nuestra meta, pero no sucede con cada joven.

La evangelización no es un programa, es un proceso

Si quiere que su ministerio para la juventud alcance a jóvenes inconversos de la comunidad, debe hacer un fuerte compromiso para que se respire evangelización en su ministerio. Los ministerios para jóvenes que tienen éxito alcanzando a jóvenes inconversos ven la evangelización como algo esencial y no como solo una idea buena. Si planea darle prioridad a la evangelización, necesita una estrategia para asegurarse de que el propósito de la evangelización no esté reducido a un programa. La evangelización no es un programa; es un proceso; el proceso de una persona mostrando una vida transformada a alguien que necesita de la gracia transformadora de Dios.

> **No tenemos recursos para crear programas lo suficientemente atractivos como para competir con el mundo.**

No creo que debemos preparar jóvenes para cumplir el propósito de la evangelización basándonos en programas extravagantes. Un programa sólido de evangelización no es fácil de hacer. Nuestra iglesia está a pocos minutos de Disneylandia y de otras cien centros de entretenimiento, y no tenemos recursos para crear programas tan atractivos como para competir con el mundo. Ni usted tampoco. Pero sí tenemos el contenido que cambia vidas (la verdad de la Palabra de Dios) y relaciones de cuidado con las cuales el mundo no puede competir. Esta *verdad* es la que quiero que nuestros jóvenes entiendan. Quiero que ellos tomen alguna responsabilidad personal en la evangelización y vivan su vida con ojos que estén buscando y corazones latiendo con compasión por sus amigos perdidos.

Durante mis años en el ministerio con la juventud, he sido bendecido al ver a cientos de jóvenes comunes alcanzando a sus amigos para llevarlos a Jesucristo. Ha sido una gloriosa combinación de nuestro ministerio y los jóvenes haciendo lo que es posible y a Dios hacer lo que es imposible. No puedo definir el trabajo imposible de Dios, pero puedo decirle lo que hemos hecho para ser fieles al propósito de la evangelización en nuestro ministerio con la juventud.

La evangelización en nuestro ministerio para jóvenes abarca una comprensión y una expresión práctica de tres elementos:

1. El desarrollo de una actitud evangelística
2. El desafío continuo para llegar a ser evangelística
3. Un culto de adoración, del cual se enorgullecen los jóvenes al traer a sus amigos (véase el capítulo siete)

El resto de este capítulo explora los primeros dos elementos como una ruta hacia el desarrollo del propósito de la evangelización en su ministerio con la juventud. El capítulo siete demuestra cómo el culto de adoración de la Iglesia Saddleback actúa como una puerta abierta de la comunidad a la multitud.

Un ministerio evangelístico para jóvenes expresa una actitud evangelística

En Mateo 9:12-13, Jesús dijo: «Los sanos no tienen necesidad de médico, sino los enfermos ... Porque no he venido a llamar a justos, sino a pecadores.» La traducción de *El Mensaje* se lee: «Estoy aquí para invitar a los que están afuera, no para mimar a los que están adentro.» Muchos ministros para jóvenes hacen un trabajo excelente mimando a los de adentro y un pésimo trabajo para alcanzar al perdido.

Los ministerios para jóvenes que cumplen el propósito de la evangelización generalmente son aquellos en los que el liderazgo del ministerio para jóvenes, el equipo de la iglesia y los jóvenes entienden la evangelización y sienten una misma pasión por expresarla. Si el propósito de la evangelización no se comparte ni lo apoya todo su liderazgo en la iglesia, usted luchará una batalla constante. La tensión aumenta cuando los líderes de la juventud quieren alcanzar al perdido y el liderazgo de la iglesia quiere mimar a los que están adentro. He visto como este conflicto destruye a muchos obreros de la juventud.

> **La tensión aumenta cuando los líderes de la juventud quieren alcanzar al perdido y el liderazgo de la iglesia quiere mimar a los que están adentro.**

Expresar el propósito de la evangelización en el ministerio para jóvenes requiere una actitud evangelística unida en la cual los que están involucrados entiendan la dificultad de este y sin embargo prosigan hacia adelante motivados por la convicción bíblica de alcanzar al perdido. Esta actitud contagiosa invade la iglesia e invita a los líderes que aman a los jóvenes y sienten un propósito evangelístico dentro de sus propias vidas. Por lo menos, hay cuatro maneras de expresar una actitud evangelística.

«Sabemos que es difícil, pero de todos modos lo haremos»

La evangelización es un trabajo difícil. Es mucho más fácil cuidar del justo que perseguir al impío, ya que el inconverso no es tan receptivo a nuestros métodos y encima, nuestro mensaje es cristiano. El apóstol Pablo lo dijo: «La palabra de la cruz es locura a los que se pierden» (1 Corintios 1:18).

La evangelización juvenil es difícil para mí como obrero de la juventud. Si en la escuela empiezo a hablar con un joven de la comunidad que no sabe nada acerca de mí, ni tampoco de Cristo, me va a ver como una amenaza. Varias veces, padres que me han visto con sus hijos y no me conocen, me han cuestionado. No los culpo por preguntarme quién soy y qué estoy haciendo en la escuela si no tengo hijos adolescentes. Tal vez sospechen que soy algún tipo de pervertido o líder de una secta.

La evangelización también es difícil para los jóvenes. Ellos viven con el temor constante de ser rechazados. Temen no ser entendidos, no tener todas las respuestas correctas, o ser marcados como seguidores fanáticos de Jesús. Estos temores naturales los paralizan y mantienen en silencio su participación en la iglesia y la relación con Jesús. Este es también un problema para muchos obreros de jóvenes que temen el rechazo.

La evangelización también llega a ser difícil cuando algunas familias de la iglesia creen que el ministerio para jóvenes debía ser para cuidar de sus hijos y no preocuparse por los que están afuera de la iglesia. He tenido padres que me dicen, refiriéndose a los jóvenes de la comunidad: «La iglesia no debe traer a estos tipos de jóvenes. Esos son los jóvenes que mi hijo ve diariamente en la escuela, y él no tiene por qué tratarlos en la iglesia.» Después de respirar profundo, cortésmente trato de explicar el propósito bíblico de la evangelización. Los ministerios con los jóvenes, que tratan de cumplir el propósito de la evangelización, deben tener una porción de jóvenes que no son cristianos. Si su ministerio no hace a los de adentro infelices, es probable que no esté expresando una actitud evangelística.

Para algunos ministerios de jóvenes, el estorbo de la evangelización es el verdadero liderazgo de la iglesia o la junta de ancianos. Estas iglesias valoran a la evangelización mientras que no sea desordenado. Desgraciadamente, la evangelización entre jóvenes puede ser desordenado, y las iglesias que colocan el propósito de *la limpieza* por encima del propósito de la *evangelización* dan más poder al conserje que al Espíritu Santo. Los jóvenes inconversos no entienden la santidad de la propiedad de la iglesia. No reconocen que el salón de comunión fue alfombrado por la disfunta Sra. Jennings y que tirar comida sobre la alfombra conmemorativa es sinónimo de blasfemia. Los jóvenes de la comunidad ni siquiera imaginan cambiar su lenguaje cuando vienen a la iglesia: hablan como siempre hablan y fuman, desordenan y holgazanean. Tal vez causen problemas al no respetar las cosas que los demás adolescentes de la iglesia aprendieron a respetar. (¡Si cree que acabo de describir a sus jóvenes regulares, esto lo pone en buena compañía con Jesús! Los líderes religiosos no estaban muy contentos con el grupo de gente que atraía.)

Finalmente, la evangelización es difícil a causa del enemigo. La salvación eterna es el sujeto de una batalla espiritual muy real porque Satanás no quiere que nadie sea eficaz guiando a otros a Cristo. Una actitud evangelística que dependa del poder de Dios y la visión para el perdido, encara todo tipo de oposición.

«Consideramos que la evangelización no es negociable»

Los estudiantes de la Biblia entienden su parte en la evangelización. Jesús no lo hizo opcional cuando en Hechos 1:8 ordenó: «Me seréis testigos.» Desarrollar una actitud evangelística significa ver la evangelización como un mandamiento bíblico. La evangelización debe llegar a ser una convicción clara, o usted será tentado a rendirse cuando los jóvenes no respondan a su desafío para alcanzar a sus amigos. Escucharán sus mensajes y estarán de acuerdo con la conclusión, pero se distanciarán de la acción porque la evangelización es difícil. Cuando considere la evangelización como un mandamiento no negociable, usted no se rendirá aunque enfrente la resistencia.

«Queremos líderes que les gusten los adolescentes»

El ministerio evangelístico para jóvenes debe tener líderes que amen a los adolescentes. Si quiere alcanzar jóvenes, debe gustarle estar con ellos. Un buen misionero no entrará a una aldea en la que odie a la gente porque no entienden su idioma. De la misma manera, los líderes evangelistas de la juventud no desprecian a los jóvenes de la comunidad porque estos no entienden el camino de Dios. Los líderes evangelistas aman a todos los adolescentes, no solo a los jóvenes cristianos que son fáciles de amar.

Los ministerios para jóvenes que con éxito alcanzan jóvenes inconversos casi siempre tienen líderes que sienten la carga por el perdido. Esta persona entiende las palabras de Jesús: «Habrá más gozo en el cielo por un pecador que se arrepiente, que por noventa y nueve justos que no necesitan de arrepentimiento» (Lucas 15:7). Es imposible acercarse al corazón de Dios sin acercarse a aquellos por quienes su Hijo y nuestro Salvador dio su vida.

«Debemos tener líderes que den el ejemplo de la evangelización»

Si la persona encargada de un ministerio no está ansiosa por evangelizar, los voluntarios y los jóvenes tampoco lo estarán. Generalmente, el liderazgo tiene que apoyar algo difícil como es la evangelización. La mayoría de los adolescentes con los que he trabajado no saltaron de alegría cuando supieron que tenían la responsabilidad de evangelizar. La mayoría prefiere no hacerlo. Están cómodos con los amigos que tienen en la iglesia y no sienten una necesidad inherente de alcanzar al perdido. Pero cuando sus líderes le muestran y enseñan con diligencia la evangelización de la Escritura, gradualmente entienden su propósito y lo hacen una prioridad. Un ministerio evangelístico con la juventud desafía a los líderes a

marcar el ritmo y ser evangelistas con sus compañeros, con sus veci-
nos, y con sus familias.

Un ministerio evangelístico con jóvenes desafía a la juventud a llegar a ser evangelísticos

El capítulo cuatro dice que uno de los trabajos del liderazgo es repetir continuamente el propósito para el cual existe su ministerio. Si
quiere alcanzar a los jóvenes de la comunidad, necesita hacer énfasis en la evangelización mientras repite los propósitos. En la Iglesia
Saddleback constantemente enseñamos y recordamos a nuestros
jóvenes el mandato de evangelizar, hasta en los primeros pasos de
su fe. Queremos que los jóvenes entiendan que antes de ser atraídos a Cristo, los que están fuera de la fe son atraídos a los cristianos. En Mateo 5:14 Jesús nos dijo que debemos ser luces y brillar
para que otros sientan la necesidad de dar sus vidas a Dios. Este
versículo presenta el estilo de vida como un factor importante de
evangelización. Los jóvenes necesitan que esto se les recuerde
constantemente.

No esperamos que todos nuestros jóvenes sean *evangelistas,*
pero esperamos que ellos sean *evangelísticos.* No esperamos que
nuestros jóvenes tengan el coraje para pararse sobre una mesa en el
centro de la escuela y predicar (evangelista), pero esperamos que
brillen y desarrollen un corazón para sus amigos perdidos, que
oren por ellos y que los traigan a los programas adecuados de la iglesia (evangelísticos).

Desafíe a los jóvenes con temas fuertes de evangelización

Durante mi último año (de once) en la iglesia donde serví antes
de venir a la Iglesia Saddleback, mi afán por la evangelización llegó
a ser casi nulo. Los jóvenes lo sintieron y me siguieron; esto tuvo
como resultado una apatía evangelística. Cuando vine a la Iglesia
Saddleback tuve una pasión restaurada, y quise que mis jóvenes lo
supieran. Comencé con un grupo pequeño de jóvenes, pero pronto crecimos cuando continuamente los jóvenes escucharon y entendieron las tres siguientes cuestiones:

«*Vamos a crecer*»

Quise que inmediatamente los jóvenes supieran que tenemos la orden de alcanzar a los de afuera y hacer seguidores de toda persona. ¡«Todos» son muchas personas! Expliqué que nuestra intención no era ser el ministerio más grande de jóvenes del pueblo, sino cumplir con lo que Jesús nos pidió que hiciéramos en la Gran Comisión. Dije a los jóvenes que la falta de crecimiento es como mandar un mensaje a nuestros amigos no cristianos diciéndoles que se vayan al infierno. Estaríamos diciéndoles que no merecían nuestro esfuerzo. Si tomamos en serio el mandato de la evangelización, creceremos. De ninguna manera estoy avergonzado de esto. No estoy alentando un viejo mensaje del ministerio para jóvenes: Mientras más grande, mejor. Al contrario, estoy sugiriendo que la evangelización es mejor y siempre tiene como resultado el crecimiento.

> **La falta de crecimiento es como n mensaje a nuestros amigos no cristianos diciéndoles que se vayan al infierno.**

«*No seremos un círculo santo cerrado*»

A la llegada a un grupo pequeño de jóvenes, me encontré constantemente hablando acerca del síndrome de las reuniones del círculo santo cerrado o R.S.S. (Reuniones Secretas de Santos). No quería que nuestro ministerio para la juventud fuera un club, y me aseguré de que todos entendieran eso. Me refiero raramente a nuestro ministerio como un grupo de jóvenes, porque una mentalidad de grupo no crece; es cómodo ser un grupo. Un ministerio crece. Un ministerio se considera como evangelístico.

Esta es una barrera difícil para algunos obreros de la juventud. A menudo ellos preguntan: «¿No debo alentar a mis jóvenes a estar separados del mundo? ¿No quiero que escuchen música cristiana y que se reúnan con otros amigos cristianos? ¿No debe ser su mundo enteramente cristiano?» Mi respuesta es sí a las primeras dos preguntas y no a la última. Todo su mundo no debe ser el cristianismo, pero sí debe ser Cristo. Y Cristo vino a salvar el perdido, no a formar un club.

> **El mundo entero de los jóvenes no debe ser cristianismo, pero sí debe ser Cristo.**

«*Este programa no es para ustedes*»

A veces le digo a mis jóvenes que no asistan a un programa específico si no traen a un amigo. Estoy cansado de crear programas evangelísticos para ayudar a lo jóvenes con su testimonio y que solo asistan jóvenes cristianos. Si se va a esforzar en crear un programa evangelístico, debe decirle a los jóvenes regulares a quiénes intenta alcanzar con el programa.

Tenga cuidado para qué programa dice: «Trae a tus amigos.»

Recuerdo que en cierta ocasión le pregunté a un estudiante:

—¿Por qué no trajiste un amigo esta noche?

—No sabía que esto era para mi amigo —me contestó el joven.

—Siempre que anuncié el programa dije: "Trae un amigo" —le contesté.

Esta vez sus palabras realmente me hicieron pensar.

—Sí, pero usted siempre dice que traigamos a nuestros amigos a todo.

Esa noche aprendí una lección valiosa. Necesitaba ser específico en cuanto a qué programas iban dirigidos a la evangelización.

Incluso ahora, que nuestro ministerio ha experimentado un crecimiento asombroso, continuamos repitiendo estos tres puntos acerca del crecimiento evangelístico; la gente olvida lo que no se recalca. No queremos acomodarnos a los jóvenes que son salvos y perder de vista a los que no conocen a Cristo.

Desafíe a los jóvenes en la evangelización dándoles pasos de bebé

Cuando esté ayudando a los jóvenes a capturar una visión por el perdido, déles pasos de bebé que les sean fáciles tomar. Nada es más frustrante que una conferencia evangelística que haga memorizar a los jóvenes los cuatro saltos felices al cielo y después los mande a la calle para decirle a los extraños lo que memorizaron. La mayoría de los jóvenes no se van a relacionar con los extraños para evangelizarlos. Dios usa esta forma de evangelización, pero drásticamente lo limita a unos pocos temerarios. Si les da a sus jóvenes técnicas que ellos puedan dominar, llegarán a estar seguros y eventualmente serán más valientes al comunicar su fe con los amigos. Hay más probabilidades de darles esperanza haciendo sencillo el proceso que sobrecargándolos con una responsabilidad que aún la mayoría de los adultos temen.

Aquí hay un ejemplo de los pasos de bebés con los cuales desafiamos a nuestros jóvenes:

Primer paso: Cuenta a tu amigo que eres cristiano.
Segundo paso: Invita a tu amigo a un programa apropiado.
Tercer paso: Dile a tu amigo por qué eres cristiano.
Cuarto paso: Dile a tu amigo cómo llegaste a ser cristiano.
Quinto paso: Pregunta a tu amigo si a le gustaría ser cristiano.

Este proceso es lo que llamamos *Nuestro desafío de evangelización entre amigos*. Aunque es más un desafío verbal que un programa, aún nos referimos a él como el programa primario que usamos para alcanzar a los jóvenes de la comunidad.

Programación para los jóvenes de la comunidad: Modelo de la Iglesia Saddleback

La Iglesia Saddleback tiene programas primarios y secundarios de ministerio con la juventud diseñados para cada audiencia potencial. Los programas primarios se explican aquí y al final de los próximos cuatro capítulos. (El capítulo doce prepara y describe nuestros programas secundarios.) Mi oración es que nuestros ejemplos de programas sirvan de inspiración para algunas ideas suyas. Espero que cuando lea lo que estamos haciendo en la Iglesia Saddleback, se *decepcione* viendo la sencillez de nuestro programa del ministerio para jóvenes. Como nos guiamos por los propósitos, no le damos mucho valor a mantener los programas. Si un programa no alcanza su audiencia potencial o no expresa uno de los cinco propósitos bíblicos (evangelización, comunión, discipulado, ministerio y adoración) lo modificamos o lo descontinuamos.

Programa primario de la comunidad:
Desafío de la evangelización entre amigos

A principios del año escolar, enseñamos una serie llamada *Desafío de la evangelización entre amigos*. A cada joven le entregamos una tarjeta del tamaño de su billetera y le pedimos que escribiera los nombres de cinco amigos no cristianos (véase la fig. 6.1).[1] Entonces desafiamos a nuestros jóvenes a orar por estos amigos todos los días y pedirle a Dios que les dé la oportunidad y el valor para dar los pasos que explican su fe. Un ministerio para jóvenes tomó esta idea e hizo una lista de amigos llamada C.E.T por los cuales están orando. C.E.T. son las siglas de «corazones en transición».

EVANGELIZACIÓN ENTRE AMIGOS	AMIGOS POR QUIENES ORO…
1. Cuenta a tu amigo que eres cristiano.	1. _____ Cuando un creyente
2. Invita a tu amigo a un programa apropiado.	2. _____ ora, suceden
3. Dile a tu amigo por qué eres cristiano.	3. _____ grandes
4. Dile a tu amigo cómo llegaste a ser cristiano.	4. _____ cosas
5. Pregunta a tu amigo si a él o ella le gustaría ser cristiano.	5. _____ Santiago 5:16

Fig. 6.1

Al dorso de la tarjeta de evangelización entre amigos está el proceso de los cinco pasos para explicar su fe, los pasos de bebé mencionados están en la página 121. Durante la primera semana de la escuela, algunos jóvenes tomarán los cinco pasos con un amigo. Tal vez otros demoren todo el trimestre para dar los primeros dos pasos. Invitamos a nuestros jóvenes a completar el paso dos antes del fin del primer trimestre, por lo menos con tres de sus cinco amigos no cristianos.

Algunos de nuestros líderes adultos tienen la asignación formal de seguir a los jóvenes que se han comprometido a aceptar el desafío de la evangelización entre amigos, pero pedimos a todos nuestros líderes que pregunten informalmente a los jóvenes acerca de sus esfuerzos. Cuanto más hablamos acerca de la evangelización entre amigos, más ansiosos están nuestros jóvenes por contar sus historias acerca de cómo están trabajando en los cinco pasos.

HÁGALO PERSONAL

1. ¿Cómo definiría su pasión personal por la evangelización?
2. ¿Cuándo fue la última vez que habló de su fe con un inconverso? ¿Es un buen ejemplo en evangelización para sus jóvenes?
3. Nombre a algunos jóvenes de su ministerio con la juventud que necesitan que los desafíen para desarrollar una actitud evangelística.
4. Nombre algunos jóvenes en su ministerio que expresen interés por los perdidos. ¿Alguien ha alentado a esos jóvenes recientemente?
5. En una escala del 1 al 10 valore la actitud evangelística de su ministerio de jóvenes (1 = el círculo santo cerrado; 10 = la pasión por los perdidos).

   1   2   3   4   5   6   7   8   9   1 0

6. ¿Qué noches específicas definiría como ideales para programas de la comunidad?
7. ¿Qué temas evangelísticos necesita repetir a través del año?
8. ¿Piensa que un compromiso con la evangelización entre amigos dará resultados con algunos de sus jóvenes? Sí o no, ¿por qué?
9. Nombre a alguien en su equipo que podría supervisar la implementación y el mantenimiento de la evangelización entre amigos. ¿Cómo puede el resto del equipo ayudar a esta persona?

NOTAS

[1] Los jóvenes de la comunidad son los únicos para quienes no tenemos un programa primario. Nuestro programa primario (el desafío de la evangelización entre amigos) está dirigido *a* ellos y no *para* ellos. Como dije antes, no queremos que los jóvenes se confíen en un programa específico de evangelización. La evangelización es un proceso para motivar a los jóvenes, no un programa para que asistan. Tenemos programas continuos para las demás audiencias: multitud, congregación, dedicados y centro.

SieTe

Mantenga a los jóvenes de la multitud
Cumpla el propósito de Dios: Adoración

Asumamos que Stacy es una de las jóvenes regulares que ha tomado el desafío de la evangelización entre amigos. Ha estado orando por cinco de sus amigos y finalmente se llenó de valor para invitar a su amiga Kayla a uno de los programas. Stacy debe traer a Kayla al programa de la multitud, la puerta abierta al ministerio con los jóvenes. ¿Tiene usted un programa al que los jóvenes regulares tengan confianza de invitar a sus amigos de la comunidad? Si ese es el caso, este programa involucrará a ambos, cristianos y no cristianos.

En la Iglesia Saddleback, una estudiante como Stacy puede traer a su amiga a uno de nuestros tres cultos de adoración de fin de semana (uno el sábado por la noche y dos el domingo). Nuestros programas de jóvenes menores y secundarios se reúnen por separado, uno de otro y además de los cultos de adoración de adultos. Estos programas están dirigidos a los jóvenes de la multitud al mismo tiempo que satisfacen el propósito primario de la adoración. Tal vez el fin de semana no parezca ser el tiempo ideal para traer a jóvenes inconversos al ministerio para la juventud, pero Saddleback no es una iglesia típica. La estrategia de nuestra iglesia es atraer inconversos de todas las edades de la comunidad a nuestros cultos de adoración el fin de semana.[1]

Algunos obreros de jóvenes se confunden en este punto porque se imaginan a los jóvenes regulares llevando amigos no cristianos a una clase tradicional de Escuela Dominical o al culto de adoración.

Nuestros cultos de adoración de fin de semana distan mucho de ser tradicionales, y los jóvenes que intentan el desafío de evangelización entre amigos no tienen ningún problema en traer a sus amigos a la iglesia. Muchos jóvenes le dicen a sus amigos no cristianos: «No es lo que tú piensas; créeme y pruébalo.»

Como ya mencioné en el capítulo dos, muchos obreros de jóvenes han limitado el propósito de la adoración a cantar. ¡La adoración abarca más que eso! Nosotros decimos que es expresar nuestro amor a Dios. Procuramos cumplir el propósito de la adoración comunicando nuestro amor a Dios al orar, cantar, ofrendar, testificar, dar gracias y escuchar la Palabra de Dios en nuestro culto de adoración de fin de semana.

El estilo de nuestro culto de adoración de fin de semana procura romper el estilo típico de la iglesia aburrida. La adoración no tiene que inducir al sueño. Como nuestros cultos de adoración se dirigen al joven de la multitud, tratamos de crear una mezcla especial de diversión, involucrar al joven y darle un mensaje claro. Aunque la palabra «diversión» no parezca ser una definición tradicional de adoración, nosotros queremos que los jóvenes pasen un tiempo magnífico cuando vienen a la iglesia. Queremos que digan lo que David dijo: «Yo me alegro cuando me dicen: "Vamos a la casa del Señor ... Adoren al Señor con regocijo"» (Salmo 122:1; 100:2).

Creo que Dios valora la variedad en la adoración, ya que aprecia la variedad en la humanidad. Me parece que la preferencia en el estilo de adoración es más sociológica que teológica. La Biblia no ordena cierto estilo de adoración, aunque en Juan 4:24 Jesús nos dio dos requisitos importantes para adorar en espíritu (amor) y en verdad. Durante nuestro culto de adoración de fin de semana, enseñamos la verdad y lo hacemos todo con actitud de amor para que tanto los creyentes como los inconversos tengan la oportunidad de ver cuán maravilloso es Dios.

La reacción de la multitud en el Pentecostés (Hechos 2) estaba mezclada. Algunos se burlaban de los apóstoles, mientras que otros se asombraban de lo que oían. A Dios no lo desplazó la burla, por el contrario, ese día agregó tres mil personas a su reino. La conexión entre la adoración y la evangelización pareció funcionar en aquel entonces, y también nosotros la vemos funcionar en nuestro ambiente.[2]

Mientras lea este capítulo, por favor, nótese que mi intención no es convencerlo para que cambie su programa de la multitud al domingo por la mañana. Su programa de la multitud puede ser un programa a mediados de semana; puede tenerlo una vez al mes; o lo puede planificar solo trimestralmente. Quizá usted lo haga para cumplir el propósito primario del compañerismo. Repito, no hay una sola estrategia que funcione para todos los ministerios con jóvenes, su programa dependerá del tiempo disponible, la ayuda y los recursos que disponga.

> **La preferencia en el estilo de adoración parece ser más sociológica que teológica.**

El programa de la multitud: Una puerta abierta para los jóvenes de la comunidad

A medida que piense en el programa de la multitud como una puerta abierta para los jóvenes de la comunidad, usted debe considerar cuatro principios transferibles que son útiles para alcanzar y mantener a los jóvenes de la multitud:

1. un ambiente positivo
2. un elemento de diversión
3. participación del joven
4. un mensaje entendible

Un programa de la multitud necesita un ambiente positivo

Los jóvenes emplean varias horas al día en un ambiente escolar que por lo general no es positivo. Puede ser negativo, competitivo, hostil y humillante. Comparado con el mundo, un programa de la multitud debe irradiar un ambiente notablemente positivo. Al comenzar mi carrera en el ministerio para jóvenes, escuché a alguien decir: «Los jóvenes no tendrán conciencia teológica mientras no se acomoden con el ambiente». Cambié esto para que dijera: «Los jóvenes no serán capaces de entender la Palabra de amor hablada, mientras no se sientan amados». Si los jóvenes llegan a su programa de la multitud y no se sienten aceptados, apreciados y valorados, se les hará difícil hacer una conexión entre lo que sienten (incómodos en el ambiente) y lo que oyen acerca del amor de Dios (conciencia teológica).

En Juan 4, Jesús mostró este alcance ambiental con la mujer en el pozo. Creó un ambiente positivo al romper la tradición judía para hablar con una samaritana. Ella se asombró de que Jesús le hablase. Entonces él le dio un claro mensaje acerca del amor: le daría agua viva para que nunca volviera a tener sed. El ambiente se creó antes que la teología se hablara.

Hay varias maneras de establecer un ambiente positivo para su programa de la multitud. La siguiente lista muestra unas pocas diferencias sencillas entre un ambiente positivo y uno negativo:

> **Los jóvenes no tendrán conciencia teológica mientras no se acomoden con el ambiente.**

Ambiente positivo

- se oye música contemporánea
- los líderes adultos y jóvenes saludan a los que entran a la reunión
- las paredes están cubiertas de fotografías de jóvenes disfrutando del ministerio para la juventud
- los asientos están dispuestos para crear un ambiente atractivo en el salón

Ambiente negativo

- el coro de jubilados canta música acompañada por el órgano
- los líderes adultos y jóvenes rodean la entrada y ridiculizan a los jóvenes por su apariencia al entrar a la reunión
- en las paredes están pegados los Diez Mandamientos y

aparecen los nombres de los jóvenes al lado de los mandamientos que han quebrantado

- los asientos están dispuestos de acuerdo a la altura, peso y
popularidad

Aunque la lista negativa es bastante exagerada, cada punto indica
un error llamativo y común que debe evitar. Por lo menos, hay dos
maneras más de crear un ambiente positivo.

Desarrolle la Regla de los Diez Minutos

El ambiente de su salón debe arreglarse, por lo menos, diez minutos antes de llegar el primer joven. Cometemos un error fatal al
creer que la reunión comienza cuando llegan todos los jóvenes. Muchos de nosotros andamos apresurados tratando de tener todo listo
para la reunión, y los jóvenes llegan a un salón agitado en el que nadie tiene tiempo de saludarlos correctamente. En este ambiente, si
se saluda a un joven, se hace en medio de un apuro. Por consecuen-
cia, el estudiante se deja a un lado para terminar nuestras tareas.

Aunque normalmente los visitantes llegan acompañados de sus
amigos, todavía se sienten raros y solos cuando entran por primera
vez a un nuevo ambiente. Usted no tendrá una segunda oportunidad para causar una primera buena impresión; muchas visitas eva-
luarán todo su ministerio basándose en el saludo que recibieron
cuando llegaron. Los jóvenes de la multitud deben entrar a un salón amistoso: se oye música, hay algunas personas saludándolos y
fotografías en la pared para que los jóvenes visitantes tengan algo
que mirar y ocupen su tiempo sin sobresalir como nuevos.

> **Muchas visitas evaluarán todo su ministerio
> basándose en el saludo que recibieron
> cuando llegaron.**

Los que saludan deben ser jóvenes amables, parados a la entrada
dando la bienvenida a todos con una sonrisa y un toque amistoso.
Los jóvenes líderes deben conocer a las visitas, conversar con ellos e

integrarlos al programa. Si un joven aparece solo, un joven líder debe tratar de relacionarlo con otro joven. Los visitantes se impresionan un poco cuando los adultos los saludan: eso casi siempre pasa. Pero los jóvenes nuevos quedan bien impresionados cuando uno de su edad es quien hace la conexión verbal y luego toma el interés de ayudarlos a sentirse cómodos y los presenta a otros.

¿Cuándo fue la última vez que estuvo en una multitud de gente sin conocer a nadie? ¿Cómo se sintió? Debido a que nos sentimos tan cómodos en nuestro salón, a menudo nos olvidamos del dolor que causa estar solos. La regla de los diez minutos lo ayudará a prepararse para la llegada de la multitud, así los jóvenes nuevos pueden recibir un saludo personal.

Promueva el toque amistoso

Todos sabemos que tocar a los jóvenes puede ser un tema sensible, pero mantengo firme mi creencia en que el toque humano motiva el ambiente positivo. Enseñamos a nuestros líderes que cualquier tipo de contacto seguro, saludar dándose la mano, los abrazos, es bueno y se debe expresar tan a menudo como sea posible. Los jóvenes en nuestro ministerio no acostumbran darse la mano para saludarse, no es un saludo normal. Por el contrario, se paran y se comunican con un gruñido monosilábico: «Heh». Pero si yo me presento ante los jóvenes, siempre extiendo la mano. Tal vez piensen que soy raro o anticuado, pero al mismo tiempo, es posible que mi saludo sea el único toque positivo y amistoso que han recibido de un adulto durante todo el día (o toda la semana).

Cada fin de semana, antes de comenzar nuestro programa de la multitud, camino alrededor del salón y trato de tocar y saludar a tantos jóvenes como pueda. Lo hago para que más tarde, durante el programa, al enseñar la Palabra de Dios los jóvenes sepan que he reconocido su presencia.

Un programa de la multitud necesita un elemento de diversión

La mayoría de los jóvenes inconversos o no involucrados mantienen el concepto desafortunado de que la iglesia (y por asociación, Dios) es aburrida. Pasar un buen rato en la iglesia es una de las maneras más poderosas de quebrar el estilo de *aburrimiento*. Dios nos hizo capaces de reír, y no debemos considerar la diversión como algo pecaminoso. Cuando crea un programa en el que los jóvenes experimentan diversión, es más probable que se conecten con usted y con su mensaje.

Recibí mi porción de crítica de los miembros de la iglesia por promover «demasiada diversión» en nuestro ministerio para jóvenes. Sin embargo, no pido excusas por planear diversión para los jóvenes de la multitud. Continuamente oímos decir a esos jóvenes: «Nunca me imaginé que la iglesia podía ser divertida». Al ver a un joven de la multitud riéndose y pasando un buen tiempo, veo a un joven receptivo descubriendo que la fuente de su risa es el creador de la diversión: Dios mismo.

> **Dios nos programó con la capacidad para reír, y no debemos considerar la diversión como algo pecaminoso.**

Mientras procesa este principio, separe *diversión* de lo *cómico*. La diversión y el humor no son la misma cosa. No sienta la presión de ser algo que no es (si no es un tipo cómico), pero sí trate de crear un ambiente divertido.

Un programa para la multitud necesita la participación de los jóvenes

Los jóvenes necesitan participar tanto en el programa de la multitud como en el ministerio global. Si los jóvenes de la multitud pueden encontrar una oportunidad para relacionarse con alguien o con algo que aprecian, les será más fácil hacer una transición a otras oportunidades para el crecimiento.

Cuando hacemos programas para jóvenes de la multitud, siempre preguntamos: «¿Esto es algo que un joven podría estar haciendo?» Por ejemplo, si queremos un drama, un vídeo, un toque de humor, o algo para romper el hielo, tratamos de encontrar jóvenes que lo hagan.

Una manera de involucrar a un joven de la multitud en el ministerio para jóvenes de la Iglesia Saddleback es uniéndolo a uno de nuestros muchos equipos de ministerio. Estos equipos son: drama, vídeo, el equipo que saluda, el de la banda musical y otros (véase la página 235-236 para una lista completa). Tratamos que la participación en estos equipos tenga un fácil acceso. Por ejemplo, digamos que José Luna aparece en nuestro programa de la multitud y expresa interés en tocar en la banda. Decimos: «¡Puedes hacerlo! Eres el miembro más nuevo en la banda.» Antes de unirlo, no usamos una prueba espiritual científica para ver en qué nivel espiritual está. Si José no es cristiano, confiamos en que conocerá a Cristo mientras ensaya y toca con la banda. Por ejemplo, el líder del ministerio de la banda (un estudiante del centro) comienza cada ensayo con un breve devocional y una oración. José oirá más acerca de Cristo tocando en la banda y en compañía de otros jóvenes de la banda, que si fuera un simple asistente, y sale de un programa de la multitud.

La participación de los jóvenes se puede lograr a través de todo el programa de la multitud y no tiene que estar limitado a equipos de ministerio. Por ejemplo, los jóvenes se pueden involucrar mediante:

- Métodos creativos de enseñanza
- Melodramas espontáneos
- Juegos interactivos
- Representación de imitaciones
- Paneles de discusión
- Testimonios

Una forma de ganar el interés de los jóvenes de la multitud es mostrándoles que el programa no depende nada más de los adultos. Queremos que los jóvenes de la multitud vean a otros jóvenes participando en el programa, y no tan solo a los jóvenes *perfectos*.

Cualquier joven debe ser capaz de participar fácilmente si así lo desea.

Un programa de la multitud necesita un mensaje entendible

Nuestro mundo en creciente decaimiento moral está forzando a los adolescentes a buscar respuestas y verdades con más ahínco. Los jóvenes de la multitud están mucho más ansiosos de explorar y descubrir la verdad espiritual que cuando comencé en el ministerio para la juventud. Una vez creí que un mensaje divertido sería necesario para alcanzar a los jóvenes de la multitud. Ahora veo una actitud divertida como un apoyo para la comunicación, pero más impresionante es un mensaje que tiene sentido.

Debido a que una audiencia de la multitud es una combinación de cristianos e inconversos, es importante enseñar un mensaje que desafíe a ambos grupos. La Palabra de Dios es verdad y es aplicable para todos. Así que, cuando enseño a nuestra audiencia de la multitud, hablo de las necesidades de los adolescentes y uso la Biblia como mi fuente. Cuando llega el momento de aplicar la verdad, normalmente presento diferentes pasos de acción para el curioso y el cristiano. Puedo decir: «A los que están tomando a Dios en consideración, los animo a…», y menciono los pasos de acción específicos para los curiosos. Digo: «Para aquellos que son creyentes, los desafío a…», y digo los pasos de acción que específicamente se dirigen a los creyentes. La mayoría de los jóvenes visitantes de la multitud me dicen que los pocos mensajes que habían oído en otras iglesias no eran específicos para adolescentes. Esta es una de las razones principales por las que siento una tremenda responsabilidad al presentar la Palabra de Dios en una manera entendible. Hay varias maneras de hacer los mensajes más palpables.

Trate de contestar sus preguntas acerca del mensajero

Los jóvenes nuevos de la multitud, recién llegados de la comunidad, están midiendo al maestro antes, durante y después del mensaje. Inconscientemente se hacen tres preguntas:

1. ¿Puedo confiar en usted?

2. ¿Tiene interés en mí?
3. ¿Sabe de lo que habla?

Estas formas de preguntas se conocen desde la antigua cultura griega cuando Aristóteles identificó tres calidades de comunicación triunfadora. Enseñó que un buen orador debe tener *ethos, pathos* y *logos*. *Ethos* está relacionado a la palabra *ético*. Un orador no es eficaz si no es confiable. *Pathos* se refiere a una empatía o comprensión del orador. Un orador fuerte puede ser elocuente, pero sin mostrar amor, no es nada. Y *logos*, la raíz de nuestra palabra *lógica*, se refiere al conocimiento que uno tenga acerca de un tema.

El *ethos* y *pathos* de la comunicación son visibles en su carácter. Los jóvenes nuevos de la multitud sentirán esto acerca de usted y harán un juicio acerca de su confiabilidad e interés. Repito, por eso es importante que usted se pasee por el salón y salude a los jóvenes y converse con los visitantes. Estas conversaciones impresionarán su percepción de su *ethos* y *pathos* antes de comenzar su mensaje.

Ponga un título creativo a su mensaje

Una vez contestadas las preguntas de confianza *(ethos)*, interés *(pathos)* y conocimiento *(logos)*, todavía tiene que contestar la pregunta: «¿Por qué debo escucharlo?» Un título creativo no mantendrá el interés de los jóvenes durante todo el mensaje, pero encenderá su interés y capturará su atención inmediata.

Me gusta usar títulos de «cómo» para interesar a los jóvenes que consideran que la Palabra de Dios es un libro de historia inaplicable a sus vidas. Un sentido automático de aplicación se construye sobre un título de «cómo» porque comunica acción. Por ejemplo, si quiero preparar el camino para que los jóvenes piensen: «Hoy me enseñará de la Biblia cómo mejorar mis amistades.» Algunos ejemplos creativos de títulos «cómo» son los siguientes:

- «Cómo gritar sin chillar» (evangelización)
- «Cómo ser atractivo sin ser guapo» (Gálatas 5: Fruto del Espíritu)

- «Cómo encontrar el amor cuando te sientes como vomitado» (Jonás)
- «Cómo realizar tu propia cirugía de corazón» (la dureza de corazón)
- «Cómo hallar intimidad en un mundo atestado» (Mateo 9: Jesús cura a la mujer enferma con flujo de sangre)

Emplee algún tiempo haciendo sus títulos creativos, interesantes y llamativos. La mayoría de los jóvenes está acostumbrada a ver títulos de mensajes como: «Oseas: Un ejemplo del amor de Dios.» Un título más llamativo sería «¿Querría Dios que usted se case con una prostituta?» Pregunte a sus jóvenes qué mensaje preferirían escuchar. (¡Tal vez también debiera hacer una encuesta entre los padres para ver con qué títulos se meterá en más problemas!)

Digamos que está preparando un mensaje de lo que enseña la Biblia acerca del idioma explosivo y Santiago 2 es su texto. Lo podría titular: «Qué dice la Biblia acerca de tu lengua» o para que sea más creativo: «Cómo domesticar un dragón que eructa.» Este título es un poco vulgar, pero intrigante. Lo ayudará a captar la atención de los jóvenes de la multitud.

Desarrolle una introducción para capturar su interés

Después que la creatividad del título pierda su efecto, atraiga a sus jóvenes al mensaje con una introducción que los haga querer escuchar. Quizá les cuente una historia de mi primer amor: «Era segundo grado. Su nombre era Margaret Montgomery. La estaba impulsando en los columpios cuando accidentalmente me golpeó y caí tendido en la arena. Empecé a llorar. Ella se rió de mí y rompió conmigo al día siguiente.» Medito acerca de las alegrías y los lamentos de un niño de ocho años y su primer amor. Esta ilustración humorística me ayuda a introducir un mensaje sobre: «Cómo encontrar un amor que no te dejará.»

Cuando enseño a la audiencia de la multitud, regularmente enseño temas. Por ejemplo, me pregunto: «¿Qué dice la Biblia acerca de las amistades?» Hago lo mismo respecto a temas tales como la tentación, familia, sexo, presión entre compañeros, la lengua, etcétera. En otros programas, para jóvenes con más profundidad espiritual, enseño libros de la Biblia en una serie de mensajes o pasajes en su contexto.

La enseñanza de temas ofrece buenas oportunidades para usar ilustraciones de la vida real. Cuente historias acerca de sus fracasos o luchas personales. Los jóvenes se relacionan con el fracaso. Tal autenticidad lo hará más accesible, ya que es más probable que los jóvenes se relacionen y confíen más en gente que ha fallado que en gente que parece ser perfecta.

Simplifique su mensaje

Nadie negará que Jesús era un comunicador magistral. Hablaba en un idioma sencillo, contó historias y usó ilustraciones. Estudie la sencillez del estilo de enseñanza de Jesús y trate de imitarlo. Cuando enseñe a los jóvenes de la multitud, no trate de impresionarlos con todo lo que usted sabe. Trate de impresionarlos con lo maravilloso que es Dios y cómo sus enseñanzas se pueden entender y aplicar en la actualidad.

No caiga en la tentación de incluir en cada mensaje todo lo que sabe acerca de la doctrina, la vida cristiana y la teología. A través del año tendrá varias oportunidades para enseñar más. En el pasado, en lugar de preparar un mensaje que un joven vivo de catorce años de la multitud pudiera entender, ponía una información en mi mensaje que hubiera impresionado a mi difunto profesor de homilética del seminario.

Es deprimente, pero aunque entiendan el mensaje, la mayoría de los jóvenes lo olvidarán luego de veinticuatro horas. Como sus mensajes no se retendrán durante mucho tiempo, trate de simplificarlos a una declaración clave. A esa declaración me gusta llamarla mi «gran idea», la cual es la verdad, lo principal o el pensamiento que quiero que los jóvenes recuerden. Por ejemplo, si enseño sobre Jonás, mi gran idea quizá sea: «Puedes huir de Dios, pero no puedes esconderte.» Una vez que establezco la gran idea, la repito varias veces a través del mensaje.

> En lugar de preparar un mensaje que un joven vivo de catorce años de la multitud pudiera entender, ponía una información en mi mensaje que hubiera impresionado a mi disfunto profesor de homilética del seminario.

Use pasajes de la Biblia que se entiendan

Cuando le lea un pasaje bíblico a los jóvenes, asegúrese de usar una traducción que ellos puedan entender. Con este punto no estoy tratando de crear un debate sobre traducciones, pero si los jóvenes no entienden lo que se les lee, probablemente no se sentirán motivados a leer la Biblia por su cuenta. Cuando voy al cine y veo un corto interesante, quiero ver la película. Si no me gusta el corto, no me dan ganas de ver la película. Este principio se aplica a la Palabra de Dios y a los jóvenes. Si los jóvenes no entienden lo que oyen, tampoco la leerán por su cuenta.[3]

Reparta los apuntes para que los jóvenes puedan seguirlo

Entregue a los jóvenes de la multitud un bosquejo para llenar de forma que puedan involucrarse en el mensaje (véase la fig. 7.1). Aun los no cristianos tomarán notas si se les brinda la oportunidad. Muchos de nuestros jóvenes juegan el juego silencioso de «Descubrir lo que falta antes que Doug dé las respuestas». Una voluntaria que considera su ministerio el preocuparse por todo, fue quien por primera vez me llamó la atención a este juego. Ella creyó que los jóvenes no prestaban suficiente atención al mensaje y que no debían estar haciendo un juego de mi bosquejo. Le contesté que me encantaba que los jóvenes jugaran este juego. Se quedó sorprendida (lo cual disfruté). No creo que los distraiga y crea un mejor aprendizaje, ya que ellos usan más su cabeza al tratar de adivinar la respuesta correcta. Los jóvenes hasta vienen después para decirme que lo que adivinaron fue mejor que mi respuesta.

CAMINO HACIA LA MADUREZ

CÓMO QUEDARSE SIN ENCOGERSE

Lo esencial para el año nuevo

Ahora, pues, permanecen estas tres virtudes: la fe, la esperanza y el amor. Pero la más excelente de ellas es el amor. (1 Corintios 13:13)

- La fe es nuestra
- La esperanza es nuestra
- El amor es nuestro

Ustedes necesitan perseverar para que, después de haber cumplido la voluntad de Dios, reciban lo que él ha prometido. (Hebreos 10:36)

Un plan continuo de crecimiento

Por tanto, también nosotros, que estamos rodeados de una multitud tan grande de testigos, despojémonos del lastre que nos estorba, en especial del pecado que nos asedia y corramos con perseverancia la carrera que tenemos por delante. Fijemos la mirada en Jesús, el iniciador y perfeccionador de nuestra fe. (Hebreos 12:1-2a)

1. Busque _____
Los testigos son ejemplos de lo que es la fe para la vida.
- Fe:
- Esperanza:
- Amor:

2. Elimine _____
Despojémonos del lastre que nos estorba, en especial del pecado que nos asedia
- Obstáculo #1:
- Obstáculo #2:

3. Concentra _____
Para hacerlo, fijemos la mirada en Jesús
- Biblia (tiempo en la Palabra de Dios)
- Oración (tiempo con Dios)
- Rendir cuentas (tiempo con otro creyente)

4. No _____
Corramos con perseverancia la carrera que tenemos por delante
- El desarrollo espiritual viene de muchas cosas pequeñas _____
- El desarrollo espiritual es _____

**MINISTERIO DE JÓVENES
DE LA IGLESIA SADDLEBACK**

Nuestro ministerio existe para ALCANZAR a jóvenes inconversos, RELACIONARLOS con otros cristianos, ayudarlos a CRECER en su fe, y desafiar ese crecimiento para DESCUBRIR su ministerio y HONRAR a Dios con su vida.

Fig. 7.1

La figura 7.1 es un ejemplo del bosquejo de un mensaje. Imprimimos membretes que tiene el lema «Camino hacia la madurez» y las palabras clave de la declaración de propósito a lo largo del margen derecho. Además de llenar los espacios en blanco quiero que cada semana los jóvenes vean nuestra declaración de propósito.

Enseñe pasos específicos de acción

De joven asistía a una iglesia donde escuché miles de sermones que no supe cómo aplicar. Creo que es mala comunicación terminar un mensaje sin hacer cualquier referencia a la aplicación. El primer mensaje que me brindó aplicación práctica no solo cambió mi vida, sino que también influyó en mi estilo de comunicación. Quiero que los jóvenes escuchen los pasos de acción para que piensen en cómo la verdad bíblica puede influir en sus vidas. Quiero que sean oidores y hacedores de la Palabra (véase Santiago 2:14-26).

Dar pasos de acción es a menudo la parte más difícil al hacer un mensaje. Situarse uno mismo en el mundo de los jóvenes tratando de imaginarse lo que puedan hacer con el material que usted les enseña, lo ayudará a hacer su lección más aplicable para los jóvenes.

ORACIÓN	Esto debe ser la base de todo lo que haga.
TEMA	Basado en su pasaje o idea, ¿qué quiere que los jóvenes recuerden? Esa es la gran idea. Comience con el fin en mente.
TRAMA	Esto se refiere a organizar sus pensamientos. Proyecte sus puntos clave en un papel y piense lógicamente en su mensaje.
PERSONALÍCELO	Hágalo personal. Incluya ilustraciones de su vida. Recuerde contar historias de sus fracasos.
PRÁCTICA	Esta es la esfera de acción. Ofrezca a los jóvenes una guía de lo que les enseñó.

Fig. 7.2

Emplee tiempo para prepararse

Si planea implementar las ideas anteriores, necesita emplear tiempo para prepararse porque la preparación impactará su presentación. Hacerlo sin mucha preparación no dará resultados a largo plazo. De vez en cuando podrá tener éxito, pero si no se prepara, le faltará profundidad y claridad. La gráfica anterior lo puede ayudar a preparar su próximo mensaje.

Programas para jóvenes de la multitud: Modelo de la Iglesia Saddleback

Quiero destacar que este no es el único tipo de programa que sirve para la multitud. Hay varias maneras de alcanzar al estudiante de la multitud. Pero si no tiene tiempo, ayuda y recursos, tal vez no pueda diseñar este tipo de programa. Su programa para la multitud puede ser totalmente diferente, pero de igual éxito, si tiene un ambiente positivo, un elemento de diversión, la participación de los jóvenes y un mensaje claro.

Nuestro programa primario de la multitud: Cultos de adoración de fin de semana

En estos momentos, en los cuales estoy escribiendo este libro, el programa de la multitud de fin de semana de la Iglesia Saddleback se reúne en un edificio portátil. Durante la mayoría de mis muchos años en el ministerio con la juventud, no me he podido dar el lujo de tener un salón de jóvenes. A menudo he tenido que usar los lugares con otros ministerios. El edificio portátil, donde ahora estamos y que además compartimos, no es un lugar atractivo. No tiene ventanas, tiene un techo bajo y pasillos estrechos que normalmente se llenan de jóvenes. Tenemos que trabajar mucho para crear un ambiente positivo cuando las facilidades están en contra nuestra.

Durante el fin de semana, al entrar los jóvenes a nuestro programa para la multitud, otros jóvenes los saludan, les dan la bienvenida y les entregan un boletín. El boletín no es nada extravagante, pero sirve para muchos propósitos. Añade un poco de razón para que hayan jóvenes parados en la puerta saludando, y a los jóvenes de la multitud les sirve para tener algo en lo cual esconderse. Además, el boletín tiene nuestros anuncios, la promoción de nuestros grupos pequeños (el próximo nivel del compromiso), la letra de las canciones que nuestra banda va a tocar, y un bosquejo del mensaje con los pasajes bíblicos y espacios en blanco para llenar.

En el salón retumba la música grabada o nuestra banda tocando canciones.[4]

En nuestro televisor de pantalla grande tenemos un vídeo deportivo o un segmento humorístico. El salón está lleno de mesas redondas y sillas para los jóvenes y voluntarios. Prefiero este arreglo antes que las filas de sillas porque las mesas permiten una conversación más natural y hacen que la sala parezca menos formal. También brindan a nuestros líderes adultos una oportunidad específica para ministrar (en un programa que mayormente dirigen los jóvenes) porque así pueden atender una mesa. Además, los líderes jóvenes pueden tomar la responsabilidad primaria de asegurarse que la gente en la mesa se sienta bienvenida, cómoda y relacionada con otros jóvenes a su lado. Nuestra meta es saludar a todos *por lo menos* cuatro veces: una vez en la puerta, una vez por mí, una vez por el líder de la mesa, y con optimismo, una vez por otro joven en la mesa.

Cada uno de nuestros cultos de fin de semana dura una hora y diez minutos (repetimos el mismo culto tres veces: sábado a las 5 p.m., domingo a las 8:45 a.m. y a las 11 a.m.). Nuestro horario es algo así:

11:00	Apertura con la banda de jóvenes y dos canciones movidas
11:08	Bienvenida con humor / elemento divertido
11:15	Presentación de un equipo ministerial de jóvenes
11:20	Drama juvenil
11:25	Banda y coro
11:35	Testimonio de un joven
11:40	Mensaje
12:10	Clausura

Comienza la banda

¡Nuestra banda es buena! Aunque no comenzó así, ha llegado a ser tan buena como ninguna banda juvenil que haya oído jamás. Una razón para esta excelencia es que nuestra iglesia le da prioridad a la música y desde muy temprana edad a los jóvenes se les enseña que pueden usar sus habilidades musicales para edificar nuestra iglesia. Hemos aprendido la importancia de tener un «sistema de granja» para talentos en reserva que nos evite tener años fuertes seguidos de años débiles.

Los dos números de apertura generalmente son canciones de los artistas cristianos más populares y nuevos. Estas son canciones que la banda interpreta pero que no se cantan. La señal para buscar un asiento es cuando la banda comienza a tocar.

Bienvenida con humor / Elemento divertido

Es posible que un estudiante debiera dar esta bienvenida, pero siento un afecto especial por ella. Me gusta dar la bienvenida porque durante la mañana es el único momento en que estaré al frente antes de predicar. Me siento muy cómodo al subir y dar la bienvenida a las visitas. (No señalamos a las visitas, pero invitamos a los jóvenes en las mesas a saludarse el uno al otro.) Entonces presento el elemento humorístico.

El elemento humorístico puede ser un juego divertido que hagamos con unos pocos jóvenes en la plataforma o puede ser un juego de mesa que haga a los jóvenes actuar recíprocamente, reírse, y competir contra otras mesas. Por lo general, le damos a la mesa ganadora una caja de golosinas. A veces, mostramos un corto de una comedia de cine o televisión, si tiene relación con el tema que luego estaré enseñando.

Equipo del ministerio de jóvenes

Como mencioné antes, tenemos varios tipos de equipos de ministerios diferentes (véase una lista completa en la página 235-236). Durante esta sección de nuestro programa de fin de semana «destacamos» uno de estos equipos. Normalmente tenemos nuestro equipo de vídeo que crea un corto (de tres minutos) documental sobre uno de los equipos del ministerio. No solo hace resaltar y afirmar a los de un equipo de ministerio, sino que también sirve de publicidad para involucrar a los jóvenes nuevos en uno de nuestros equipos.

Drama juvenil

Usamos nuestro equipo de drama cada semana. Muy a menudo los jóvenes escriben un sketch original (generalmente humorístico) que va con el tema que estaré enseñando. Algunas semanas los dramas obtienen una calificación alta (10), pero otras no (5). A pesar de la calidad, veo al drama como una herramienta poderosa para comunicar una verdad que estaré reforzando con el mensaje.

Banda y coro

Nuestro segundo conjunto de canciones generalmente son canciones de alabanza. Algunos creen que esto se sale del programa para la multitud y así es, si usted considera que la mayoría de los jóvenes inconversos de la multitud no saben lo que cantan, si es que cantan. Sin embargo, hemos encontrado que la buena música y la auténtica adoración de los cristianos son un testimonio para los jóvenes inconversos. Los inconversos casi nunca cantan, pero miran a los otros y escuchan la letra. Si la banda es buena y la letra tiene sentido, no pierden las ganas de cantar. La habilidad musical de la banda de jóvenes, ya les ha impresionado y ahora oyen el evangelio cantado, y las semillas espirituales de la música quedan plantadas.

No animo a los obreros de jóvenes a cantar en sus programas para la multitud si no tienen música de calidad. Antes de llegar a la Iglesia Saddleback, nunca usé canciones durante nuestro programa para la multitud. No teníamos buenos músicos jóvenes, y solo cantaban unos cuantos de la primera fila. Era vergonzoso para un estudiante inconverso. Definitivamente las canciones de alabanza no son necesarias para comenzar un programa para la multitud.

Testimonio de un joven

Casi cada semana un joven habla acerca de su fe. La mitad del tiempo usamos a jóvenes del centro y la otra mitad usamos a jóvenes en distintos niveles de compromiso en la fe. Queremos que nuestros jóvenes de la multitud escuchen historias reales de la vida de fe en Jesucristo. Pablo escribió en Romanos 1:12 que es de beneficio que nos «animemos con la fe que compartimos». Esta es mi

CÓMO ESCRIBIR TU TESTIMONIO PERSONAL
El ejemplo del apóstol Pablo

Uno de los privilegios y responsabilidades de los cristianos es exponerle a otros nuestra fe en Cristo. Aunque para comunicar nuestra fe podemos usar muchos métodos y planes, ninguno es más eficaz que contar cómo el amor, la gracia y la misericordia de Cristo cambiaron nuestras vidas. La gente a quienes testificamos puede esquivar los problemas, intentar desacreditar los hechos bíblicos e históricos, o culpar por su condición a otros. Pero es difícil desacreditar el testimonio auténtico de un creyente cuya vida ha sido transformada.

Completar esta hoja de trabajo te preparará mejor para dar una presentación lógica y organizada de quién es Jesucristo y lo que ha hecho en tu vida.

Vamos a usar la historia de la conversión de Pablo como un patrón para tu testimonio.

Lee el texto bíblico: Hechos 26:1-23

Actitudes y acciones de Pablo antes de su conversión: vv. 1-11

Vivió como un fariseo: v. 5 (véase Gá 1:13-14)

Encarceló a muchos cristianos: v. 10

Aprobó la muerte de muchos santos: v. 10

Persiguió a los cristianos: v. 11

Circunstancias que rodearon la conversión de Pablo: vv. 12-18

1. ¿Adónde iba?

2. ¿Qué hora era?

3. ¿Qué vio?

4. ¿Quién estaba con él?

5. ¿Qué escuchó?

Lee 2 Corintios 5:17; Gálatas 6:15

Cambios en las actitudes y acciones de Pablo después de su conversión: vv. 19-23

En los versículos siguientes, ¿qué evidencias se encuentran del arrepentimiento y conversión de Pablo?

6. versículo 19 _____

7. versículo 20 _____

8. versículo 21 _____

9. versículos 22-23 _____

Lee 1 Juan 1:5-9; 2:3-6

Ahora ve a la
próxima página

Cómo escribir tu testimonio personal
¡TU TURNO!

Introducción
➡ Nombre _____
➡ Grado o año en la escuela (o edad) _____
➡ Escuela _____
➡ Ciudad _____

Actitudes y acciones antes de convertirme en cristiano:
Si es apropiado, incluye el nombre de la familia y tu experiencia en la iglesia. Evita nombrar denominaciones religiosas, porque puedes alejar a tus oyentes.

1. _____
2. _____
3. _____
4. _____
5. _____

Circunstancias que rodearon mi conversión:
Considera tiempo, fecha, lugar, gente, motivación, etc. Este es un momento natural para resumir el evangelio: la muerte, el entierro y la resurrección de Jesucristo.

1. _____
2. _____
3. _____
4. _____
5. _____

Cambios en mis actitudes y acciones desde mi conversión:
¡Sé entusiasta!

1. _____
2. _____
3. _____
4. _____
5. _____

Comentarios misceláneos[5]

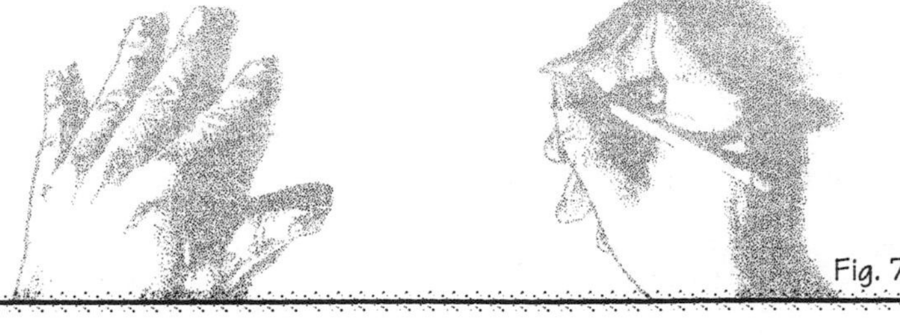

Fig. 7.3

parte favorita del programa de la multitud, me encanta oír cómo Dios trabaja en las vidas de los jóvenes.

Cuando pedimos a los jóvenes que mediten en su testimonio y lo escriban, son más articulados y sus testimonio más poderosos. En el pasado, algunos jóvenes decían: «Bueno... humm... Doug me pidió que les contara algo acerca de mi fe y... uff... realmente no sé dónde comenzar... creo que toda mi vida he sido un cristiano...» Esto no es bueno en un programa para la multitud, así que usamos una herramienta de testimonio para ayudar a los jóvenes a pensar y definir su mensaje (véase la fig. 7.3). Luego, un miembro del equipo de ministerio llama al estudiante, escucha lo que escribió, le da consejos, lo ayuda con claridad y alienta al estudiante en oración.

Mensaje

Los elementos de un mensaje claro fueron descritos en este capítulo (véanse las páginas 133-140). Incluyen:

- títulos e introducciones creativas
- historias sencillas
- traducción entendible de la Biblia
- blancos para llenar (bosquejo del mensaje)
- pasos específicos de acción

Si su enseñanza la dicta un currículo designado, puede comprar un libro de métodos creativos de enseñanza para enriquecer su presentación.

HÁGALO PERSONAL

1. ¿Qué programa ve como su «puerta abierta» para los jóvenes de la comunidad?
2. Evalúe sus programas para la multitud en cuanto a lo siguiente: (1 = pobre; 2 = necesita ayuda; 3 = bien; 4 = bueno; 5 = magnífico):

    ___ Ambiente positivo

    ___ Elemento de diversión

    ___ Participación de jóvenes

    ___ Mensaje claro

    ¿Cómo puede mejorar cualquier ámbito de baja calificación?
3. ¿Llega temprano a los programas para ayudar a crear un ambiente positivo? Sí o no, ¿por qué?
4. ¿Puede un joven visitante involucrarse en su ministerio fácilmente? ¿Hay un camino claramente definido para involucrarlo?
5. Si usted es maestro, ¿que ámbito necesita mayor atención: *ethos, pathos, o logos?*
6. ¿Está reuniendo las opiniones de las visitas acerca de la primera impresión del programa para la multitud? ¿Cómo podría facilitar este proceso?
7. ¿Consideran los jóvenes que el programa para la multitud es uno al cual puedan traer con comodidad a sus amigos inconversos? ¿Cómo sabe?

NOTAS

[1] Si los jóvenes desean asistir a un culto de la iglesia con su familia y asistir al culto juvenil, tendrían que venir a la iglesia para dos cultos. En Saddleback tenemos cuatro cultos de adultos además de tres cultos de jóvenes. Ambos programas se ofrecen simultáneamente. Algunas familias vienen juntas a un culto, y luego durante el próximo culto, el joven asiste a un culto de jóvenes mientras que los padres están participando en un ministerio de nuestra iglesia (por ejemplo, enseñar en la Escuela Dominical de niños). Algunos jóvenes asisten a los cultos de jóvenes en vez de ir con sus padres al

de adultos, otros jóvenes asisten a nuestros cultos de fin de semana aunque sus padres no vienen a nuestra iglesia.

2 Vemos ambas reacciones, igual que en Hechos 2. Algunos jóvenes se burlan, otros se asombran. Aunque, por supuesto, nuestra meta es que todos los jóvenes se admiren y respondan al evangelio, no tememos a los que se burlan porque estamos seguros de la pertinencia de nuestro estilo y la claridad de nuestro mensaje.

3 Véase el Apéndice C sobre *The One-Minute Bible for Students* [La Biblia en un minuto para jóvenes]. Es una gran herramienta para fomentar en los jóvenes el apetito de la lectura regular de la Biblia.

4 Si las palabras «Retumba la música» lo ponen extremadamente nervioso, usted tiene dos opciones viables: (1) acostumbrase al ruido o (2) bajar el volumen. No creo que sería buena idea considerar la opción 3, la cual es quitar la música. Los adolescentes y la música parecen ir juntos.

5 La herramienta del testimonio se puede encontrar en *Ideas Library: Camps and Retreats, Missions, & Service Ideas* [Biblioteca de ideas: Campamentos y retiros, misiones e ideas del culto] Zondervan, Grand Rapids, 1997.

OCHO

Cultive a los jóvenes de la congregación
Cumpla el propósito de Dios: Comunión

El propósito del programa para la multitud es atraer y mantener un gran número de jóvenes, pero el propósito del programa para la congregación es cultivar los jóvenes en grupos pequeños. Regularmente me preguntan: «¿Qué hago para que mi ministerio de jóvenes crezca?» Mi respuesta más común es: «Cuida a los jóvenes que Dios te ha confiado. ¡Cultívalos!» ¡Jesús usó una historia para ilustrar este principio de mayordomía en Mateo 25:21: «¡Hiciste bien, siervo bueno y fiel! En lo poco has sido fiel; te pondré a cargo de mucho más. ¡Ven a compartir la felicidad de tu señor!»

Cultivar los jóvenes significa ayudarlos fielmente a desarrollar su relación con Dios. El crecimiento espiritual más substancial y mensurable sucede entre los jóvenes que tienen relaciones confiables, responsables y saludables con un líder adulto o un compañero de su edad. Mediante el compañerismo los jóvenes de una congregación pueden lograr estas relaciones. Como aprendimos en el capítulo dos, en el ministerio con los jóvenes el compañerismo se logra cuando estos se conocen, se cultivan, se hacen responsable y se les anima en su peregrinaje espiritual.

En los círculos del ministerio para jóvenes hemos abusado y generalizado el uso de la palabra *compañerismo* para incluir en ella casi todo lo que hacemos con los jóvenes. Tenemos una hora de compañerismo en la cual los jóvenes se reúnen en el salón social y los tres estudiantes que no vienen al salón de jóvenes están afuera en compañerismo. Tenemos compañerismo durante nuestro viaje anual al parque de atracciones, y en cada anuncio prometemos compañerismo. «Espero que puedas venir, será una gran noche de compañerismo.» Sin embargo, nuestra palabra, que todo lo incluye, parece quedarse corta ante la imagen de compañerismo del Nuevo Testamento.

> ## En la iglesia primitiva, el compañerismo era más relacional que recreativo.

En la iglesia primitiva, el compañerismo era más relacional que recreativo. Incluía compartir (1 Juan 1:7) y repartir el pan (Hechos 2:42) con otros creyentes, como también desarrollar intimidad con Cristo (1 Co 1:9) y con otros creyentes (Gá 2:9). Esto es una imagen muy diferente a la de emplear tiempo con jóvenes y jugar al voleibol.

La forma más eficaz de producir compañerismo bíblico en las vidas de los jóvenes es por medio de su participación en grupos pequeños. Debido a que brindan más atención personal que los programas mayores, los grupos pequeños son una solución a largo plazo para la grandeza de nuestra cultura. Proveen el sentido de pertenencia, que los adolescentes buscan desesperadamente. Ese es el gran atractivo de las pandillas y sectas. En la iglesia, los grupos pequeños son esenciales, especialmente para la madurez espiritual del adolescente. Todos los ministerios saludables de la juventud que he observado mantienen una estructura de grupos pequeños.

> ## Los grupos pequeños son una solución a largo plazo para la grandeza de nuestra cultura.

Un grupo pequeño de calidad relacionará a los jóvenes con otros jóvenes y construirá un sentido de comunidad dentro de un ministerio para la juventud. Algunos obreros de jóvenes dicen:

«No necesitamos grupos pequeños. Nuestro grupo de jóvenes ya es un grupo pequeño; solo tenemos quince jóvenes.» No, eso es una multitud. Los jóvenes pueden esconderse en un grupo de ese tamaño, pero no pueden esconderse en un grupo pequeño de cuatro o cinco. Cuando se usan grupos pequeños, el ministerio *pequeño* con la juventud es capaz de manejar el crecimiento. Los jóvenes reciben la atención que no recibirían de un programa para una multitud. Una vez que finalmente me di cuenta y admití, que no era capaz de cuidar a cada joven en nuestro ministerio, aprendí a confiar en los grupos pequeños. Ahí fue cuando realmente el ministerio

1 Tesaloniceses 2:8

Por el cariño que les tenemos	El ministerio para jóvenes es una expresión del amor de Dios para los jóvenes. Usted puede expresar esto personalmente por medio de su grupo pequeño.
nos deleitamos	Ver a un estudiante madurar espiritualmente es tan remunerador, que observar su crecimiento debe deleitarlo.
en compartir con ustedes	Confiarnos nuestras vidas, ya sea bueno o malo, es lo que hacemos en nuestros grupos pequeños.
no solo el evangelio de Dios	El regalo que brindamos a los jóvenes es nada menos que el mismo evangelio de Dios. Esta es la fuente de verdad que tenemos para ofrecer.
sino también nuestra vida.	Somos mucho más que maestros ofreciendo solo verdad y hechos. También dedicamos nuestra vida invirtiéndola en relaciones sin preocuparnos por lo que podamos recibir a cambio.
¡Tanto llegamos a quererlos!	Una de las metas del grupo pequeño es que los jóvenes lleguen a ser «queridos» para usted. Este camino para llegar a ser «querido» se pavimenta con paciencia y esfuerzo.
	No hay llaneros solitarios en nuestro ministerio para jóvenes. Usted pertenece a un equipo: Confíe en los demás y sea confiable.

Fig. 8.1

comenzó a crecer. Los otros adultos cambiaron sus papeles de supervisores a pastores de ovejas, y su compromiso con el ministerio aumentó a medida que los jóvenes comenzaron a expresarles sus heridas esperando que los cultivaran. La participación en los grupos pequeños nos ayudó a cerrar la puerta de atrás, evitando de esa forma que los jóvenes se fueran tan rápido como llegaban.

Los grupos pequeños no son una novedad en el ministerio para jóvenes, y existen docenas de excelentes libros sobre los mecanismos de este ministerio con grupos pequeños. No quiero reiterar lo que ya se ha escrito, quiero reforzar los beneficios de desarrollar un ministerio de grupos pequeños y exponer algunas ideas prácticas de lo que su liderazgo puede hacer para asegurar que los grupos pequeños sean saludables.

Importancia de los grupos pequeños

Estas palabras del apóstol Pablo podrían ser un versículo lema para los grupos pequeños: «Así nosotros, por el cariño que les tenemos, nos deleitamos en compartir con ustedes no solo el evangelio de Dios sino también nuestra vida. ¡Tanto llegamos a quererlos!» (1 Ts 2:8). En la programación para los jóvenes de la multitud, presentamos y exponemos el *evangelio,* pero en los grupos pequeños brindamos nuestras *vidas* los unos a los otros. Descomponer este versículo, como se muestra en la página anterior, fue de ayuda para que nuestros líderes de grupos pequeños en la Iglesia Saddleback, reconocieran el poder disponible a través del ministerio de grupos pequeños (véase la fig. 8.1).

Por supuesto, hay mucho más en el ministerio para jóvenes que supervisar juegos, preparar mensajes, organizar campamentos y tocar la guitarra. Esas son tareas importantes, pero un líder que puede cultivar un grupo de jóvenes y ofrecerle un ambiente de amor, experimentará una profundidad en el ministerio nunca antes alcanzada con solo pararse al frente para montar un espectáculo. No solo se va a beneficiar el líder del grupo pequeño, al estar en un ministerio más intenso, sino que también los jóvenes se beneficiarán por lo menos de cuatro maneras.

Un líder que pueda cultivar un grupo de jóvenes, experimentará una profundidad en el ministerio nunca antes alcanzada con solo pararse al frente para montar un espectáculo.

Los grupos pequeños permiten que los jóvenes sean conocidos

La mayoría de los jóvenes disfrutan de pertenecer a una multitud, pero si tuvieran que escoger entre ser una cara desconocida en una multitud a ser conocido dentro de un grupo pequeño, siempre escogerán esta última. No conozco a todos los jóvenes de mi iglesia, aunque se crea que por ser el pastor de los jóvenes debo conocerlos a todos, no es así. *Reconozco* a muchos de los jóvenes que aparecen en nuestro programa de la multitud de fin de semana, pero no los *conozco*. Sin embargo, conozco a los jóvenes de mi grupo pequeño. No solo sé sus nombres, además conozco a sus familias, sus luchas, temores, fuerzas y pecados. Y ellos conocen los míos. Esta intimidad es la razón por la cual queremos crecer en cantidad y a la vez disminuir en tamaño. Crecer por la evangelización debido a la amistad y disminuir a través de los grupos pequeños. Hasta en el medio de un ministerio creciente de jóvenes, un líder que ama a los jóvenes y a Dios, puede conocer y cultivar a un joven dentro de un grupo pequeño.

Queremos crecer en cantidad y a la vez disminuir en tamaño.

Los grupos pequeños hacen hablar a los jóvenes

Durante un programa grande de la multitud, la mayoría de los jóvenes escucharán un mensaje, pero no tendrán una buena oportunidad para hablar y comentar sus opiniones. Aunque las oportunidades se den, muchos jóvenes se mantendrán callados por temor a hacer preguntas «tontas». En un grupo pequeño se crea un ambiente emocional, donde los jóvenes pueden expresar sus opiniones sin sentirse marginados. Recientemente, a punto de concluir nuestra reunión de grupo pequeño, un estudiante preguntó tímidamente: «¿Qué piensan ustedes acerca de la masturbación?» Era obvio que necesitaba algunas respuestas y quería expresar sus luchas con los muchachos con quienes había empleado meses creando una comunidad. Este estudiante nunca habría sido capaz de hacer esta pregunta en un grupo más grande.

Los grupos pequeños permiten que los jóvenes personalicen su fe

Los grupos pequeños permiten la aplicación personal del cristianismo. Nuestros jóvenes oyen muchos sermones, pero a menudo esos mensajes son difíciles de aplicar hasta que se comentan. Los grupos pequeños permiten comentar cómo la verdad se puede implementar específicamente en las vidas de los jóvenes. Por ejemplo, si estamos hablando acerca de ser un testigo de Cristo, un estudiante en mi grupo pequeño puede mencionar maneras en particular en que *él* puede hablar de Cristo en *su* escuela. De pronto, la enseñanza pasa de ser una presentación impersonal desde una plataforma a ser un grupo pequeño que ministra en *su* vida.

Mi seminario de MJP es bueno para que los obreros de jóvenes lo escuchen. Pueden inspirar y desafiar, pero es difícil de aplicar mientras no se discute y se adapta a un ambiente personal. Algunos obreros de jóvenes asisten al seminario, regresan a su iglesia y en un cajón guardan por siempre su cuaderno de MJP. Muchos de nuestros jóvenes hacen lo mismo con la Biblia. Si no se habla y aplica a la vida, lo consideran interesante pero irrelevante.

Los grupos pequeños alientan las relaciones de responsabilidad mutua

Cuando un joven en mi grupo pequeño dice que está planeando aplicar una verdad que ha oído, sabe que la próxima semana este grupo de jóvenes le va a *preguntar* por dicha aplicación. Estos comentarios abren la puerta a la responsabilidad para con los otros miembros del grupo. Los cristianos que no tienen relaciones a quienes rendir cuentas se exponen a sí mismos a un problema potencial. Es muy difícil vivir la vida cristiana en el aislamiento. La Biblia nos muestra nuestra necesidad del uno para con el otro. Santiago 5:16 dice: «Por eso, confiésense unos a otros sus pecados, y oren unos por otros, para que sean sanados». Los grupos pequeños de calidad permiten que los jóvenes manifiesten sus luchas y motivos de oración, y les enseñan que pueden fiarse de la familia de la iglesia durante tiempos difíciles. En un grupo pequeño se desarrolla un sentir de comunidad a medida que los miembros aumentan una comprensión bíblica de amarse los unos a los otros. Somos llamados a

- servir el uno al otro (Gá 5:13)
- aceptarse el uno al otro (Rom 15:7)
- perdonarse el uno al otro (Col 3:13)
- saludarse el uno al otro (Ro 16:16)
- llevar las cargas el uno del otro (Gá 6:2)
- dedicarse el uno al otro (Ro 12:10)
- honrarse el uno al otro (Ro 12: 10)
- enseñarse el uno al otro (Ro 15:14)
- someterse el uno al otro (Ef 5:21)
- alentarse el uno al otro (1 Te 5:11)

Constancia y beneficios de los grupos pequeños

Cuanto más sólido es un grupo pequeño, mejores son los beneficios. La figura 8.2 ilustra esta verdad, al ilustrar los resultados de reunirse en grupos pequeños. Cada ministerio para jóvenes puede aplicar estos tres tipos diferentes de grupos para ayudar a los jóvenes a relacionarse entre sí.

Nivel 1 Grupo pequeño

Este es el grupo pequeño, espontáneo e informal. Los jóvenes se

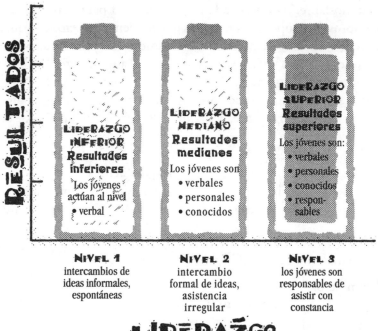

RESULTADOS

LIDERAZGO INFERIOR
Resultados inferiores
Los jóvenes actúan al nivel
• verbal

LIDERAZGO MEDIANO
Resultados medianos
Los jóvenes son
• verbales
• personales
• conocidos

LIDERAZGO SUPERIOR
Resultados superiores
Los jóvenes son:
• verbales
• personales
• conocidos
• responsables

NIVEL 1
intercambios de ideas informales, espontáneas

NIVEL 2
intercambio formal de ideas, asistencia irregular

NIVEL 3
los jóvenes son responsables de asistir con constancia

LIDERAZGO

Fig. 8.2

reunión de grupo. Hay poca o ninguna constancia de reunión a reunión. Normalmente el propósito es que lleguen a conocerse unos a otros o que los jóvenes charlen sobre varias preguntas. El nivel 1 de grupo pequeño se considera como *un* componente de un programa, pero no es esencial para su fortaleza total. El grupo pequeño espontáneo no necesita liderazgo. Se puede dirigir eficazmente desde el frente del salón, se hacen las preguntas a todos los grupos pequeños y entonces se les da un tiempo limitado para que las contesten.

Nivel 2 Grupo pequeño

Este tipo de grupo expresa una constancia mediana, normalmente tienen los mismos jóvenes todas las semanas, pero estos no tienen un compromiso formal de asistencia constante. El nivel 2 de grupo pequeño se ocupa más en el intercambio de ideas que en las relaciones interpersonales; su meta es considerar todas las preguntas y actuar recíprocamente con la enseñanza. A menudo, el líder actúa como maestro y mediador. Este formato de grupo pequeño es una parte esencial de un programa.

Nivel 3 Grupo pequeño

Este tipo de grupo pequeño se concentra más en los jóvenes que en la enseñanza. El contenido puede ser un punto de partida que motiva los intercambios de ideas entre el grupo, pero el enfoque está en la intimidad, la vida personal y la responsabilidad del uno hacia el otro. Este grupo pequeño es el programa y no parte de un programa. Los miembros del grupo pequeño son los mismos cada semana, y su asistencia es constante y esperada. El enfoque no es el crecimiento del grupo ni presentar a miembros nuevos; más bien es desarrollar la confianza y la amistad con los que ya están comprometidos. El líder de este grupo pequeño juega el papel de pastor y de consejero.

Qué debe ofrecer su liderazgo para tener grupos pequeños saludables

Los grupos pequeños, íntimos y sólidos no se originan de la nada. Como la vida, son un proceso y no un programa de una vez. Una estrategia de grupos pequeños saludables requiere mucho trabajo del liderazgo. Aplicar los siguientes principios, le ayudará a asegurar grupos pequeños saludables.

> **Los grupos pequeños, íntimos y sólidos no se originan de la nada.**

Determine los valores del grupo pequeño

Es importante establecer qué valores de relación y de actitudes quiere que aparezcan en todos sus grupos pequeños. Mientras que los líderes de los grupos pequeños tienen personalidades y estilos diferentes, deben tratar a los miembros del grupo pequeño por igual.

Es su responsabilidad determinar y definir los valores que usted espera ver. Aunque pueda hacer esto en acuerdo con todos sus líderes de grupos pequeños, al final debe creer en las cosas que son inmutables, tomar la responsabilidad y ser firme en cuanto a estas. A continuación verá algunos ejemplos de valores para grupos pequeños:

Autenticidad: Todos los líderes deben ser ejemplo de un andar genuino y transparente con Cristo. Deben ser sinceros, no fanfarrones.

Confidencialidad: Los grupos pequeños deben ser un lugar seguro para la sinceridad. Lo que se hable en el grupo debe permanecer en el grupo.

Cultivar la confianza: Los jóvenes deben sentir que tienen la seguridad de confiar sus sentimientos y el derecho de hacer preguntas. Ninguna pregunta es tonta ni estúpida.

Amar a los otros: Este es un valor aprendido que comienza con el respeto del uno por el otro. Los jóvenes deben tener la oportunidad de exponer sus pensamientos sin ser interrumpidos.

Es responsabilidad suya dejar saber a todos los valores que usted y su liderazgo han escogido. No puede esperar que todos sus líderes conozcan los valores y entiendan cómo aplicarlos a los grupos pequeños. Cuando cometí este error, encontré líderes que querían ser maestros y transformaron sus grupos en aulas de clase, mientras otros crearon un ambiente donde el desacuerdo no estaba permitido. Aprendí a no asumir jamás que todos tenemos los mismos valores. Sus valores deben ser claros, concisos y constantemente comunicados a todos los involucrados.

Establezca fronteras administrativas

Demasiados grupos pequeños fracasaron, porque sus líderes no establecieron los límites desde el principio. Es importante pensar en todas las implicaciones y establecer reglamentos fundamentales para que todos sepan qué deben esperar. Aquí hay algunas preguntas que tal vez quiera considerar antes de comenzar sus grupos pequeños:

- ¿Qué resultados queremos obtener de los grupos pequeños?
- ¿Cómo dividiremos los jóvenes en grupos (ejemplo: por grado, escuela, intereses)?
- ¿Cómo sabrán los jóvenes a qué grupo pequeño pertenecen?
- ¿Durante cuánto tiempo durarán los grupos pequeños juntos (por ejemplo: ocho semanas, un trimestre)?
- ¿Serán grupos abiertos, a los que cualquiera puede entrar en cualquier momento?
- ¿Serán grupos cerrados a los que no pueden entrar los jóvenes nuevos hasta terminarse el tiempo preestablecido?
- ¿Pueden los jóvenes formar sus propios grupos con amigos?
- ¿Mezclamos muchachas con varones o los ponemos separados?
- ¿Los grupos lo guiarán jóvenes, adultos, o una combinación de los mismos?
- ¿Qué haremos si un grupo de chicos termina en cinco minutos mientras que uno de chicas se reúne por una hora?

No hay una sola respuesta que sea la correcta para estas preguntas. Sus respuestas dependerán de su meta para los grupos pequeños, así como también de sus jóvenes, líderes, tiempo de reunión y espacio disponible para la misma. Por ejemplo, con respecto a la primera pregunta administrativa de la lista, aquí hay diez maneras en que los grupos pequeños pueden dividirse:

1. edad
2. sexo
3. escuela
4. barrio
5. tiempo disponible para reunirse
6. intereses (por ejemplo: deportes, drama, música)
7. amistades naturales
8. tipos de personalidad
9. nivel de madurez espiritual
10. sorteo de nombres

Lo que funciona en nuestro ministerio, quizá no funcione en el suyo. Nos gusta permitir que los jóvenes formen los grupos pequeños según las relaciones naturales para que ya haya alguna responsabilidad incorporada. Si las relaciones naturales son un problema para el grupo pequeño, podemos intervenir y mover a algunos de los jóvenes a otro grupo pequeño, en donde las personalidades se engranen mejor. Generalmente les pedimos a nuestros jóvenes que anoten el nombre de un amigo que a ellos les gustaría tener en su grupo pequeño, y nosotros trabajamos para acomodar sus pedidos. Siempre queremos estar informados en cuanto a las relaciones y, si hay jóvenes que no son compatibles, rehacer los grupos pequeños. En todas estas decisiones sobre los grupos pequeños, pedimos que Dios nos dé su sabiduría.

Aligere la carga de los líderes de grupos pequeños

Si nuestros líderes de grupos pequeños tienen tiempo para emplearlo en el ministerio para jóvenes, además de su compromiso con un grupo pequeño, quiero que ese tiempo se invierta en relacionarse con los jóvenes, y no en preparativos. (Recuerde, el propósito primario de nuestros grupos pequeños es el compañerismo. Si fuese el discipulado, tendría un panorama diferente en cuanto a la inversión de tiempo limitado que ellos deben hacer.) Trato de aligerar su carga de otra manera. Me gusta ayudarlos en la preparación para la reunión del grupo pequeño brindándoles una lista de preguntas para comentar en cada estudio.

No espero que lean las preguntas palabra por palabra, pero sí que las usen como un punto de partida para construir su estrategia de estudio. La mayoría considera que es útil tener una lista de la cual escoger. (También les doy las respuestas a las preguntas que pertenecen a la Escritura.)

Comience con algunas preguntas abiertas básicas, y después haga preguntas que los lleven más específicamente a los pasajes estudiados. Por último, concluya con preguntas que motiven a los jóvenes hacia la aplicación personal. Trate de proveer más preguntas de las que los líderes de grupos necesiten, para que puedan escoger las mejores de la lista. Un ejemplo de nuestro plan se ve en la figura 8.3.

Ofrezca capacitación básica

Fui a seminarios acerca de las dinámicas para grupos pequeños e incluso tomé una clase semejante en el seminario, pero aprendí más mediante la experiencia que con las conferencias. Enseñe a los líderes de grupos pequeños algunas habilidades fundamentales, pero no los agobie con teoría y retórica. Proporcióneles algunos puntos básicos y permítales aprender a través de su experiencia personal. Abajo hay algunos «hacer» y «no hacer» que recientemente usamos en una capacitación de grupo pequeño:

- No tema al silencio.
- Muestre que todas las opiniones valen.
- No crea que debe tener todas las respuestas correctas.
- Mantenga el enfoque del grupo.
- No vaya a una pregunta nueva demasiado rápido. Pregunte: «¿Alguien quisiera añadir algo?» La prioridad es el diálogo, no hacer todas las preguntas.
- No domine la conversación.
- Pida a Dios que le dé los ojos y oídos de él.

Mantenga cualquier lista básica de «hacer» y «no hacer» que escriba frente a sus líderes. Tal vez quiera emplear cinco minutos revisando un asunto de esa lista en cada reunión del equipo de voluntarios.

Exprese la visión de comenzar grupos nuevos

Si un ministerio para jóvenes está alcanzando a los jóvenes de la comunidad por medio de la evangelización entre amigos, la multitud crecerá. A medida que el programa de la multitud crezca, más jóvenes estarán entrando en la congregación y en los grupos pequeños. Si los grupos pequeños saludables van a permanecer

PODER CORPORAL: ¿JUEGO O HERRAMIENTA?

1 CORINTIOS 6:12-20

[12]«Todo me está permitido», pero no todo es para mi bien. «Todo me está permitido», pero no dejaré que nada me domine. [13]«Los alimentos son para el estómago y el estómago para los alimentos»; así es, y Dios los destruirá a ambos. Pero el cuerpo no es para la inmoralidad sexual sino para el Señor, y el Señor para el cuerpo. [14]Con su poder Dios resucitó al Señor, y nos resucitará también a nosotros. [15]¿No saben que sus cuerpos son miembros de Cristo mismo? ¿Tomaré acaso los miembros de Cristo para unirlos con una prostituta? ¡Jamás! [16]¿No saben que el que se une a una prostituta se hace un solo cuerpo con ella? Pues la Escritura dice: «Los dos llegarán a ser un solo cuerpo». [17]Pero el que se une al Señor se hace uno con él en espíritu. [18]Huyan de la inmoralidad sexual. Todos los demás pecados que una persona comete quedan fuera de su cuerpo; pero el que comete inmoralidades sexuales peca contra su propio cuerpo. [19]¿Acaso no saben que su cuerpo es templo del Espíritu Santo, quien está en ustedes y al que han recibido de parte de Dios? Ustedes no son sus propios dueños; [20]fueron comprados por un precio. Por tanto, honren con su cuerpo a Dios.

Preguntas de apertura

(Las respuestas serán variadas.)

1. ¿Cuál es el objeto más caro y de valor que posees?

2. ¿Eres melindroso al usarlo o lo tratas como si fuera basura? ¿Lo proteges o permites que otros lo manoseen?

3. Si las personas no respetan lo mejor que tienen, ¿qué te dice eso acerca de ellos?

4. ¿Qué de tu propio cuerpo? ¿Lo consideras ser algo caro?

5. ¿Qué paralelos ves entre el uso de algo de propiedades caras y el uso de tu propio cuerpo?

6. Algunos ven el cuerpo como un juguete; otros como una herramienta. ¿Cómo describirías la diferencia entre estas dos perspectivas?

Pasajes específicos

1. Siga la pista de la palabra «cuerpo» a través de este pasaje.

Si esto fuera lo único que supieras acerca de tu cuerpo, ¿qué sabrías al respecto?

2. En los versículos 12 y 13 Pablo citó dos de los dichos favoritos de los corintios. ¿Cuáles son?

3. ¿Qué crees que significan estos dichos? ¿Cómo consideran el cuerpo: juguete o herramienta?

4. ¿Cómo contradijo y contrar estó Pablo estos dichos? (Busca sus palabras en los versículos 12 y 13 después de las comillas.)

5. Pablo dice que nuestros cuerpos son miembros del mismo Cristo (v.15). Luego pregunta: «¿Tomaré acaso los miembros de Cristo para unirlos con una prostituta?» ¿A qué conclusión llega aquí?

6. En el versículo 18, Pablo parece decir que el pecado sexual cae en una categoría especial? ¿Significa esto que el pecado sexual es peor que otros pecados?

7. ¿Qué mandamiento se nos dió para tratar la tentación sexual (v.18)? Menciona algunos ejemplos de cuándo necesitamos huír de la inmoralidad.

8. La base de todo es «honren con su cuerpo a Dios» (vv. 19-20). ¿Cómo podemos hacer esto?

Preguntas acerca de la aplicación individual

1. ¿Crees que las guías sexuales que la mayoría de los cristianos le reclaman a los adolescentes son muy libres o muy rígidas? ¿Por qué?

2. ¿Cuáles son las tres fuentes principales de la tentación sexual para los jóvenes de la actualidad?

3. ¿Cuál es una de las nuevas ideas que hoy puedes tomar de los pasajes bíblicos para que te ayuden en tu batalla contra la tentación sexual?

4. ¿Con qué persona pudieras hablar acerca de las dudas y tentaciones sexuales?

Fig. 8.3

pequeños, constantemente usted necesitará identificar líderes potenciales para grupos pequeños.

En nuestro ministerio para jóvenes (de 15 a 18 años), un adulto dirige la mayor parte de nuestros grupos pequeños, pero tienen un líder joven que, si es necesario, puede remplazar al adulto. También desafiamos a los jóvenes con 16 años de edad a que oren acerca de la posibilidad de dirigir un grupo pequeño de jóvenes de 14 a 15 años durante su quinto año. No solo nos ayuda a involucrar más activamente en el ministerio a los de quinto año, sino que también hace que su cuarto año sea un año emocionante de aprendizaje. Los alentamos a sacar todo lo que puedan de sus líderes del grupo pequeño actual, y que el próximo año se imaginen a sí mismos como líderes de un grupo pequeño. (Nuestros grupos pequeños de los menores son dirigidos por adultos o jóvenes mayores que están en preparatoria.)

Dedíquese a sus líderes

Si usted es líder del ministerio, debe emplear la mayor parte de su tiempo con sus líderes. Quizá prefiera invertir más tiempo relacionándose con los jóvenes, pero recuerde, el tiempo que invierta con sus líderes de grupos pequeños es esencialmente tiempo invertido con los jóvenes de los grupos. Si los líderes de los grupos pequeños crecen, desafiarán a los miembros del grupo pequeño.

Programas para los jóvenes de la congregación: Modelo de la Iglesia Saddleback

Nuestro programa primario de la congregación: Grupos pequeños de estudio bíblico por área

Nuestros grupos pequeños se reúnen en casas de nuestra comunidad. Estas reuniones semanales se llaman estudio bíblico de áreas (EBA). Usamos las palabras *Estudio bíblico* en vez de *grupo pequeño* con propósitos de propaganda, ya que la mayoría de los cristianos le dan más valor al estudio bíblico que a los grupos pequeños. Estos grupos EBA tienen un estudio bíblico, pero la mayor parte del tiempo se emplea en edificar la comunión dentro del grupo pequeño. Nos reunimos en hogares por varias razones.

Los hogares son más cómodos

La mayoría de los salones de reuniones de la iglesia son portátiles. En cada salón se reúnen otros grupos, así que no tenemos un salón para jóvenes donde podamos sentirnos cómodos. Además, pocos edificios pueden compararse con el calor de un hogar. Tratamos de limitar cada hogar EBA a treinta jóvenes y seis líderes, y así tener cinco jóvenes por cada líder.

En los hogares participan las familias

Nos gusta usar los hogares de nuestros jóvenes, porque así sus padres se involucran. Algunos padres participan saludando, mientras que otros dirigen grupos pequeños.

Hasta hemos tenido algunas parejas que nos han agradecido haber hecho que su matrimonio se fortalezca. ¡Ellos abrían su hogar para el estudio bíblico y aprovechaban para salir juntos! Tener una cita por la noche una vez a la semana, impactó su matrimonio. A cambio, sus citas eran un ejemplo magnífico para nuestros jóvenes.

Los grupos hogareños originan más responsabilidad pastoral para nuestros voluntarios

Los voluntarios no participarán durante mucho tiempo en un ministerio para jóvenes si no tienen responsabilidades importantes. Al usar hogares, brindamos a los voluntarios la libertad de expresar sus corazones pastorales porque no tienen que sentarse para verme pastorear a los jóvenes. Cuando los voluntarios se reúnen en un hogar, se convierten en un pastor de jóvenes para los jóvenes de su grupo pequeño.

Los grupos hogareños disminuyen la distancia de viaje, son más accesibles para los jóvenes y ofrecen la posibilidad de tener reuniones en noches diferentes

Los lugares estratégicos de nuestras reuniones a través de la comunidad nos permiten alcanzar jóvenes que no pueden llegar hasta la propiedad de la iglesia. Las reuniones caseras también nos ofrecen la libertad de celebrar las reuniones en noches y horarios alternos. En el pasado tuvimos jóvenes que nos decían: «Trabajo el miércoles por la noche y no puedo asistir» o «Esa noche tengo el ensayo de la banda». Ahora tenemos grupos pequeños EBA de lunes a jueves, que nos brindan más opciones para las reuniones.

Horario típico del estudio bíblico de área

6:50	Llegan los líderes
7:00	Comienzan a llegar los jóvenes
7:15	Saludos generales y anuncios
7:20	Tiempo de clase para todo el grupo
7:40	Tiempo de grupos pequeños
8:30	Conclusión

Llegan los líderes: 6:50 p.m.

Los voluntarios adultos dirigen las reuniones EBA. Tenemos tres papeles primarios para los líderes adultos: maestro, pastor y líder del grupo pequeño.

La responsabilidad principal del maestro es venir a EBA preparado para enseñar un estudio bíblico durante quince o veinte minutos. Escribimos el plan de estudio y se lo damos a todos los maestros para que cada EBA tenga el mismo tema. El maestro también actúa como un líder de grupo pequeño.

El papel del pastor (un laico voluntario) en cada hogar es supervisar todo el EBA y en específico cuidar los líderes de los grupos pequeños. Las tareas de este pastor es asegurarse que los jóvenes se relacionen con otros jóvenes, recordarle a los líderes que se relacionen con los jóvenes que han estado ausentes, controlar el tamaño de los grupos para mantenerlos pequeños, ayudar a los líderes con el crecimiento espiritual de los jóvenes, y servir de líder de grupo pequeño. (Si no puede usar el término *pastor* en su iglesia, busque otra palabra que comunique el cuidado, por ejemplo, *pastor de ovejas, ministro laico, mentor,* etc.)

Los demás adultos que asisten a EBA actúan como líderes del

grupo pequeño. Motivan al maestro del estudio y proveen el cuidado pastoral a su grupo pequeño específico.

Comienzan a llegar los jóvenes: 7:00 p.m.

Los primeros quince minutos los usamos para acomodarse, relacionarse, saludarse uno al otro, tener un brindis (si el que hospeda lo brinda), y esperar algunos que llegan tarde. Hemos aprendido que cuanto más tarde empezamos, más tarde llegan los jóvenes. He oído a muchos obreros de jóvenes quejarse porque los jóvenes siempre llegan tarde, pero en realidad ellos son los que han enseñado a los jóvenes a llegar tarde al cambiar continuamente la hora de comenzar.

Saludos y anuncios generales: 7:15 p.m.

Dado el caso que en la Iglesia Saddleback los ministerios de grupos pequeños se celebran en más de veinte hogares, nuestros pastores EBA necesitan estar al día acerca de la información que deben anunciar a los jóvenes de la congregación. Nuestros pastores EBA llaman a una línea de información para escuchar un mensaje pregrabado de los anuncios que necesitan comunicar durante la semana.

Hora de clase para todos los grupos: 7:20 p.m.

Debido a que el énfasis de EBA es el compañerismo mediante los grupos pequeños, no estamos muy preocupados por el nivel de habilidad de nuestros maestros. Sin embargo, tenemos la bendición de haber encontrado maestros que trabajan muy bien con el plan y lo hacen claro para nuestros jóvenes.

Aunque hay casas de publicaciones y librerías cristianas que tienen muy buenos materiales, nosotros, por ahora, hemos decidido escribir nuestro propio material. De una forma u otra siempre es necesario adaptar todo currículo. Ningún escritor de currículo conoce a sus jóvenes, ambiente y metas como usted los conoce. Gran parte de nuestro éxito con EBA consiste en la lectura de *One-Minute Bible for Students* (Un minuto de Biblia para jóvenes). Usamos una de las lecturas semanales y escribimos una lección bíblica que pueda estudiarse y aplicarse a los grupos pequeños. (Véase el apéndice C para obtener más detalles de *One-Minute Bible for Students*.)

Ponemos la mayor parte de nuestras lecciones en una libreta que los jóvenes pueden usar para tomar notas durante la clase y escribir los pedidos de oración de sus grupos pequeños. Los jóvenes pueden llevar las libretas a sus casas para repasar el estudio o dar a sus padres la oportunidad de ver lo que están aprendiendo.

Tiempo de grupos pequeños: 7:40 p.m.

Después de la clase, nos separamos en los grupos pequeños que se reúnen en diferentes áreas de cada hogar EBA. A cada líder del grupo pequeño se le entrega una hoja de preguntas del plan de enseñanza (véase el modelo en la fig. 8.3).

Nuestro equipo de ministerio prefiere tener grupos pequeños del mismo sexo. Creemos que para los jóvenes es más fácil desarrollar la responsabilidad del uno al otro a largo plazo, cuando están en un grupo pequeño con miembros del mismo sexo. Ofrecemos otras oportunidades a través de nuestros programas de ministerio y en campamentos para tener grupos mixtos y discutir diferentes temas y situaciones.

Conclusión: 8:30 p.m.

Algunos grupos pequeños terminan más temprano que otros (generalmente los grupos de varones), pero los jóvenes tienden a quedarse hasta las 9:00 de la noche.

HÁGALO PERSONAL

1. ¿De cuáles jóvenes en particular está encargado usted?

   * _____

   * _____

   * _____

   ¿Los ha llegado a «querer»? (véase 1 Ts 2:8)
2. ¿Cuáles son los pros y los contras de su ministerio de grupos pequeños, como existe ahora mismo?
3. Si usa las normas que se explican en las páginas 155-157, ¿qué tipo de grupo pequeño tiene ahora?
4. ¿Cuáles son tres valores importantes del grupo pequeño?
5. ¿Qué necesitan sus líderes de grupo pequeño para llegar a ser más eficientes al ayudar a los jóvenes a crecer espiritualmente?
6. ¿Cómo puede ayudar a los jóvenes a ver la importancia de los grupos pequeños?
7. ¿Cuál es el aspecto más difícil de administrar su grupo pequeño?

NUEVE

Preparación de jóvenes dedicados
Cumpla el propósito de Dios: Discipulado

Los momentos más tristes en mi carrera son los que paso con un joven que perteneció al ministerio para jóvenes y que ya no le da prioridad a su fe. Ojalá pudiera balancear esa tristeza que siento por ellos contando todas las historias positivas de jóvenes que pertenecieron al grupo y ahora están dedicados por completo al ministerio o han formado familias fieles. ¡Pero lamentablemente no es así! Siempre me pregunto qué falló en sus vidas, y a menudo hasta permito que la culpa levante su fea cabeza y dude de mi función en su desarrollo espiritual: «Si hubiera hecho algo más, tal vez ellos aún tendrían una fe vibrante».

Hace varios años me encontré en las tiendas con Jake Brazelton, un joven que perteneció al ministerio para la juventud. Tenía casi treinta años y estaba en completa oposición a los caminos de Dios. No solo se había graduado de nuestro ministerio para jóvenes, sino que también se había graduado de su fe. Ninguno de nuestros líderes jamás hubiera adivinado que Jake se apartaría de su fe; durante cuatro años había sido un participante constante. Podíamos contar con su asistencia a todos nuestros programas. Detesto admitirlo, pero hasta pertenecía a mi grupo de discipulado.

Jake y yo hablamos durante casi una hora. Después de la conversación me di cuenta de que supo *acerca de* la Biblia, la doctrina cristiana, y la teología, pero nunca aprendió cómo mantener su fe y crecer por su cuenta. Siendo un adolescente su crecimiento espiritual vino como resultado de asistir a los programas del ministerio para jóvenes. Mientras que había un programa, él crecía. Nuestros programas llegaron a ser su droga, y él era un adicto a la asistencia. Me pregunté: «¿Dónde fallé?»

Dios usó la conversación con Jake para motivarme a evaluar seriamente nuestro ministerio de jóvenes. Reconocí que habíamos diseñado un ministerio que alentaba a los jóvenes dedicados a ser fieles a nuestros programas o a la persona que los discipulaba más que a comprometerse con Cristo y seguir su camino. Tantas conversaciones con jóvenes ya graduados, como Jake, me hicieron reconsiderar y cambiar radicalmente nuestra estrategia de discipulado.

Misterio del discipulado

He leído docenas de libros sobre el discipulado, y el único elemento constante que he encontrado es la inscontancia en la definición de la tarea. En cada uno de estos libros traté de encontrar una definición específica del discipulado que dirigiera un programa claro para el discipulado de jóvenes. Nunca encontré una. Así que, aprendí que *el asunto* de hacer discípulos es difícil.

A los multifacéticos métodos de discipulado, se añaden los patrones únicos de crecimiento de los adolescentes. Los jóvenes responden al estímulo espiritual de maneras diferentes, así que no podemos convenir en que un programa de discipulado funcionará con cada estudiante. La conclusión es que no hay una sola forma de discipular a los jóvenes.

Mi definición del discipulado es simplemente «ayudar a los jóvenes a ser más semejantes a Cristo». ¡Algunos jóvenes demuestran un crecimiento medible en menos de seis meses; mientras que a otros les lleva seis años! A causa de esto, nuestros intentos de discipular deben tener un elemento personal y relacionado a ellos. Al principio, mi estilo de discipular jóvenes había sido un cincuenta por ciento educativo y un cincuenta por ciento relacional. La mayoría de los programas de discipulado de ministerios con jóvenes tienen básicamente esta misma estructura reflejada en métodos diferentes. Tienen un componente de enseñanza combinado con un elemento de atención adulta. Por ejemplo, en el caso de Jake

Brazelton, nos reuníamos (relacional) y atravesábamos una serie de manuales de discipulado (educativo). Pensé que Jake se estaba discipulando y que yo cumplía el ciclo de discipulado que declara 2 Timoteo 2:2: «Lo que me has oído decir en presencia de muchos testigos, encomiéndalo a creyentes dignos de confianza, que a su vez estén capacitados para enseñar a otros.»

Imaginé este estilo cincuenta-cincuenta, cuando leí los Evangelios. Jesús enseñó a sus discípulos (educativo) así como también caminó y vivió con ellos (relacional). Pero Jesús hizo algo más, que nunca antes de mi conversación con Jake había comprendido cabalmente. Jesús le informó a sus discípulos que él los dejaría. Los preparó verbalmente para su ausencia.

En mis años previos faltaba este elemento de preparación al discipular a los jóvenes. Había alentado a nuestros líderes a discipular a jóvenes empleando tiempo con ellos y enseñándoles acerca de la fe cristiana. Mi negligencia radicó en no hacer lo que jóvenes como Jake necesitan más: no enfoqué una estrategia para ayudar a nuestros jóvenes dedicados a desarrollar los hábitos, o las disciplinas espirituales necesarias para crecer por su cuenta luego de terminar en el ministerio para jóvenes. Para muchos jóvenes en mi iglesia nuestro plan de discipulado reforzó su dedicación con, o su dependencia de, los programas y la gente. Habíamos creado una dependencia educada, cuando debíamos haber preparado a los jóvenes con los hábitos necesarios para la independencia espiritual.

Ahora llegué a entender que los jóvenes necesitan más que información y relaciones. Los ministerios para la juventud están llenos de jóvenes que conocen la Biblia y no tienen fruto. Estos jóvenes tienen todas las respuestas (conocimiento) correctas, pero a diario toman decisiones incorrectas. En algún punto, es necesario apartar a los jóvenes de la dependencia de la carne para que comiencen a caminar en el Espíritu. Esto no sucederá mientras que basemos el plan del discipulado en un programa. Sucederá mejor cuando la fórmula se vea como algo así:

33.3% educativo
33.3% hábitos espirituales independientes (o disciplinas)

33.3% relacional

Como la palabra *disciplina* tiene connotaciones negativas, nos concentramos en una palabra más neutral: *hábitos* y alentamos a nuestros jóvenes a desarrollar los hábitos que los prepararán para su viaje a largo plazo en la fe cristiana.

Un nuevo método de discipulado en el ministerio para jóvenes

Cada vez que leo la palabra *nuevo*, en relación al ministerio, me vuelvo un poco incrédulo. Estoy seguro de que hay ministerios para jóvenes haciendo lo que estoy a punto de explicar con los siguientes pasos de acción, pero no conozco ninguna otra fuente escrita que refleje este tipo de estrategia de discipulado.

Ponga su entusiasmo en los hábitos y no en los programas

Si los jóvenes van a mantener su fe durante años, deben desarrollar los hábitos constantes del crecimiento espiritual, además de asistir a un programa pequeño para aprender a estudiar, hablar y aplicar la Palabra de Dios. La motivación para establecer los hábitos puede ser el regalo más grande que podamos dar a los jóvenes a medida que encaren desafíos de la vida, decisiones y crisis. La pregunta es sencilla: «Mucho después que pasen los días del ministerio para jóvenes con sus programas y patrones: ¿qué va a sostener la fe de ese joven cuando tenga una prueba?» La respuesta es: La gracia de Dios y los hábitos aprendidos.

Es por eso que nuestro ministerio se enfoca entusiasta y constantemente en el desarrollo de disciplinas espirituales como una parte clave de nuestro tiempo educativo y relacional. Los líderes son capaces de dar ánimo y recursos usando la incubadora de un grupo pequeño de jóvenes, en lugar de esperar que un estudiante asista a un programa adicional de discipulado otra noche de la semana.

Defina los hábitos de un cristiano dedicado

Antes de encontrar los recursos apropiados para ayudar a los jóvenes a desarrollar hábitos espirituales, debe identificar primero los hábitos que quiere que sus graduados se lleven. Aunque hay varias verdades que queremos que los jóvenes entiendan acerca del cristianismo (educativo), solo hay unos pocos hábitos espirituales que queremos desarrollar mientras asisten al ministerio para la juventud. En la Iglesia Saddleback definimos seis hábitos que queremos que los jóvenes dedicados aprendan. Estos hábitos pueden ser diferentes de los que usted escogería, pero no deseche esta idea (el resultado final) simplemente porque nuestras listas (medios) puedan diferir. El principio de ayudar a los jóvenes a desarrollar hábitos es transferible a su ministerio con la juventud sin importar cómo usted los defina.

Definimos nuestros seis hábitos preguntando: «¿Qué hábitos son importantes para el crecimiento espiritual independiente durante toda la vida?» Otra manera de mirarlo es esta: «¿En qué hábitos *usted* se apoya para mantener una relación auténtica con Jesucristo?» Los que enumeramos son aquellos que he estado desarrollando y en los que me he apoyado desde que comencé mi propia peregrinación espiritual siendo un adolescente. Queremos que nuestros jóvenes dedicados

- sean constantes con Dios mediante la oración y la lectura de la Biblia
- tengan una relación responsable con otro cristiano
- estén comprometidos con el cuerpo de Cristo y el de nuestra iglesia (no solamente con el ministerio para jóvenes)
- entiendan y participen en dar / diezmar
- memoricen las Escrituras
- estudien la Biblia por su cuenta (más que leerla)

Como nos enfocamos en la palabra *hábito,* hemos hecho un acróstico con dicha palabra. Está un poquito forzado, pero no obstante es una ayuda para memorizarla.

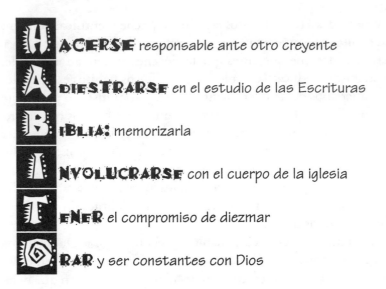

H ACERSE responsable ante otro creyente

A DIESTRARSE en el estudio de las Escrituras

B IBLIA: memorizarla

I NVOLUCRARSE con el cuerpo de la iglesia

T ENER el compromiso de diezmar

O RAR y ser constantes con Dios

Recuerde, estos simplemente son los hábitos que deseamos que los jóvenes desarrollen. Esta lista no incluye toda *la información* que queremos que sepan antes de graduarse en nuestro ministerio. Tratamos de cubrir el elemento educativo del discipulado mediante los diferentes horarios de enseñanza durante los cultos de fin de semana, los estudios bíblicos por áreas y los programas secundarios de discipulado preparados para jóvenes dedicados (véase el «Instituto bíblico» en el capítulo 12).

Busque o forme las herramientas para ayudar a construir los hábitos

Una vez que defina los hábitos, es importante preguntar: «¿Qué herramientas (o recursos) ayudarán a mis jóvenes a desarrollar estos hábitos?» Lógico, la provisión de herramientas no asegura que un estudiante sea discipulado y camine con Cristo durante el resto de su vida. (¡Aún los fariseos eran fieles en el uso de «herramientas»!) Sin embargo, le añadirá confianza saber que los jóvenes no tienen la desventaja de depender de usted o de cierto programa.

Por otra parte, tampoco es suficiente decir: «Quiero que los jóvenes estudien la Biblia antes de graduarse.» Ellos necesitan un recurso para ayudarlos a estudiar la Biblia y aumentar su fe. Esto significa depender de una librería cristiana que tenga ese material o de lo contrario crear algo. Yo lo he hecho de ambas maneras. En este punto de mi ministerio, prefiero crear herramientas porque es más barato y porque los jóvenes parecen más receptivos a lo que yo hago que a lo que compro. Es fácil comprar un folleto de crecimiento o un diario, pero cuando usted hace uno, los jóvenes saben que es especialmente importante para usted.

La mayoría de los obreros de jóvenes no tienen el tiempo, la ayuda ni los recursos para crear sus propios materiales. Aún los que pueden crear los propios, no pueden competir con las ediciones extravagantes y las impresiones en colores de las casas de publicaciones. Pero usted tiene algo que un editor no puede expresar: su corazón. Cuando doy a mis jóvenes dedicados algo que he creado, lo aceptan como un regalo mío. (Nunca he tenido un joven que diga: «Ojalá que hubiera comprado algo mejor que esto.») El tiempo que me lleva crear algo útil les comunica que tengo interés en su jornada espiritual. Pero si no tiene tiempo para crear los recursos que quiere, no se sienta culpable. Cómprelos o haga que los jóvenes los compren.[1]

Concéntrese en el ánimo

Además de su papel de creador o descubridor de recursos, también tiene el papel de animador. Constantemente debe animar a los jóvenes para que estos desarrollen los hábitos que usted ha definido. Mejor aún, aliente a los líderes de los grupos pequeños que guían a sus jóvenes en el desarrollo de estos hábitos.

Una de las maneras que uso para motivar a los jóvenes dedicados es una carta mensual (como la de la siguiente página) para los que usan nuestras herramientas de H.A.B.I.T.O. Debido a que los jóvenes tienen que inscribirse para cada curso que toman (véase fig. 9.1), tengo los registros exactos de nuestros jóvenes dedicados. A estos jóvenes les mando cartas pastorales y de vez en cuando les hago una llamada por teléfono para saber cómo van las cosas.

Mi querido amigo:

Espero que a la llegada de esta carta te encuentres bien. Estoy escribiéndote para animarte en tu estudio de la Palabra de Dios a través de «Trabajos de raíz». He recibido muchos comentarios de los que están haciendo este estudio.

- «¡Es el mejor estudio de la Biblia que he hecho!»
- «Bueno... lo hice... leí la primera página, pero la verdad es que está debajo de la jaula de mi rata.»
- «Fields, no lo puedo creer, encontré tres errores de ortografía.»
- «Voy a empezar pronto, te lo prometo.»

Estoy tan contento por el deseo de estudiar la Biblia que expresaste, que quería escribirte y decirte: «¡Bien hecho!» Te hago algunas sugerencias para ayudarte con esta disciplina:

1. ¡No te rindas! Hazme saber a mí o a tu líder de grupo pequeño cómo te va.

2. Haz un poco cada vez. Un hábito se forma al hacer algo cada día por lo menos 21 días seguidos. Estudiar la Biblia puede llegar a ser un hábito.

3. Ora para que Dios te hable cada vez que estudies la Biblia.

4. Marca los errores que encuentres y dímelos para poderlos corregir.

5. Cuéntale cada cosa nueva a tu Compañero de Cinco.

6. Si no entiendes una pregunta o una respuesta, olvídala y sigue adelante. No dejes que eso te impida terminar una lección.

Sabes que te aprecio mucho y doy gracias a Dios por ti.

Doug

P.D.: Si quieres más información acerca de algunas otras herramientas de discipulado que podemos poner en tus manos (ejemplo: Diario del devocional, Banco de bendiciones, Tesoros escondidos), dímelo.

¡SÍ! Quiero desarrollar
mis H.A.B.I.T.O. espirituales

Estoy firmando para:
❑ Banco de bendiciones   o   ❑ Trabajos de raíz
(no hagas ambos al mismo tiempo)
❑ S.R. Cinco (o ayúdenme a encontrar un compañero)
❑ Tesoros escondidos   ❑ Diario del devocional

Nombre: _____

Teléfono: _____Edad: _____

Escuela: _____

Dirección: _____

Devuelve esta tarjeta en la mesa de información para recoger tus herramientas.

Fig. 9.1

Además de recibir mi carta de ánimo, cada estudiante comprometido tiene el apoyo de un grupo pequeño. El líder del grupo pequeño es quien más ánimo imparte imparte y al supervisar, juega el papel de discipulador. Debido a que nos concentramos en el desarrollo de los jóvenes en los seis hábitos por sí mismos, ni el estudiante dedicado ni el discipulador tienen que pasar otra noche de la semana asistiendo a un programa de discipulado. Las herramientas son nuestro programa de discipulado.

> **El líder del grupo pequeño es quien más ánimo imparte imparte y al supervisar, juega el papel de discipulador.**

Programación para jóvenes comprometidos: Modelo de la Iglesia Saddleback

Nuestros programas principales para los dedicados primarios: Herramientas de discipulado

Antes de mirar lo específico de cada herramienta, note dos cosas: Primero, ningún estudiante solicita todas las herramientas de inmediato. Alentamos a los jóvenes a tomar solo las herramientas que estén listas para usarse. Segundo, hay un costo para producir o comprar herramientas. Si su iglesia no puede afrontar el costo de las herramientas en su presupuesto, usted tendrá que encontrar otra manera de pagarlas. Quizá quiera alentar a los padres para que compren las herramientas, o puede encontrar patrocinadores financieros en su iglesia que comprarán los materiales y orarán por los jóvenes que las usen.

Hábito 1: Diario del devocional, recordar tener unos momentos con Dios a través de la lectura de la Biblia y la oración.
Cuando mire una página de una de nuestras horas devocionales (fig. 9.2), verá que realmente no son nada más que unas preguntas clave y un espacio en blanco para escribir, decorado por un pequeño diseño gráfico. Hemos encontrado que este tamaño (5½" x 8½": media carta) funciona mejor para el devocional. El lugar pequeño para escribir y la gráfica grande permite que los jóvenes sepan que no tienen que escribir mucho. Ponemos solo 31 páginas en cada diario para que los jóvenes puedan reemplazar sus diarios varias veces a través del año y tengan un sentido de logro. Dejamos en claro que no están obligados a terminar el diario en un mes. Así, no tienen que sentirse culpables si no lo completan en ese marco de tiempo (véase la fig. 9.3). Cuando los jóvenes piden diarios nuevos, tenemos una oportunidad de afirmarlos, celebrar su crecimiento y preguntarles acerca de su tiempo con Dios.

Hábito 2: «S.R. Cinco» Tener una relación responsable
con otro creyente
S.R. significa Socios Responsables y Cinco es el número de minutos que pedimos a los jóvenes que oren juntos durante la semana. Preparamos a nuestros jóvenes dedicados para encontrar un amigo cristiano en su escuela con quien ellos puedan orar y desarrollar una relación responsable. No les pedimos que oren en el medio de la escuela, ni que se paren en las mesas donde almuerzan para llamar la atención a su espiritualidad, les pedimos que se reúnan en algún lugar de la escuela y oren juntos.
Por lo general, les recordamos a los jóvenes que busquen su compañero S.R. Cinco, y siempre terminamos nuestros campamentos

Fecha de hoy:

Pasaje leído:

**Qué significa este
pasaje para mí:**

Petición de oración:

Diario de hoy: _____

_____
_____
_____
_____
_____
_____
_____
_____
_____
_____
_____
_____
_____
_____
_____
_____
_____
_____
_____
_____
_____

Proverbios 11:20

«El Señor aborrece a los de corazón perverso, pero se
complace en los que viven con rectitud.»

Fig. 9.2

Mi regalo para ti

Este diario es para **ayudarte a crecer** como cristiano y es mi regalo para ti. No puedo pensar en nada más **FABULOSO** que ver **cambiar las vidas** de los jóvenes mientras **crecen más cerca de Dios.** Este diario para los devocionales te ayudará a desarrollar uno de los **HÁBITOS** necesarios para el crecimiento.

¿Por qué un devocional?

Nuestro mundo es ruidoso y ocupado, y los momentos con Dios se pueden pasar por alto fácilmente. Tener un devocional es tomar un tiempo de tu día *y hacer una cita* para relacionarte con Dios. Hasta Jesús tomó este tiempo: «Él, por su parte, solía retirarse a lugares solitarios para orar» (Lucas 5:16).

Lo importante es que tú no puedes ser un **cristiano saludable** sin tener un tiempo con Dios. Cuando inviertas tiempo con DIOS vas a:

Enamorarte de Él

Recibir **dirección** para la vida diaria

Tener su **fuerza** para seguir adelante

Crecer más semejante a **Él**

¿Por qué 31 páginas?

No, no es una página para todos los días del mes. Obviamente, te *beneficiaría* el tener unos momentos a solas con Dios todos los días, pero no hay secretos detrás de las 31 páginas. Quiero mantener el diario lo suficientemente **CORTO** para que puedas tener un sentido de cumplimiento. Sin embargo, no importa cuánto tiempo te lleve terminar el diario, vamos a **CELEBRARLO** juntos y me alegraré de entregarte otro (tenemos cuatro tipos diferentes).

¿Hay un plan de lectura de la Biblia que va con este diario?

¡No! Lee cualquier cosa que quieras y anótalo en el diario. Si no sabes qué leer en tu Biblia, quizás puedas comenzar con el **Evangelio de Juan** o el libro de **Filipenses**. O, si necesitas un plan de lectura, puedes leer **La Biblia en Un Minuto** o tomar un plan de lectura bíblica de nuestra mesa de información.

¿De qué se trata el Proverbio en cada página?

Me gusta el libro de los Proverbios porque está lleno de sabiduría para la vida diaria. En los Proverbios hay 31 capítulos, así que es un método conveniente para exponerte más a la Palabra de Dios. Es para *tu placer en la lectura*.

¿Qué necesito escribir en la página del diario?

¡Cualquier cosa que quieras! Puedes escribir tus **oraciones,** enumerar lo que Dios te enseña, escribir una carta a Dios, escribir acerca de *tu jornada espiritual*, describir qué te gustaría aprender, escribir qué crees que Dios te diría si te escribiera, no hay reglas. Es tu diario espiritual. No tiene la intención de ser un diario para anotar todo lo que hiciste ayer, son tus páginas, escribe lo que esté en tu corazón.

¿Qué hago cuando termine?

Pide otro más. Mira a través de las páginas de tu diario y reflexiona en lo que Dios está haciendo en tu vida y en lo que estás aprendiendo. Transfiere tus motivos de oración a tu próximo diario y **¡CELEBRA** el crecimiento de Dios en tu vida!

Estoy entusiasmado con tu crecimiento,

Doug

«Deléitate en el Señor, y él te concederá los deseos de tu corazón» Salmo 37:4.

Fig. 9.3

SOCIO RESPONSABLE CINCO
Pacto

Yo, _____ deseo desarrollar mi relación con Dios, reconozco mi necesidad de tener una responsabilidad personal en mi vida.

Me comprometo a reunirme una vez a la semana con mi socio de oración para orar y motivarnos mutuamente.

Por eso, confiésense unos a otros sus pecados, y oren unos por otros, para que sean sanados.

Santiago 5:16

_____
Firma

_____
Nombre del socio

_____
Fecha

_____
Firma del socio

Fig. 9.4

campamentos con un desafío a los jóvenes para que encuentren a un compañero antes de ir a su casa. La experiencia del campamento puede desteñirse rápidamente si un estudiante no tiene algún ánimo de un amigo. Los jóvenes normalmente mantienen el mismo compañero S.R.Cinco durante el año escolar.

Una vez que los jóvenes tienen sus compañeros, promovemos mucho la importancia de esa sociedad. Pedimos que firmen el pacto S.R. Cinco (véase la fig.

9.4). Les damos una tarjeta del tamaño de su billetera para anotar el número telefónico de su socio, la cual sirve como un amable recordatorio del compromiso (véase la Fig. 9-5).

Deseo aumentar mi relación con Dios, y reconozco mi necesidad personal de ser responsable en mi **SOCIO** vida. Me comprometo a reunirme **RESPONSABLE** una vez a la semana **CINCO** con mi socio para orar y animarnos mutuamente.

Socio _____   Teléfono del socio _____

Hábito 3: Tesoros escondidos.
Memorizar versículos clave

El título de este elemento viene de una combinación de la Nueva Versión Internacional y

Por eso, **confiésense** unos a otros sus pecados, y **oren** unos por otros, para que sean sanados.

Santiago 5:16

Fig. 9.5

combinación de la Nueva Versión Internacional y la traducción al inglés NASB del Salmo 119:11: «En mi corazón he *escondido* tu Palabra, para no pecar contra ti» (énfasis del autor), y «en mi corazón *atesoro* tu Palabra» (énfasis del autor).

Tesoros Escondidos es una sencilla tarjeta útil para memorizar la Biblia. Cuando los jóvenes dedicados se inscriben en Tesoros Escondidos, les damos un conjunto de tres a cinco versículos. Cada versículo está impreso en una tarjeta de 3" x 5", laminada y con un agujero. Ponemos las tarjetas en una argolla grande plateada. Después que los jóvenes han memorizado un conjunto de versículos, les damos el próximo conjunto. Incluimos una nota corta que explica por qué escogimos esos versículos y los alentamos a no rendirse.

Hábito 4: Asistir a la iglesia. Comprometerse con el cuerpo de la iglesia, no solamente con el ministerio para jóvenes.
De los seis hábitos, este es el único para el cual no tenemos un recurso específico que darle a los jóvenes. Constantemente le insistimos a nuestros jóvenes que asistan y se involucren en el cuerpo de la iglesia. Hablamos con un alto concepto de los programas de la Iglesia Saddleback, y damos el ejemplo involucrándonos y apoyando los programas de la iglesia. Las cartas periódicas que mandamos a nuestros jóvenes dedicados les recuerdan la importancia de participar en la iglesia además de pertenecer al ministerio para jóvenes.

Hábito 5: Banco de bendiciones. Practica la disciplina de ofrendar dinero
De los otros elementos enumerados, este es el que más difícil se nos hace para animar a los jóvenes. Para generar una mejor comprensión de la ofrenda, inventé un juego que se llama el Banco de Bendiciones. El juego incluye un mensaje grabado en casete en el cual hablo de la importancia de ofrendar, además de un estudio bíblico de cuatro lecciones acerca del diezmo, un paquete de sobres de ofrenda, y una vasija decorada para que cada uno reúna su ofrenda (véase la fig. 9.6).

De los cinco elementos, este es uno acerca del cual no hacemos muchas preguntas a los jóvenes. Sí queremos saber si los jóvenes

entienden todo lo que estudiaron acerca del diezmo y queremos contestar sus preguntas, pero no queremos presionarlos a ofrendar para agradar a sus líderes en lugar de ofrendar por amor a Dios.

Hábito 6: Trabajos de raíz. Saber cómo estudiar la Escritura

Este elemento del estudio bíblico obtiene su nombre de Col 2:6-7: «Por eso, de la manera que recibieron a Cristo Jesús como Señor, vivan ahora en él, *arraigados* y edificados en él, confirmados en la fe como se les enseñó, y llenos de gratitud» (énfasis del autor). Tengo libros específicos escogidos de la Biblia y preguntas escritas que los jóvenes hicieron y contestaron después de leer las Escrituras. Las preguntas los motivan a pensar en lo que están leyendo y a tomar un tiempo para procesar la Palabra de Dios. Igual que la meditación motiva la lectura devocional, Trabajos de Raíz motiva a hacer un estudio más profundo de la Biblia. Véase la figura 9.7 donde encontrará un estudio del libro de Filipenses.

Trabajos de raíz

Preguntas de Filipenses 1:12-14

1. ¿Qué sucedió como resultado del encarcelamiento de Pablo?

2. ¿Qué dice la experiencia de Pablo respecto a cómo Dios puede trabajar a través de las circunstancias difíciles?

3. ¿Cómo se relaciona la experiencia de Pablo con los siguientes versículos? «Ahora bien, sabemos que Dios dispone todas las cosas para el bien de quienes lo aman, los que han sido llamados de acuerdo con su propósito» (Romanos 8:28).

4. ¿Alguna vez te sentiste confinado a la escuela o encadenado a alguien?

5. ¿Cómo te ayudó tu «confinamiento» a hablar acerca de Dios?

Preguntas para Filipenses 1:15-18

1. Pablo está hablando acerca de los dos tipos de predicación que se hacían mientras estaba preso. Un grupo tiene motivos sinceros mientras que el otro grupo tiene motivos codiciosos. Pablo reconoce la mezcla de los motivos, pero lo emociona saber que el mensaje de Cristo se está diseminando sin considerar los motivos. ¿Qué ejemplo puedes dar de una iglesia con motivos codiciosos?

2. ¿Qué puede hacer uno cuando reconoce tener motivos impuros?

Fig. 9.7

HÁGALO PERSONAL

1. ¿Cuál es su definición de discipulado?
2. ¿Cómo ha estado midiendo el crecimiento espiritual?
3. ¿Cuándo desarrolló sus disciplinas espirituales? Describa su patrón de crecimiento espiritual.
4. Cree un compuesto de un cristiano dedicado. ¿Qué ve como los hábitos de un cristiano dedicado?
5. ¿Qué recursos ayudarán a los jóvenes a desarrollar los hábitos para el crecimiento?
6. ¿Qué pasos específicos puede tomar para animar a sus jóvenes con los hábitos espirituales?

NOTAS

[1] He creado herramientas para ayudar a los jóvenes a desarrollar los hábitos mencionados en este capítulo. Están auto-publicadas y disponibles para la compra a través de *Making Young Lives Count* [Haga que la vida de los jóvenes cuente] (véase la página 431). También están disponibles en disquete de computadora para que usted pueda redactar mi material y personalizarlo para su ministerio individual sin problema alguno de derechos de autor. Usted puede obtener una muestra de todas las herramientas o un paquete de producción, que viene con los dibujos originales, disquete de computadora y originales listos para usar.

DIEZ

Desafíe a los jóvenes del centro
Cumpla el propósito de Dios: Ministerio

Uno de los gozos más grandes del ministerio, que experimentan los líderes de la juventud, es el ver a los jóvenes del centro entregarse al ministerio. Por lo general, los jóvenes dedicados del centro son los que desarrollan un corazón para el ministerio y encuentran la oportunidad de servir, no importa a dónde los lleve la vida después de graduarse de su ministerio.

La palabra *centro* se hace confusa si se quita del contexto de los círculos del compromiso (véase la fig. 5.1, p. 95). Muchos obreros de jóvenes que he conocido dicen: «Tengo jóvenes del centro que no encajan bien en el ministerio; muchos de ellos son apáticos». En la nomenclatura de MJP, esos tipos de jóvenes no se considerarían jóvenes del centro. En la Iglesia Saddleback, nos referimos a ellos como *los regulares*. Asisten a todo, pero no desean crecer espiritualmente ni ministrar a otros.

Mientras más se concentra nuestro equipo en enseñar a los jóvenes acerca del servicio, más y más me sorprende ver cuán abiertos están los jóvenes al concepto del ministerio. Gozan al descubrir que tienen talentos y que Dios quiere usarlos. En algunas iglesias, conseguir que los jóvenes ministren es un reto tan grande como es convencer a la congregación y liderazgo de la iglesia que los adolescentes pueden jugar un papel esencial en el cuerpo de Cristo.

En algunas iglesias, conseguir que los jóvenes ministren es un reto tan grande como es convencer a la congregación y liderazgo de la iglesia que los adolescentes pueden jugar un papel esencial en el cuerpo de Cristo.

Desafío a los jóvenes de todos los niveles para participar en el ministerio

Los jóvenes pueden cumplir el propósito del ministerio en todos los niveles de compromiso. Algunos jóvenes altamente motivados hasta pueden interesarse en comenzar sus propios ministerios.

No es necesario que los jóvenes, aunque no todos quieran ministrar, tengan que atravesar todos los círculos de compromiso antes de oír hablar del ministerio y se les permita servir. Sería locura decir: «Aunque tú expreses el deseo de cuidar a otros, no puedes hacerlo si antes no saltas por nuestros aros de "la congregación" y "dedicación".»

El capítulo siete destacó la importancia de involucrar a los jóvenes de la multitud en un equipo del ministerio sin hacerles una prueba espiritual de tornasol. Aun los inconversos pueden servir a otros. El motivo no será obedecer a Dios, pero tal vez la obediencia a Dios siga al servicio. Cada año veo jóvenes que dan su vida a Dios *después* de hacer trabajos misioneros en una aldea mejicana.

Los siguientes pasos lo ayudarán a informar a sus jóvenes acerca del ministerio e interesarlos en ministrar.

Deje de tratar a los jóvenes como si fueran la iglesia futura

Detesto escuchar a los miembros de la iglesia que dicen: «Debemos tener un buen ministerio para jóvenes, porque son el futuro de nuestra iglesia». Los jóvenes no son el futuro de la iglesia, son la iglesia presente, igual que todos los otros creyentes. Aunque este mensaje de la iglesia del futuro parezca inocente y poderoso, es realmente derrotista. Debemos retar a la juventud para que «hoy» sean ministros y participen en la fe, en lugar de sentarnos a esperar hasta que sean adultos. El apóstol Pablo alentó el ministerio del joven Timoteo diciendo: «Que nadie te menosprecie por ser joven» (1 Ti 4:12). Necesitamos comunicar ese mismo mensaje.

> ## Los jóvenes no son el futuro de la iglesia; son la iglesia presente.

Jesús nunca dijo: «Tome su cruz y sígame cuando sea un adulto». La Biblia omite claramente cualquier requisito de edad para servir. Dios quebrantó los límites de la edad con héroes bíblicos como David, Jeremías y María. Una señal de una iglesia saludable es que ayuda a todos los cristianos, a pesar de la edad, a descubrir sus dones y expresarlos mediante el servicio en el ministerio.

Continuamente comunique mensajes del ministerio

Todos los jóvenes deben escuchar la alegría que se deriva de la participación. Aun durante programas de la multitud, recalcamos que nuestro ministerio con la juventud tiene que ver con la participación activa y no la observación pasiva. Repetimos ese mensaje a menudo porque es importante. Pedro le dice a los cristianos que les seguirá recordando la verdad: «Por eso siempre les recordaré estas cosas, por más que las sepan y estén afianzados en la verdad que ahora tienen» (2 Pedro 1:12). Necesitamos recordarle a los jóvenes que una vida de *observación* es una vida malgastada, pero que una vida de *participación* en el trabajo del reino, es la razón por la cual nacimos.

Enseñe a los jóvenes que ellos fueron creados para el ministerio

Para muchos jóvenes, la verdad de que todos los cristianos son llamados al ministerio es revolucionaria. No todos son llamados a ser pastor, pero todos los creyentes son llamados a hacer el trabajo del ministerio. Efesios 4:11-12 nos dice: «Él mismo constituyó a unos, apóstoles; ... a otros, pastores y maestros, a fin de capacitar al pueblo de Dios para la obra de servicio, para edificar el cuerpo de Cristo». Entonces mi papel como pastor es preparar el pueblo de Dios (jóvenes) para trabajar en el servicio (ministerio). ¡Qué honor, y a la vez qué responsabilidad para humillarnos!

En la Iglesia Saddleback enseñamos que cada cristiano fue

- *creado* para el ministerio (Ef 2:10)
- *salvado* para el ministerio (2 Ti 1:9)
- *llamado* al ministerio (1 P 2:9-10)
- *dotado de dones* para el ministerio (1 P 4:10)
- *autorizado* para el ministerio (Mt 28:18-20)
- *mandado al* ministerio (Mt 20:26-28)
- (debe) *prepararse* para el ministerio (Ef 4:11-12)
- *necesario* para el ministerio (1 Co 12:27)
- será *recompensado* según su ministerio (Col 3:23-24)

No podemos asumir que los jóvenes descubrirán estas verdades solos. Ni siquiera la mayor parte de los adultos que conozco entienden que ellos fueron creados para hacer el ministerio. Debemos, por lo tanto, enseñar y repetir estas verdades.

Ayude a los jóvenes a descubrir sus dones espirituales

Los jóvenes cristianos no solo han sido invitados para jugar el juego del ministerio, pero también se les ha cedido el equipo para jugar bien. Uno de los papeles emocionantes que como obrero de jóvenes tengo, es ayudar a entender que han sido dotados por Dios (Ro 8; 1 Co 12; Ef 4). Me encanta decir: «¡Felicitaciones, tú tienes dones!» Es maravilloso ver cómo abren sus ojos cuando se enteran que Dios le dió dones a cada creyente. Me alegra darles una prueba sencilla sobre los dones espirituales para avivar su interés. Esta breve prueba los hace pensar en los *dones que quizá tienen*, y a su vez los ayuda a descubrirlos.[1] Al participar en diferentes oportunidades para ministrar, descubrirán sus dones espirituales.

ONES ESPIRITUALES: «¿Qué dones te ha dado Dios?»

 ORAZÓN: «¿Qué te gusta hacer?» «¿Qué te apasiona más?»

 ABILIDADES: «¿Con qué habilidades naturales o talentos naciste o desarrollaste antes de tu relación con Cristo?»

 ERSONALIDAD: «¿Cómo tu personalidad única va a impactar tu ministerio?»

EXPERIENCIAS: «¿Cómo tus experiencias, buenas y malas, pueden usarse para beneficiar a otros?»[3]

Desafíe a los jóvenes para descubrir «DCHPE»

En la Iglesia Saddleback enseñamos a todo el cuerpo de la iglesia, que Dios ha dado una forma exclusiva a cada individuo para hacer algo en el ministerio. Les enseñamos los cinco elementos que pueden ayudarles a descubrir su ministerio personal.

Una manera de hacer pensar a los jóvenes acerca del ministerio, es enseñarles una serie acerca de su «DCHPE». Por lo menos invierta una sesión, en cada uno de los cinco elementos, para descubrir los dones. Yo llamo a mi serie «Cómo entrar en forma».[4] Enseño este curso cada doce o dieciocho meses, ya que en el ministerio la participación de los jóvenes es uno de nuestros valores clave. (Además de enseñar en esta serie los principios de la «DCHPE», también los enseñamos en la Clase 301.)

Después que enseño la serie, ayudamos a los jóvenes interesados a encontrar su lugar en el ministerio en uno de los veintinueve ministerios dirigidos por jóvenes. Aunque cualquiera se puede inscribir en un equipo, solo los jóvenes del centro (aquellos dentro de los grupos pequeños que están participando en los «hábito») pueden dirigir un equipo o comenzar su propio ministerio. Así, nos aseguramos de tener cristianos desarrollándose al timón de los equipos de ministerio.

Cómo ayudar a los jóvenes «centro» a comenzar a ministrar

Haga que los jóvenes completen un perfil de «DCHPE»

Al concluir la serie sobre «DCHPE», o después de la Clase 301, (véase el capítulo doce) alentamos a los jóvenes dedicados a completar un perfil de su «DCHPE». El perfil está lleno de preguntas que motivan a los jóvenes a considerar sus dones espirituales, corazón, habilidades, personalidad y experiencia. A usted lo invito a adaptarlo a su ministerio para jóvenes. Cuando los jóvenes completen el perfil, les pedimos que preparen sus mentes y corazones para el ministerio.

Si los jóvenes no muestran interés durante la serie «DCHPE», o no devuelven el perfil después de la Clase 301, no los forzamos a completar el perfil. Siendo sabios mayordomos de nuestro tiempo, primero queremos dedicarnos a los que expresan algún grado de motivación propia. Nos reunimos individualmente con esos jóvenes.

Ayude a los jóvenes a comenzar un ministerio basado en su «DCHPE»

Cuando un líder y un joven se reúnen para hablar sobre el perfil del joven exploran cómo este puede usar su «DCHPE» única para servir a Dios. El líder ayuda al joven a encontrar un ministerio o crear uno nuevo. Vamos a usar a José como ejemplo. José es un estudiante de segundo año de la secundaria y en su «DCHPE» las respuestas eran así:

Dones Espirituales: Su calificación más alta era para el don de hospitalidad.[5]

Corazón: Expresó pasión por hacer que los otros se sientan cómodos, planear y organizar.

Habilidades: Domina el idioma de señales, sabe cocinar y arreglar cosas.

Personalidad: Es muy amistoso.

Experiencia: Se convirtió en cristiano porque le gustó cómo los líderes de la iglesia de su pueblo hicieron todo lo posible para hacerlo sentir cómodo durante su primera visita.

Cuando José y yo nos sentamos para repasar su perfil de «DCHPE», no tenía una respuesta para la última pregunta del perfil: «Si de acuerdo a mi «DCHPE» personal pudiese diseñar una manera específica para servir a Dios, y supiera que no puedo fallar, esta podría ser...» Al ver que José no tenía ninguna idea específica, supe que era mi trabajo alentarlo para servir en un ministerio existente o ayudarlo a crear uno. Creamos uno. Soñamos con la idea de que José fuera anfitrión, chef y líder de nuestra cena mensual para diez ministerios (véanse pp. 234-235). Antes que José fuera el chef, nuestra cena siempre era pizza. ¡Ahora José llega temprano para preparar una comida especial y se queda durante la cena para dar la bienvenida a los huéspedes y ayudarlos a sentirse cómodos. Ha descubierto un ministerio magnífico dentro de nuestra iglesia, ¡uno del cual estoy particularmente enamorado!

No todos los perfiles señalan cierto ministerio específico o lógico. Muchas veces me he rascado la cabeza y le he implorado a Dios que me dé algunas ideas para no tener que decir: «Ay... no sé dónde puedes servir», apagando así el entusiasmo de un joven. Y en otras oportunidades es muy interesante lo que sucede; las respuestas del estudiante no indican el ministerio en el que está pensando. ¿Por qué sucede esto? Porque el sendero de Dios no es siempre lógico. Ninguna prueba de dones en el mundo puede ni debe «limitar» a Dios. Cuando esto sucede, tenemos dos opciones: (1) Seguir orando y hablando durante las próximas semanas hasta que haya más claridad en la colocación, o (2) alentar al estudiante a cambiarse a un «ministerio de su gusto», hasta que Dios lo guíe a otra parte.

Por ejemplo, Noris escogió la opción 2. Quiso comenzar un ministerio como niñera. Nunca hubiera pensado en ese ministerio para ella, basándome en su perfil, pero ella decidió reunir un grupo de adolescentes para cuidar a los niños de nuestros adultos voluntarios durante las reuniones mensuales de equipo. Además, se ofreció para cuidar a los niños en caso de que nuestros voluntarios quisieran salir juntos durante la semana. Tenía suficiente madurez para entender que si nuestros líderes adultos tenían un matrimonio de buena calidad, serían mejores ejemplos y mejores ministros. Cuando otros jóvenes vieron que cuidar niños podría ser un ministerio, dijeron: «¡Yo puedo hacer eso! ¡Puedo participar en ese ministerio!»

No descuide el proceso de descubrimiento ni la fe del joven

No podemos asumir que una vez que los jóvenes estén participando en el ministerio los podemos dejar solos. Muchos jóvenes no descubrirán su ministerio hasta que hayan probado varias oportunidades. Quizá tengamos que ayudarlos a buscar oportunidades nuevas por medio de las cuales puedan expresarse a sí mismos.

Además de su ministerio, queremos saber cómo andan en su relación con Dios. Si nuestros jóvenes del centro no están en el programa de liderazgo de jóvenes (véase a continuación), se pueden perder dentro de sus ocupaciones para ministrar. Continuamente queremos mostrarles que son de valor.

Los jóvenes que ministran en el centro (es decir, los que participan o dirigen un grupo pequeño y practican los «hábitos» del discipulado), rinden cuentas mensualmente mediante algunas preguntas sencillas a las que llamamos nuestro Informe de Responsabilidad del centro (fig.10.1). Aunque veamos a estos jóvenes semanalmente, esta hoja les da la oportunidad de informarnos qué esta sucediendo en su relación con Dios y en su ministerio. No es obligatorio llenar el informe, pero a la mayoría de los jóvenes del centro les gusta llenarlo, porque saben que nos preocupamos por sus vidas y quieren informarnos acerca del ministerio en el que sirven.

Cómo cambiar ministros jóvenes (del centro) en un equipo de liderazgo juvenil

La participación en el liderazgo juvenil debe requerir un nivel más profundo de compromiso y responsabilidad del que se espera de jóvenes en programas de ministerio.

Habrá notado, basándose en lo que ya leyó, que los jóvenes pueden tener un ministerio sin pertenecer al liderazgo estudiantil. Tenemos varios jóvenes del centro que no tienen tiempo para el liderazgo estudiantil o no están listos para los compromisos adicionales que requerimos.

Por ejemplo, Cándida y Amy son dos jóvenes del centro. Están en un ministerio (el equipo de drama) y ambas están en un grupo pequeño (congregación). Cándida está en las primeras etapas para formar los hábitos de un discípulo (dedicación), mientras que Amy ha estado comprometida con ellos durante varios años. Ninguna de estas chicas está en nuestro liderazgo estudiantil. Amy está demasiado ocupada entre los compromisos del trabajo y la escuela, mientras que la vida de Cándida no refleja el tipo de conducta que esperamos de nuestro liderazgo juvenil. Todavía siente debilidad por las fiestas y ocasionalmente toma. Aunque sigue nuestro proceso para el crecimiento, no *es* la clase de cristiana que refleje correctamente nuestro liderazgo juvenil.

Usted puede levantar las cejas y venir a la defensa de Cándida diciendo: «Nadie es perfecto». Cierto, pero Dios tiene normas más altas para los líderes. El versículo lema para nuestro liderazgo juvenil es Efesios 4:1, «Por eso yo ... les ruego que vivan de una manera digna del llamamiento que han recibido».

Reconozca la definición del liderazgo de Jesús

Jesús dió a sus discípulos una imagen del liderazgo que también debe ser nuestra norma para el liderazgo juvenil. Mateo 20:25-28 dice que Jesús llamó a sus discípulos y les dijo: «Como ustedes saben, los gobernantes de las naciones oprimen a los súbditos, y los altos oficiales abusan de su autoridad. Pero entre ustedes no debe ser así. Al contrario, el que quiera hacerse grande entre ustedes deberá ser su servidor, y el que quiera ser el primero deberá ser esclavo de los demás; así como el Hijo del hombre no vino para que le sirvan, sino para servir y para dar su vida en rescate por muchos.» Jesús no solo quebró otro paradigma de los fariseos, sino que también les dió una receta para la grandeza: Ser un líder que sirva.

El liderazgo del siervo no es atractivo para la mayoría de los jóvenes porque se opone al impulso de competir por el asiento delantero del auto, o ser el primero de la fila. Si su liderazgo juvenil actual no es saludable, tal vez necesite «cerrar la tienda» durante algunos meses. Explique a los jóvenes que va a tratar de hacer algunos cambios saludables, y luego volverá a comenzar con una nueva perspectiva. Entonces trate de aplicar las siguientes ideas.

> **Jesús no solo quebró otro paradigma de los fariseos, sino que también les dió una receta para la grandeza: Ser un líder que sirva.**

Desarrolle el liderazgo juvenil basándose en las calificaciones del ministerio y el modo de vivir

El modelo del liderazgo juvenil que menos me gusta es el que elige a los líderes jóvenes por votación. Este tipo de selección, movido por la influencia o la asistencia, no es ni saludable ni bíblico. Seleccionar líderes juveniles según los criterios de la popularidad y la posición tal vez sea adecuado para un comité social, pero no para un ministerio de jóvenes. Si tiene un grupo de «liderazgo» escogido por el voto popular, le sugiero que cambie el nombre del «liderazgo» a algo así como «comité de actividades» para indicar que no es el liderazgo bíblico, y quitarlo del círculo de compromiso del centro. El grupo se podría considerar como un equipo de planeamiento del calendario de actividades, y ser un programa secundario para el nivel de la multitud, antes que un ministerio de «centro».

Imagínese que durante el tiempo de Cristo los líderes religiosos hubieran votado para elegir al que iba a trabajar al lado del Hijo de Dios. Se puede suponer que muchos de los discípulos no hubieran

Informe de la responsabilidad del «centro»

1. ¿Cómo han sido tus momentos con Dios durante este mes?

2. ¿Qué aprendiste acerca de tu relación con Dios?

3. ¿Cómo te va con el ministerio en el que estás trabajando?

4. ¿Cómo debo orar por tí este mes?

5. ¿Quieres decirme algo más?

Fig. 10.1

sido escogidos. Servir a otros a través del ministerio, no por popularidad, debe ser el requisito del liderazgo juvenil. Cuando Dios mandó a Samuel a ungir un rey para Israel, hablando del hermano de David, Eliab, le dijo: «No te dejes impresionar por su apariencia ni por su estatura, pues yo lo he rechazado. La gente se fija en las apariencias, pero yo me fijo en el corazón» (1 Samuel 16:7).

Aumente las expectativas para sus líderes juveniles

Cuando usted desarrolle, o cree de nuevo, las normas para los líderes juveniles, aumente sus expectativas. Dios reveló normas altas para los líderes (véase 1 Ti) y si ellos quieren ser líderes en la iglesia, no es incorrecto desafiarlos con normas altas.

No es raro que los oficiales de la escuela, entrenadores atléticos y maestros de música, sean exigentes en cuanto a sus expectativas para los jóvenes. Los jóvenes saben que si quieren participar en actividades fuera del programa escolar tienen que tomar serias responsabilidades. Entonces, ¿por qué debemos tener requisitos inferiores para los que desean ser líderes en el equipo de Dios?

Antes de comenzar nuestro programa del liderazgo juvenil, nuestros jóvenes del «centro» crearon una lista de expectativas del modo de vivir de un líder juvenil. Les pedimos que nos ayudaran a crear un retrato, basado en los mandatos bíblicos, de alguien que ellos respetaran en el papel de líder juvenil (véase la fig. 10.2). Después, les pedimos a nuestros jóvenes del centro, que desarrollaran el perfil de un papel de líder juvenil (véase la fig. 10.3).

Establezca sus expectativas de un líder juvenil conocido

Después que haya establecido algunas expectativas del liderazgo juvenil, asegúrese de que los jóvenes y los líderes adultos las entiendan. Comunique con claridad que ese liderazgo no es para todos. Si algunos jóvenes no cumplen las expectativas, y no todos van a cumplirlas, comuníquele con cuidado que todavía son especiales, que todavía los ama y que no son menos valiosos que los demás.

Retrato de un líder joven que tiene

Un modo de vivir del cual no hay dudas

Es aceptable entre los demás

Responsable ante otro cristiano

Auténtico y transparente

Motivador

Fiel en pequeñas cosas

Genuinamente amistoso

Está desarrollándose espiritualmente

Ayuda y sirve

Honra a Dios al elegir constantemente la senda de
Dios antes que los caminos mundanos

Humilde

Ama la vida

Actitud positiva

Orgulloso de ser un devoto seguidor de Cristo

Modela el papel del joven cristiano

Fig. 10.2

Retrato de cómo un líder joven

Se responsabiliza con el ministerio de jóvenes

En la escuela actúa como un pastor

Es responsable a la unidad de nuestro ministerio de jóvenes

Defiende el ministerio como si fuera suyo

Cuando está en la escuela se interesa en las visitas de los fines de semana y en otros estudiantes

Recibe a los asistentes durante los servicios de adoración de fines de semana y otros programas

Participa en todos nuestros grandes programas

Busca oportunidades para servir

Busca a los solitarios y visitantes

Se reúne con otros líderes jóvenes para orar por sus compañeros de escuela

Es ejemplo de una conducta propia del programa

Está atento y motiva por lo menos un equipo de ministerio

Resuelve problemas de jóvenes del ministerio sin quejarse

Habla bien del personal y otros líderes jóvenes

Comprende el propósito de por qué hacemos lo que hacemos

Fig. 10.3

¿Por qué debemos tener requisitos inferiores para los que desean ser líderes en el equipo de Dios?

Al hacer sus expectativas visibles, está comunicando que su liderazgo juvenil está abierto para cualquiera en el centro que llene los requisitos. He conocido jóvenes que luego de leer las expectativas han decidido cambiar radicalmente su vida para poder participar en algo importante. Si después de leer las expectativas los jóvenes siguen interesados en pertenecer al liderazgo juvenil, les damos una solicitud corta para completar (véase la fig. 10.4), y después los entrevistamos.

Entreviste a los líderes potenciales

Después que los jóvenes del centro han leído las expectativas y completan la solicitud, yo me reúno con ellos, individualmente, para asegurarme de que entienden el llamado supremo que reciben los líderes. Hablamos de cada compromiso y expectativa, y les doy ejemplos específicos de lo que significa cada compromiso. Por ejemplo, en el perfil de cómo un líder juvenil está comprometido con el ministerio del joven (fig. 10.3), una de las expectativas es «Resuelve problemas de los jóvenes del ministerio sin quejarse». Así que explico que si nuestro servicio del sábado por la noche se llena y no se han colocado suficientes sillas, un líder juvenil debe buscar más sillas en lugar de decir: «Doug, nunca tenemos suficientes sillas».

Debido a que la mayoría de los jóvenes se evalúa a sí mismo más rigurosamente de lo que yo los evalúo, algunos miran otra vez la lista y se excluyen a sí mismos. Cuando me reúno con los jóvenes, ellos mismos completan las descripciones del liderazgo estudiantil. Si se deciden, yo «cierro el trato» haciéndoles firmar un formulario de compromiso del liderazgo estudiantil (véase la fig. 10.5).

Solicitud del liderazgo juvenil

Por favor sé tan concienzudo como sea posible al llenar esta solicitud. Luego tendrás la oportunidad de explicar y desarrollar tus respuestas durante la sección de la entrevista.

1. ¿Por qué quieres ser un líder juvenil?

2. ¿Cómo definen tus amigos que no son cristianos tu relación con Dios?

3. ¿Cómo definen tus amigos cristianos tu relación con Dios?

4. ¿Cómo definen tus padres tu relación con Dios?

5. ¿Cómo te va con tu «evangelización entre amigos»?

6. Comenta tu desarrollo espiritual y el uso de las siguientes herramientas:
   - Diario devocional
   - S.R.Cinco
   - Tesoros escondidos
   - Banco de Bendiciones
   - Trabajos de raíz

Fig 10.4

Responsabilidades del liderazgo juvenil

Responsabilidad ante Jesús

- Reconozco el liderazgo de Jesucristo en mi vida y tengo una relación especial con él.

Responsabilidad en el desarrollo espiritual

- Asumo la responsabilidad de desarrollarme espiritualmente mediante la participación en un estudio bíblico de grupo pequeño.

- Asumo la responsabilidad de desarrollarme espiritualmente mediante H.A.B.I.T.O. al:

  - ser constante con los devocionales (Diario devocional)

  - tener la responsabilidad de otro creyente (S.R. Cinco)

  - memorizar las Escrituras (Tesoros secretos)

  - tener responsabilidad con el cuerpo de la iglesia

  - ofrendar/diezmar (Banco de bendiciones)

  - tener estudios bíblicos individuales (Trabajo de raíz)

Responsabilidad ante el equipo del ministerio

- Asumo la responsabilidad de guiar un ministerio o ser un miembro constante

Responsabilidad de vivir de modo transparente

- Asumo la responsabilidad de elegir un modo de vida que sea piadoso, sabiendo que es un ejemplo para otros jóvenes y que comunica, sin duda alguna, mi compromiso con Cristo.

Responsabilidad ante el desafío de la evangelización entre amigos

- Asumo la responsabilidad del desafío de la evangelización entre amigos y a traer mis amigos a los programas apropiados.

Responsabilidades del liderazgo juvenil (continuación)

Responsabilidad con el ministerio de jóvenes

- Asumo la responsabilidad de asistir a uno de los cultos de adoración de fin de semana y saludar a otros estudiantes para crear un ambiente cálido.
- Asumo la responsabilidad de asistir a las clases 101, 201, 301 antes de pasar al liderazgo juvenil (y 401 en los seis meses de comenzar el liderazgo).
- Asumo la responsabilidad de asistir a las reuniones «no negociables» mensuales de liderazgo juvenil.
- Asumo la responsabilidad de mensualmente devolver la hoja de responsabilidades.
- Asumo la responsabilidad de saludar a los demás jóvenes de todos los programas que asisten a Saddleback.
- Asumo la responsabilidad de comprender y memorizar nuestras declaraciones de propósito.
- Asumo la responsabilidad de entender los valores planeados y el proceso de un desarrollo espiritual.
- Asumo la responsabilidad de convertirme en un pastor en la escuela, lo cual incluye llamar a los visitantes, orar con otros líderes estudiantes de la escuela, y supervisar la promoción del alcance de la iglesia en mi escuela.

____

Firma del joven

____

Firma de los padres

____

Fecha

Fig. 10.5

Involucre a los padres en el proceso

Requerimos que los padres de cada joven firmen la hoja del compromiso para que todos conozcan las expectativas de nuestro programa de líderes juveniles. Decimos a los padres que pueden esperar cinco cosas de nuestros líderes adultos.

1. MODELAREMOS el liderazgo cristiano para sus hijos.
2. Los GUIAREMOS en su desarrollo de liderazgo.
3. CONTROLAREMOS su desarrollo como líderes juveniles.
4. Los MOTIVAREMOS con ánimo y charlas.
5. Los alentaremos a MULTIPLICAR su eficiencia al compartir sus habilidades con otros.

Especialmente nos preocupamos por la vida de la familia de nuestros líderes juveniles. Queremos que los padres sepan que no tenemos la intención de mantener a sus hijos fuera de la casa durante varias noches de la semana. El crecimiento espiritual no requiere sacrificar tiempo con la familia y otros compromisos importantes. Francamente trabajamos para asegurarnos de que tenemos la bendición de la familia.

Dedíquele tiempo extra a los líderes juveniles

Por causa de los altos requisitos de los líderes juveniles, debe haber una alta recompensa. Los líderes juveniles deben tener más tiempo con usted y con otros líderes adultos. No me disculpo por emplear la mayor parte de mi tiempo con líderes juveniles. Visito a los jóvenes de la multitud en sus juegos y en sus escuelas, pero casi siempre voy con un líder juvenil. Quiero emplear mi tiempo siendo líder de líderes. Un voluntario adulto y yo recientemente llevamos a un líder juvenil en un viaje de conferencias a través de los Estados Unidos. Cuando volvimos, su madre me dijo que desde la muerte de su papá, yo me había convertido en su figura paterna. Ella dijo: «El viaje le causó una impresión duradera de lo que es la amistad de Cristo.» Agregó que ha sido un líder más fuerte en nuestro ministerio a causa de ese viaje.

Quiero emplear mi tiempo siendo líder de líderes.

Muchos obreros de jóvenes me han preguntado si los otros jóvenes se quejan en nuestro ministerio, porque principalmente me concentro en los líderes juveniles. No, porque realmente no llamo mucho la atención al respecto. No digo: «Me dieron tres boletos gratis para ver el partido de los Lakers y voy a llevar a Pam y Robbie, porque son líderes juveniles». Los llevo y nada más. Estoy seguro de que algunos jóvenes se quejan entre sí o con sus padres a causa de mi supuesta injusticia. Cuando se quejan, tienen algo en común con los discípulos de Jesús. Recuerde, ellos discutieron quién obtendría un trato preferente, y quién se sentaría a la derecha y a la izquierda de Jesús (véase Mt 20:20-28). Recuerde también que Jesús siempre tuvo una multitud alrededor suyo, sin embargo, constantemente estaba con los doce discípulos. Pero aun entre los Doce, tenía un círculo especial compuesto por Pedro, Santiago y Juan. Dejo de sentirme culpable cuando me doy cuenta que estoy siguiendo el modelo de Jesús.

No tema empezar con un equipo pequeño de liderazgo estudiantil. Es mejor tener dos líderes juveniles de alta calidad, que cincuenta jóvenes que quieren planear las actividades, mientras que viven cualquier estilo de vida. Si usted eleva las normas, comenzará con algo pequeño, pero estará construyendo sobre un fundamento. Una base sólida asegurará el crecimiento saludable, porque la madurez espiritual será un modelo para los futuros líderes juveniles en su ministerio. Es mejor tener dos líderes juveniles de alta calidad, que cincuenta jóvenes que quieren planear las actividades, mientras que viven cualquier estilo de vida.

Es mejor tener dos líderes juveniles de alta calidad, que cincuenta jóvenes que quieren planear las actividades, mientras que viven cualquier estilo de vida.

Programación para los jóvenes del centro: Modelo de la Iglesia Saddleback

Nuestro programa principal del centro: Liderazgo juvenil

Ya ha leído los pasos necesarios para crear un programa para el liderazgo juvenil. En la Iglesia Saddleback hemos aclarado bien que nuestras expectativas son más altas para los jóvenes a quiénes confiamos el título de *líder*. Creemos que los jóvenes que colocamos en papeles de liderazgo, no solo necesitan comprometerse a asistir (multitud), comprometerse con otros creyentes mediante un grupo pequeño (congregación), comprometerse a crecer espiritualmente (dedicado), y comprometerse con el ministerio (centro), sino que también necesitan comprometerse con un estilo de vida cuyo objetivo sea la piedad, honrar a Dios y ser irreprochable.

Esperamos que nuestros jóvenes del centro estén comprometidos a tener:

- una relación con Cristo
- desarrollo espiritual (los grupos pequeños y H.A.B.I.T.O.)
- un ministerio

Además esperamos que nuestros líderes juveniles sean ejemplo de:

- un estilo de vida irreprochable
- un compromiso con nuestro ministerio para la juventud
- un compromiso al desafío de la evangelización entre amigos

En nuestra entrevista con líderes juveniles hablamos de todos los compromisos en la aplicación del liderazgo juvenil (fig. 10.5). Casi siempre los jóvenes que completan el proceso, brillan como líderes juveniles.

HÁGALO PERSONAL

1. ¿Conoce sus dones espirituales? Si es así, ¿cuáles son?
2. ¿Qué le gusta o le disgusta del perfil juvenil? (véase el Apéndice E.)
3. ¿Cómo responde siguiente a la declaración: «Los jóvenes no son la iglesia futura; son la iglesia presente»?
4. ¿Qué hace usted para desafiar a los jóvenes para que estos hagan el trabajo del ministerio?
5. ¿Cuál es su proceso para ayudar a los jóvenes a entrar en un ministerio?
6. Actualmente, ¿cómo define «líder estudiantil»?
7. ¿Cuáles son algunas cualidades no negociables que usted espera de los líderes juveniles?
8. Nombre a alguien de su equipo que podría supervisar la implementación y dirigir sus programas de líderes juveniles. ¿Cómo el resto de su equipo puede apoyar a esta persona?
9. ¿Cuáles son algunas esferas específicas del ministerio en las que los jóvenes pueden servir?

NOTAS

[1] Jim Burns, presidente del Instituto Nacional del Ministerio para Jóvenes y yo, hemos escrito un plan llamado *The Word on Finding and Using Your Spiritual Gifts* (La palabra para encontrar y usar sus dones espirituales) (Ventura, Calif: Gospel Light, 1996). Recomiendo este libro si usted necesita una prueba espiritual sencilla de dones y un material que lo ayude a enseñar los dones espirituales.

[3] Para una comprensión más completa del perfil estudiantil y la «DCHPE», lea el libro de Rick Warren: *Una Iglesia con Propósito* (Editorial Vida, Miami 1998), 380-386.

[4] Para una copia de esta serie en audio casete con bosquejos, comuníquese con *Making Young Lives Count* (Haga que las vidas jóvenes cuenten) 714-459-9517.

[5] Use la prueba de dones espirituales de mi libro *The Word on Finding and Using Your Spiritual Gifts* (La palabra para encontrar y usar sus dones espirituales).

ONCE

Cinco características de un programa saludable con la juventud

Luego de mencionar los puntos específicos para desarrollar un programa con propósito en el ministerio para la juventud, vamos a ver cinco características generales esenciales para todo programa, desatendiendo el nivel de compromiso. Los programas saludables necesitan (1) ocuparse primero de las relaciones, (2) una fuente fresca de ideas, (3) fuerza más allá de una personalidad, (4) un sistema progresivo de conservación de resultados, y (5) aclarar su propósito y audiencia potencial.

1. Los programas necesitan ocuparse primero de las relaciones

Dave, uno de nuestros voluntarios adultos, quiso comenzar un profundo estudio de la Biblia los viernes por la tarde. Por alguna razón, este estudio bíblico no tuvo mucha asistencia durante casi tres meses. A principios del cuarto mes, tuvimos nuestro campamento de invierno. Durante el fin de semana Dave hizo amistad con algunos jóvenes, y estas amistades llegaron a ser su impulso para el estudio bíblico. Después del campamento, el estudio bíblico de Dave experimentó un dramático aumento de asistencia. El programa de estudio bíblico no era más atractivo, pero las relaciones sí lo eran. Las relaciones positivas son una razón clave para hacer crecer un ministerio para jóvenes. Con frecuencia sucede que un joven disfruta asistir a un ministerio de jóvenes pobremente guiado porque su mejor amigo/a está allí, aunque ese joven podría asistir a la iglesia de sus padres, donde tienen un ministerio para jóvenes que es magnífico. Lo vemos todo el tiempo: las relaciones son una atracción.

Un ministerio saludable con la juventud tiene el compromiso de llegar a ser un ministerio de relaciones con la juventud. Los líderes adultos hacen que el desarrollo de las relaciones con los jóvenes sea una prioridad principal, y estas relaciones ayudan la eficiencia del ministerio y aumentan la madurez espiritual de los jóvenes. Este estilo de ministerio con la juventud llega a ser un ministerio *con* los jóvenes en lugar de ser un ministerio centrado en el programa *hacia* los jóvenes.

Sin tomar en cuenta el nivel de compromiso con Cristo, todo adolescente necesita relacionarse con un adulto que se interese en cultivarlo y así formar una amistad de mentor. No existe un programa, no importa de qué calidad, que sustituya el cuidado personalizado porque los programas no desarrollan relaciones; la gente lo hace. Un programa puede capturar la atención de un joven, pero la relación ayuda a reforzar los compromisos. Los programas son importantes, pero solo después que se desarrollen las relaciones.

> No existe un programa, no importa de qué calidad, que sustituya el cuidado personalizado porque los programas no desarrollan relaciones; la gente sí.

Entonces los jóvenes serán nutridos personalmente en su fe, especialmente si los líderes reflejan la madurez espiritual descrita en el capítulo uno. Obviamente, este tipo de ministerio de relaciones con la juventud necesita de adultos dispuestos a dedicar su tiempo para cultivar a los jóvenes. Mientras más jóvenes tenga en su ministerio, más adultos necesitará para mantener sus grupos pequeños. Aunque soy capaz de reconocer a mis jóvenes, solamente puedo desarrollar relaciones importantes con unos cuantos.

El ministerio para jóvenes consiste en construir casas para perros

Hace varios años acuñé la frase: «El ministerio para jóvenes consiste en construir casas para perros.» Mi esposa, Cathy, quiso comprar una casa para perros, pero pensé que era demasiado costoso. Después de averiguar algunos precios, arrogantemente dije: «Puedo construir una por mucho menos.» Cathy sonrió y tomó mi oferta. Reservé todo un sábado y llamé a Jeff, un joven de mi ministerio, para que me ayudara. Sabía que tenía habilidad para trabajar con madera porque recordé que ese trimestre le dieron una nota moderadamente buena en carpintería. (Vi las calificaciones en su casa mientras buscaba algo de comer durante un estudio bíblico de área.)

Jeff y yo empleamos un día entero construyendo la casita que algunos creen que se parece más a una pequeña versión del arca de Noé. De todos modos, al siguiente día de nuestro proyecto de construcción la mamá de Jeff me dijo que luego de construir la casita, su hijo estaba más entusiasmado acerca de Cristo que después de cualquier programa de la iglesia al que jamás hubiera asistido. Me quedé atónito. Resultó que Jeff le había dado una descripción detallada de nuestro tiempo juntos. Le contó nuestro viaje a la tienda y cómo yo había tratado al vendedor. La madre supo de todas las conversaciones que Jeff y yo habíamos tenido durante el día. También le informó de la pequeña pelea por una comida en el estacionamiento de Taco Bell, las risas en mi casa, mi habilidad para no decir malas palabras cuando me golpeaba el dedo con el martillo, cómo traté a mis hijos, y hasta lo que faltaba en mi refrigerador. (Le dijo a su mamá: «nunca había visto el refrigerador de un adulto sin alcohol».) ¡Ella lo supo todo! Jeff dijo: «Doug es una persona normal. Puedo decir que se divierte siendo cristiano.»

Para mi sorpresa, el día que pasamos juntos hizo un impacto importante en la fe de Jeff. Después de eso, Jeff invirtió más tiempo conmigo fuera del ambiente de la iglesia, y llegamos a conocernos mejor. No solo quiso construir más casitas para perros conmigo (sospecho que eso era una excusa para reunirnos), sino que llegó a ser un mejor oyente durante el estudio de la Biblia. Aprendí a nunca subestimar el poder de emplear tiempo con los jóvenes.

Muchos de nuestros voluntarios se sienten culpables porque están demasiado ocupados para invertir tiempo desarrollando relaciones con los jóvenes. La culpa auto-impuesta ha sacado a algunos adultos del ministerio. Como es tan difícil tomar tiempo de un día muy ocupado para pasarlo con los jóvenes, necesitamos poner a los jóvenes en nuestras agendas. He aprendido a crear tiempo para relacionarme con los jóvenes mientras hago diligencias o trabajos en casa. A medida que se desarrolla una relación, los jóvenes tienen menos necesidad de ser entretenidos y aprecian mejor *cualquier* tiempo juntos. Aquí hay una manera fácil de recordar este principio valioso de las relaciones: no cree las actividades para incluir a los jóvenes en su vida; en vez de eso, incluya a los jóvenes en las actividades de su vida ya ocupada.

A través de los años, luego de haber empleado mucho tiempo con adolescentes cristianos y no cristianos, he descubierto que hay algunas cosas que todos los jóvenes necesitan de un adulto interesado. Ellos necesitan adultos que:

Hagan el papel de modelos

Como líderes adultos, debemos reconocer que durante el tiempo para relacionarnos con los jóvenes, somos un modelo de la vida cristiana, las representaciones vivas de Cristo. En una manera muy real, decimos a los jóvenes lo que Pablo dijo en 1 Corintios 11:1: «Imítenme a mí, como yo imito a Cristo.» Los jóvenes observan y escuchan todo lo que decimos y hacemos. Toman nota de cómo manejamos nuestros autos y recuerdan qué comentarios hicimos acerca de la gente, de la vida y de las situaciones.

Antes de que mi esposa y yo tuviéramos niños, mi esposa era una voluntaria increíble. Cuando tuvimos un niño, ella permaneció en el nivel *increíble*. Con dos niños, pasó a la posición de *magnífica*. Y ahora que tenemos tres, ella se describe como una voluntaria *ocupada*. Encuentra difícil invertir tiempo con los jóvenes a causa de las demandas de nuestros propios hijos. Para permanecer como obrera que se relaciona con los jóvenes, lleva a las chicas adolescentes a hacer las compras. Mientras hacen las compras, las ministra como un modelo cristiano. Mis tres niños aman estas aventuras porque los adolescentes son divertidos. Las chicas lo disfrutan porque pasan tiempo con Cathy. Cathy es bendecida, porque ama a las adolescentes y con la ayuda de las chicas puede hacer las compras en la mitad del tiempo. ¡Todos ganan! Hasta este tiempo aparentemente insignificante llega a ser un depósito generoso en la cuenta bancaria del ejemplo. Antes de ir a algún lugar solo, piénselo dos veces y llame a un joven que lo acompañe.

Hace poco, Cathy y yo recibimos una carta de una estudiante que participó en el ministerio y ahora estaba graduándose de la universidad.

> Queridos Doug y Cathy:
>
> Gracias por todo lo que han hecho por mí a través de los años. No dejo de pensar cuánto han contribuido a mi éxito al darme una amistad que me apoyara durante tanto tiempo. Ambos me mostraron lo que es tener un matrimonio sólido, relaciones amorosas con amigos y con otros, y más importante aún, cómo vivir una vida que glorifique a Dios. Definitivamente ustedes impactaron la manera de verme a mí misma, cómo veo el mundo y cómo aprecio a Dios. Es difícil expresar exactamente lo que quiero decir, pero solo quise hacerles saber cuánto los aprecio.
>
> Les quiere,
> *Cynda.*

Espero que haya notado la frase clave de la carta. Ella no dijo: «Ustedes me *enseñaron* sobre el matrimonio, la vida y el amor a través de su programa creativo de Escuela Dominical.» Dijo: «Ustedes me *mostraron*...» Modelamos los caminos de Dios cuando invertimos tiempo con los jóvenes.

Sean francos

Una de las marcas verdaderas de un buen obrero de jóvenes es su autenticidad con los jóvenes. Estos obreros no tienen miedo de ser transparentes y mostrar señales de debilidad. Quizá enseñan sobre la oración y admiten que su vida de oración no es lo que debe ser. Quizá expresen algunos de sus temores y fracasos porque saben que su sineridad puede ayudar a los jóvenes y darles esperanza cuando se quieran rendir.

La mayoría de los jóvenes tienen un concepto falso de que sus líderes, si no son perfectos, están muy cerca de serlo. Sé esto porque dicen cosas como: «No sabes por lo que estoy pasando.» Y: «Tú nunca luchastes así.» Se puede motivar a los jóvenes a seguir adelante, a pesar de sus errores, cuando tienen líderes que con sinceridad les cuentan de algunas de sus propias luchas. No tiene que exponer todos sus pecados al público, pero sea sincero cuando hable acerca de su vida y el proceso de la fe. Si una disciplina espiritual es difícil para usted, sea sincero en cuanto a eso.

> **No tiene que exponer todos sus pecados al público, pero sea sincero cuando hable acerca de su vida y el proceso de la fe.**

Exprese aceptación

Si un estudiante viene a la reunión con un aro en la nariz, el pelo verde y tatuajes, y usted se entera de que el chico tiene una familia rota, un origen de abusos y una adicción al cigarrillo, él necesita ser amado y aceptado por Dios, ya que lo ama y lo acepta. No es necesario aceptar sus acciones, pero se debe aceptar por quien es: una criatura de Dios.

He desarrollado una relación bastante buena con un joven de nuestro ministerio a quien le encantan las fiestas. Disfruta de nuestras charlas, pero no está listo para comprometer su vida con Dios. Se emborracha casi cada fin de semana, pero por alguna razón, le gusta venir a la iglesia. Cuando lo veo el domingo por la mañana, le doy un abrazo y le digo que me alegro de verlo (lo digo fuerte en su oreja para empeorar el efecto que queda de la borrachera). También le digo que detesto lo que se está haciendo. En su búsqueda de la verdad, me ve como alguien que lo ama y acepta quien él es, aunque rechazo lo que hace. Él sería el primero en decirle que estoy orando para que deje su pecado.

Ayuden a quitar el estrés

¡Los jóvenes tienen mucha tensión! Y este nivel de estrés está empeorando, no mejorando. Los jóvenes necesitan aprender a relajarse, tomar descansos y no tratar de ser adultos tan rápido. Tienen que aprender que en la vida no todo tiene que ser serio.

Para ayudar a los jóvenes a combatir sus tensiones, tal vez pueda cancelar una reunión semanal de vez en cuando para que saquen un compromiso serio de su agenda. Una vez por mes cancelamos nuestro estudio bíblico y lo reemplazamos por una noche de diversión. Cada grupo escoge su propia versión de la diversión. No solo ese tiempo ayuda a aliviar la tensión a algunos jóvenes, sino que también edifica la comunión entre el grupo de estudio bíblico.

Desafíenlos espiritualmente

Cuando desarrollamos relaciones con los jóvenes, ganamos el derecho de ser escuchados en cuestiones espirituales. Así que, este es el tiempo principal para empezar a hablar acerca de Dios. Los adolescentes quieren entender a Dios y resolver cómo encaja él en su perspectiva mundial. Mientras que el decaimiento moral del mundo va aumentando, los adolescentes buscan respuestas con mayor ansiedad.

> **Mientras que el decaimiento moral del mundo va aumentando, los adolescentes buscan respuestas con mayor ansiedad.**

Cuando hable con los jóvenes, no tema preguntarles cómo andan en su relación con Dios. Con audacia pregunte a los jóvenes del grupo pequeño si leen la Biblia. Los jóvenes comprenden que usted quiere que conozcan a Dios, y no se sentirán agobiados por preguntas relacionadas a su fe. No importa dónde estén en su compromiso, se pueden motivar y preparar para dar pasos más grandes en las cosas de Dios. Cuando lo hagan, celebre cada paso de avance.

Pregunté recientemente a un típico joven de la multitud si oraba. Me contestó: «Realmente no, nunca sé qué decirle a Dios.» Le dije algo así: «Sí, a mí también me ha pasado eso. A veces tampoco sé qué decirle. Tal vez puedas hablar con Dios como si fuese un amigo sentado a tu lado. ¿Por qué no tratas de hablar con Dios todos los días, por lo menos treinta segundos, y la próxima semana yo te preguntaré cómo te va? ¿Está bien? Cuánto más lo hagas, más normal te parecerá.» Como ve, un desafío espiritual se convierte en una parte natural de una conversación relacional.

2. Los programas necesitan una fuente fresca de ideas

Como obrero de jóvenes, probablemente le encantan las ideas creativas y nuevas que puede usar para complementar sus programas. Una vez que sabe lo que quiere (satisfacer los cinco propósitos), y a quién quiere alcanzar (la audiencia potencial), las nuevas ideas lo ayudarán a crear programas más eficaces. Pero sin los propósitos ni la audiencia potencial, las ideas son vacías y no tienen fundamento.

> **Sin los propósitos ni la audiencia potencial, las ideas son vacías y no tienen fundamento.**

Para crear programas con propósito, siempre es útil tener recursos para ideas. Aquí hay tres formas de encontrar más ideas de las que jamás necesitará.

Biblioteca de ideas

Desde 1969 *Youth Specialties* [Especialidades juveniles] publica libros llenos de *ideas* probadas en el ministerio. Estos libros extraordinarios están escritos por obreros creativos que quieren contar sus éxitos. Más de 3.500 ideas se clasifican bajo categorías tales como juegos, acontecimientos especiales, discusiones importantes, dramas, rompehielos, publicidad, adoración, campamentos, misiones, actividades para alcanzar a otros, juegos creativos de enseñanza, recaudar dinero, búsquedas, padres, estudios bíblicos, comunicación creativa y liderazgo estudiantil.[1]

Si no tiene un juego de libros *Ideas*, quizá este debe ser su próxima inversión primaria. Cuando obtenga los libros, mírelos a través del filtro de los cinco propósitos. Por ejemplo, si una idea lo ayudará a cumplir el propósito de la evangelización, valdrá la pena anotarla. Cuando leo los volúmenes, marco el material que encuentro útil o interesante y hago una fotocopia. Después clasifico las ideas en uno de estos siete archivos: (1) evangelización, (2) adoración, (3) comunión, (4) discipulado, (5) ministerio, (6) padres/familia, o (7) liderazgo.

La esencia de programar creativamente es simplemente su habilidad de encontrar una idea y adaptarla a su situación. Hasta una idea mala puede provocar un nuevo pensamiento. No se sienta presionado por usar solo conceptos originales. He conocido a muchos obreros de jóvenes que eran creativos pero no eran eficiente. Si tuviera que colocar una prioridad entre la creatividad y la eficiencia, escogería la segunda.

Listas de correo del ministerio para jóvenes

Coloque el nombre de su ministerio y la dirección (no su número de teléfono) en cada lista de correo de ministerios para jóvenes que pueda. Muy pronto recibirá tanta propaganda que, además de llenar su cesto de basura, tendrá algunos materiales buenos. Aunque lo del correo no me dé una idea para mi programa, quizá me muestre un modelo de un diseño gráfico.

Navegue por la internet

Es sorprendente ver cuántas ideas para el ministerio de jóvenes flotan en el espacio cibernético. Casi cada vez que tengo acceso a la Internet, encuentro sitios nuevos del ministerio para la juventud llenos de ideas magníficas. Usted puede ver mi página de internet (www.dougfields.com) donde mantengo una lista al día de direcciones para el ministerio de jóvenes.

3. Además de una personalidad, los programas necesitan poder

Un ministerio saludable con la juventud además de la personalidad de un líder, debe ser poderoso. Si un líder con personalidad carismática deja que el ministerio se construya sin una base fuerte de liderazgo adicional, pronto decaerá. Sus programas del ministerio para la juventud solo serán tan fuertes como su equipo de apoyo.

Todos hemos oído que los gerentes con éxito «trabajan lo suficiente como para perder su trabajo». ¡Bueno, me gusta mi trabajo! Aunque no quiero trabajar lo suficiente como para perder mi trabajo, quiero que los demás conozcan los aspectos importantes de mi trabajo para yo poder reforzar las partes débiles del ministerio o invertir tiempo donde soy más eficaz. Tres acciones que podemos tomar para llegar a ser líderes más saludables son, distribuir la responsabilidad, planificar las ausencias y capacitar a los sucesores.

Distribuir la responsabilidad

Me cansé de la palabra *delegar* porque se ha convertido en un sinónimo de *descargar*. Delegar a menudo comunica: «No tengo tiempo de hacer algo yo mismo, así que te lo descargaré». A nadie le gusta que le descarguen. Un mejor concepto es *integración*, que comunica: «Quiero ayudarlo a participar en la vida del ministerio. Hagamos esta tarea juntos, con la idea de que no necesitará mi ayuda la próxima vez; será capaz de hacerlo solo.» Si no divide la carga del trabajo, dañará la base de su ministerio y apagará la posibilidad de tener obreros que expresen sus dones.

Planificar las ausencias

Para averiguar si su ministerio se basa en su personalidad, planée una ausencia espontánea. Confíele a uno de sus líderes que usted no dirigirá o no estará en cierto programa. Guíele un poco, pero dígale que va a estar solo. Si el programa no funciona, puede

Si no divide la carga del trabajo, dañará la base de su ministerio y apagará la posibilidad de tener obreros que expresen sus dones.

ser que usted tenga mucho de su personalidad en el programa. Si el programa funciona como estaba planeado, felicítese por desarrollar un equipo de líderes capaces que no dependen de usted, y felicite a sus líderes.

Prepare sucesores

Siento una pesada responsabilidad y el privilegio de guiar a líderes potenciales que podrían tomar mi lugar en Saddleback en caso de que el Señor «me llame a casa» o me ordene servir en otra parte. Una de las satisfacciones más profundas en mi ministerio es ver el desarrollo espiritual y de liderazgo de los ungidos para este ministerio a quienes he ayudado a capacitar. No ha vivido completamente hasta que vea este fruto de su trabajo y de la guía amorosa de Dios.

4. Los programas necesitan un sistema progresivo para conservar los resultados

Si Dios le confió el liderazgo de los jóvenes, asegúrese de saber cuándo están ausentes porque la presencia física a menudo es una indicación de su condición espiritual. Proverbios 27:23 dice: «Asegúrate de saber cómo están tus rebaños, cuida mucho de tus ovejas.»

Si le dice a los jóvenes que quiere que piensen en su ministerio para jóvenes como el «hogar fuera del hogar», necesita respaldar sus palabras con un sistema de conservación de los resultados. Si uno de mis tres hijos faltara a la casa durante solo una noche, desesperado se lo notificaría a la policía y lo buscaría. Dos preguntas para conservar los resultados podrían ser: ¿Sabe cuándo un joven está ausente? ¿Si falta un joven, hace algo al respecto?

Cuanto más grande llega a ser su ministerio, tanto más difícil se hace contestar estas preguntas. Esperamos que nuestros líderes de grupo pequeño sigan atendiendo a los jóvenes específicos de sus grupos a escala de la congregación. Utilizamos una estrategia general de ayuda con los jóvenes de la multitud que no están en un grupo pequeño. A los jóvenes que por primera vez asisten a nuestra iglesia los invitamos a llenar una tarjeta de información. Entonces su nombre se escribe en una lista de asistencia. Una copia revisada de esta lista se pone en cada mesa durante nuestro culto de adoración de fin de semana (programa de la multitud). Cuando los jóvenes se sientan, buscan su nombre en la lista y le hacen un círculo. Todos los lunes viene una de nuestras mamás voluntarias a la oficina de la iglesia y transfiere los nombres a una lista madre. Cada nombre tiene un código de barras asignado que ella entonces escanea en la computadora. El resultado se imprime y da la asistencia de cada joven. El joven que falta dos semanas consecutivas recibe una carta breve, escrita a mano, de un miembro del equipo. Un joven que falte tres semanas seguidas recibe una llamada telefónica de uno de nuestros líderes juveniles.

Si su equipo no está establecido para escanear un código de barras (el mío jamás lo estuvo antes de Saddleback), puede usar una lista del directorio. Los jóvenes que asisten llenan tarjetas de información, y entonces compile una lista del directorio. Cada semana invierta unos pocos minutos simplemente para examinar los nombres, ver quién falta y reaccionar de acuerdo a la necesidad. A medida que aumente su ministerio, necesitará descubrir un método más eficaz.

5. Los programas necesitan aclarar su propósito y audiencia potencial

Dentro de un ministerio saludable con los jóvenes, nunca debe existir duda alguna en cuanto a por qué existen sus programas. Usted debe saber qué propósito primario cumplen sus programas, para quién están pensados, y lo que generalmente sucede en cada programa. (Véase el Apéndice D para una vista general de cada programa y sus valores clave.)

Cuando escriba esta información, brindará a su iglesia el «cuadro general» de su ministerio con la juventud. Si sus programas cambian, ponga al día la información y entréguela a su pastor y también a los voluntarios del ministerio, a los padres y jóvenes. Sus obreros son la sangre de la vida del ministerio, y mientras mejor informados estén, mejor lo apoyarán. A menudo la gente no apoya los ministerios porque simplemente les falta información.

HÁGALO PERSONAL

1. ¿En una escala del 1 al 10, qué calificación daría a su ministerio en el desarrollo de relaciones con los jóvenes? ¿Qué ejemplos apoyan su calificación?

2. ¿Cuáles han sido algunas de sus experiencias favoritas al relacionarse con los jóvenes?

3. Después de ganarse el derecho de ser escuchado (por las relaciones con los jóvenes), ¿cómo desafía a los jóvenes espiritualmente?

4. ¿Depende alguno de sus programas de una personalidad? Si ese es el caso, ¿qué programa y qué personalidades? ¿Qué curso de acción se puede tomar para ayudar a reforzar el programa y disminuir el papel de la personalidad?

5. ¿Cómo sabe si un asistente regular está ausente por unas semanas? Si un estudiante es un asistente irregular, ¿cómo sabe si falta? ¿Tiene un plan sólido de seguimiento para comunicarse con los jóvenes que faltan?

6. Nombre algunos jóvenes en su ministerio que estén desconectados y necesitan de una relación.

7. ¿Qué puede hacer para ser más agresivo en seguir las relaciones con los jóvenes que no están conectados?

8. ¿Tiene una descripción corta y escrita de todos sus programas?

NOTAS

1 Puede solicitar el conjunto de los libros *Ideas* escribiendo a *Youth Specialties*, 1224 Greenfield Drive, El Cajon, CA 92021, o lo puede obtener conmigo en *Making Young Lives Count* (véase la página 431).

Quinto componente

PROCESO

DOCE

Use un proceso visual para comunicar su plan espiritual de crecimiento

Imagínese que lo hayan dejado en medio de un desierto y lo desafíen a caminar hasta su casa. Le dieron algunos accesorios, un mapa y una brújula. Sería imposible caminar directamente hasta su casa sin parar: el viaje es demasiado largo. Usted estudia el mapa y encuentra lugares para comer, descansar y prepararse para la próxima jornada. Una vez establecida la ruta, se dirige a su casa. No es un viaje fácil, pero puede imaginar el fin. Cada día está lleno de aventuras que son experiencias de aprendizaje. Finalmente llega a su casa.

Uso esta ilustración para explicar cómo un proceso visual actúa como un mapa para ayudar a los jóvenes a llegar a casa, es decir, a la madurez espiritual. Al trazar sus programas, que representan los lugares de descanso en el viaje de los jóvenes hacia el hogar, usted comunica lógica y visualmente la ruta de crecimiento espiritual. Viajar en el desierto no era fácil, ni tampoco el viaje espiritual es fácil, pero es posible visualizar el final del viaje.

Antes de entrar en este capítulo, hagamos una revisión rápida de los componentes dos, tres y cuatro. Los propósitos de Dios expresados mediante una declaración de propósito revelan *por qué* su ministerio existe (el componente dos), la audiencia potencial define *a quién* quiere alcanzar (el componente tres) y los programas determinan *cómo* procurará alcanzar a su audiencia y cumplir un propósito (el componente cuatro). Un proceso (el componente cinco) lo ayudará a comunicar *dónde* quiere que sus jóvenes vayan en su sendero espiritual de la madurez.

En la Iglesia Saddleback usamos los círculos de compromiso (véase el capítulo 5) para definir nuestra audiencia potencial, y usamos un diamante de béisbol como nuestro proceso para ayudar a comunicar la secuencia de nuestros programas y plan para el crecimiento espiritual.

Una vistazo general al proceso de Saddleback

Si un proceso ilustra el sendero hacia el crecimiento espiritual, basándose en lo que leyó, tal vez esté pensando: «¿No son los círculos un proceso? ¿No los usan ustedes para mostrar su plan para pasar a los jóvenes de la comunidad al centro, y del centro a alcanzar a la comunidad?» Esa es una buena pregunta.

Aunque los círculos sirvan como un proceso, en Saddleback escogimos el diamante de béisbol como una manera sencilla y universal para comunicar el movimiento. Representa un proceso muy familiar. Casi todos entienden que el diamante es un sendero que siguen los corredores para anotarse una carrera. En nuestro ministerio, los jóvenes son los corredores, y nosotros los entrenamos para seguir nuestros programas por el camino de las bases. Comunicamos que queremos pasar a los jóvenes de espectadores de la comunidad en la tribuna, a ser corredores que estén pasando alrededor de las bases, hasta ser jóvenes del centro, llegando a la base principal. Igual que en el béisbol, no se hace una carrera si dejamos corredores en el camino, así que desafiamos a los jóvenes a correr por el premio (Fil 3:14), ayudándolos a deshacerse de todos los impedimentos (Heb 12:1-2).

Este proceso del diamante de béisbol también está alineado con los cinco círculos del compromiso. La figura 12.1 muestra la ubicación de la audiencia potencial cuando los círculos y el diamante se combinan.

Para los jóvenes, un proceso sirve como un mapa espiritual de crecimiento que ellos pueden seguir. Al conectar un programa con un punto del proceso, los jóvenes pueden ver fácilmente dónde

están situados en la estrategia para el crecimiento del ministerio con los jóvenes (véase la fig. 12.2). Es como mirar un mapa del centro comercial y encontrar el punto que dice: «usted está aquí». Cuando los jóvenes ven dónde están en el proceso espiritual del crecimiento, se pueden desafiar a tomar el próximo paso y asistir a un programa diseñado en secuencia para profundizar su fe. Cuando los jóvenes reconocen que usted quiere producir seguidores de Cristo, comprenden que no anotarán puntos si permanecen en la segunda base.

Fig. 12.1

Los programas primarios discutidos en los capítulos 6-10 se trazaron en el diamante de béisbol (véase la fig. 12.2). Al ver los programas primarios alrededor del diamante de béisbol, nótese que los jóvenes pueden incorporarse al proceso donde quieran. No se les requiere comenzar en el culto de adoración de fin de semana para seguir su camino alrededor de las bases. La mayoría de los jóvenes entran a nuestro ministerio a través de los cultos de adoración de fin de semana, porque generalmente vienen invitados por un amigo que ha participado en nuestro desafío de evangelización entre amigos, pero no tienen que comenzar allí.

Herramientas del discipulado

Grupos pequeños de estudio bíblico por área

Liderazgo juvenil

Servicios de adoración de fin de semana

Desafío de evangelización entre amigos

Comunidad

Fig. 12.2

Una mirada detallada al proceso de Saddleback

Programas Secundarios: Diseñados por necesidades

Además de nuestros cinco programas primarios, hemos diseñado otros trece programas que ayudan a pasar jóvenes alrededor de las bases. Llamamos a estos programas nuestros *programas secundarios.* Cada uno de estos se diseña para cumplir uno de los cinco propósitos *y* se dirige a una de las cinco audiencias potenciales: igual que nuestros programas primarios.

Para que usted tenga un panorama completo de todo nuestro proceso de pasar a los jóvenes alrededor de las bases, necesito explicarle nuestros programas secundarios. Estos programas secundarios no reciben tanta atención como los cinco programas primarios, por tres razones: no se realizan tan a menudo, no alcanzan a tantos jóvenes, y como en nuestro ministerio no todo puede ser primario, tampoco reciben tanto tiempo, ni publicidad, ni tantos materiales. No son malos programas (no los tendríamos si lo fuesen), pero están un paso atrás de nuestros cinco programas primarios.

Uno de los factores clave en todos nuestros programas secundarios es que alcanzan las necesidades específicas de nuestra audiencia potencial, que los programas primarios no alcanzan. Por ejemplo, nuestro culto de adoración de fin de semana se dirige al joven de la multitud, pero debido a que nuestra multitud ha crecido tanto, necesitamos crear un programa secundario más pequeño para alcanzar al estudiante de la multitud que se siente intimidado por un grupo grande. Una respuesta a esta necesidad llegó a ser un programa secundario que llamamos «Cena para diez», sobre el cual leerá pronto.

Organizamos todos los programas, tanto primarios como secundarios, alrededor del diamante de béisbol para comunicar el proceso

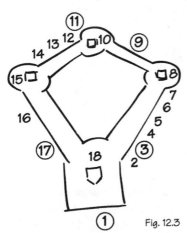

Fig. 12.3

para el crecimiento espiritual (véase la fig. 12.3 y también el Apéndice D para una vista general de todos nuestros programas y los propósitos que cumplen).

1. Desafío de la evangelización entre amigos
   (véase el capítulo 6)
2. Programas de la Gran noche
3. Cultos de adoración de fin de semana
   (véase el capítulo 7)
4. Clase de nuevos creyentes
5. Cena para diez
6. JET: Jóvenes en tentación
7. Equipos de ministerio
8. Clase 101
9. Estudio bíblico de grupos pequeños por áreas
   (véase el capítulo 8)
10. Clase 201
11. Herramientas del discipulado (véase el capítulo 9)
    • Diario devocional
    • S.R.Cinco
    • Tesoros escondidos
    • Trabajos de raíz
    • Banco de bendiciones
12. Alabanza y adoración
13. Misiones mensuales
14. Instituto bíblico
15. Clase 301
16. Líder del equipo de ministerio
17. Liderazgo juvenil (véase el capítulo 10)
18. Clase 401

Gracias por acompañarnos en esta noche de graduación

¿POR QUÉ hacer esta fiesta?

Hay una RESPUESTA

¡Porque nos interesas TÚ, TU VIDA y DIOS!

- ◆ **Tú** ... como persona
- ◆ **Tu vida** ... como un viaje
- ◆ **Dios** ... como el creador de ambos

Todos están buscando **Vida** y **satisfacción personal**

MUCHAS personas creen que esta **VIDA Y SATISFACCIÓN** se encuentra en ◆

- ◆ relaciones
- ◆ sexo
- ◆ alcohol
- ◆ fiestas

Lo que quieras... la gente **lo ha probado todo** buscando la vida. Las respuestas que encuentran solo traen una satisfacción **temporal**.

◆ En la Iglesia Saddleback tratamos de ayudar a **LOS JÓVENES a APODERARSE** de:

1. **DIOS** nos ama y quiere que **DISFRUTEMOS** una relación personal con **ÉL.**
2. **RELACIONARNOS** con Dios es **POSIBLE.**
3. Los **caminos de DIOS** realmente guían a la **VIDA.**

Jesús dijo:

«El ladrón no viene más que a robar, matar y destruir; yo he venido para que tengan vida, y la tengan en abundancia» *Juan 10:10.*

◆ Si no estás unido a una iglesia y te interesa... nos **ENCANTARÁ** que te **REÚNAS** con el grupo de jóvenes. Tenemos tres servicios de música a los que puedes **ASISTIR:**

Sábado: 5 p.m. Domingo: 8:45 a.m. Domingo: 11 a.m.

◆ Todos los fines de semana tenemos jóvenes se reúnen para asistir a un programa que incluye una gran banda, videos cómicos y juegos, dramas entretenidos, un mensaje de esperanza para la vida. Buscanos en el salón 404 este fin de semana, llámanos si tienes alguna pregunta.

Fig. 12.4

Una breve descripción de cada uno de nuestros programas secundarios es la siguiente.

1. Desafío de evangelización entre amigos
Véase una descripción en el capítulo seis.

2. Programas de la Gran Noche
Una de las mejores maneras de complementar el desafío de evangelización entre amigos y alcanzar a los jóvenes de la comunidad, es ayudar a su comunidad durante ese tiempo en que los adolescentes, por lo general, necesitan un lugar adónde ir. Les llamo Gran Noche y son ocasiones como Año Nuevo, noche de gala de la escuela, noche de graduación y *Halloween* o noche de brujas (cualquier noche en que los jóvenes de la comunidad estén buscando una fiesta). La iglesia puede brindar un ministerio magnífico a la comunidad patrocinando un programa que atraiga al inconverso de las fiestas mundanas o problemáticas a un lugar divertido y seguro.

La Gran Noche es la alternativa perfecta para nuestros jóvenes regulares que tienen dificultad en traer a jóvenes de la comunidad al programa de la multitud (véase en el capítulo seis, el paso dos en nuestro desafío de cinco pasos de evangelización entre amigos), en el que presentamos el evangelio. A través de los años he recibido la crítica de otros obreros de jóvenes porque no predicamos el evangelio en todos nuestros programas de la comunidad. Admito la crítica porque entiendo el gran cuadro de lo que queremos hacer con el programa de la Gran Noche. Estas noches no representan nuestra estrategia primaria de evangelización. La evangelización entre amigos a través de nuestros jóvenes regulares es nuestra estrategia de evangelización. (En la fig. 12.4 véase una muestra del folleto que damos a los chicos que vienen a la Gran Noche.)

Todos los niveles de jóvenes tratan de tener tres programas de la comunidad durante el año. Hacen algo para la víspera de Año Nuevo, durante la temporada de graduación y ocasionalmente en la noche de brujas. El ministerio para los más jóvenes alquila todo un parque de diversiones acuáticas para celebrar la graduación. Los de secundaria transforman la propiedad de la iglesia en un tipo de carnaval para celebrar la noche de graduación en un lugar seguro donde tener una fiesta. ¡Por unos pocos dólares los jóvenes disfrutan de una noche con comida, tienen un lugar donde estar, hacen cortes de pelo gratis (para divertirnos) y juegos locos (luchas japonesas «sumo» en trajes inflables, saltar a la pared con Velcro, una modificación del salto Bungi (para cobardes) y cualquier otra cosa que podamos alquilar que sea atractiva, divertida y ¡que nuestro seguro cubra!

Si sus recursos son limitados, puede usar estas noches de diversión como oportunidades para combinar gastos con otros ministerios para jóvenes de otras iglesias. Al combinar con otros ministerios no solo tendrá más recursos para crear un programa atractivo para los jóvenes de la comunidad, sino que además brindará una oportunidad magnífica para unificar el cuerpo de Cristo e influir en la comunidad. Recuerde, nunca debe haber algún tipo de competencia dentro del cuerpo. Sobreabundan los adolescentes inconversos sin una iglesia que puedan llamar su hogar.

3. Culto de adoración de fin de semana
Véase una descripción en el capítulo 7

4. Clase de nuevos creyentes (Discipulado)
Una vez al mes tenemos una clase para creyentes nuevos que cubre parte básica de la fe. El curso para el creyente nuevo tiene seis sesiones, enseñamos una sesión por mes, e invitamos a los nuevos cristianos a volver para las otras cinco clases. Uno de nuestros voluntarios, con un corazón especial para nuevos creyentes, da estas clases. Enseña un poco, contesta preguntas, y ayuda a los jóvenes a tomar algunos pasos fundamentales en la dirección correcta. Consideramos que estas clases complementan nuestros cultos de fin de semana y los estudios bíblicos de mediados de semana. También tenemos estas clases en forma de cuaderno para que los jóvenes las hagan solos y luego charlen en sus grupos pequeños.

5. Cena para diez (Compañerismo)
A la Cena para diez invitamos a cenar en mi casa a los jóvenes de

la multitud que solo están de visita o no se sienten relacionados con el grupo. Antes servíamos pizza hasta que uno de nuestros jóvenes del centro comenzó un ministerio de cocina. Ahora la comida incluye una lasagna deliciosa servida en platos desechables. El domingo de 4 a 5:30 de la tarde comemos juntos, contamos historias, y los ayudamos a relacionarse. Además de orar antes de la comida, no hay nada muy espiritual en el programa.

Esta es una perfecta oportunidad para que algunos de nuestros nuevos voluntarios conozcan a los jóvenes que buscan desesperadamente a alguien que se interese en ellos. Cuánto más grande llegue a ser su ministerio, tanto más necesitará este tipo de relación en grupos pequeños.

6. JET: Jóvenes en tentación (Compañerismo)

Esta es una reunión semanal para jóvenes que luchan con todo tipo de tentaciones, a menudo relacionadas con el abuso de sustancias químicas. Nuestra iglesia tiene un fuerte programa cristiano de recuperación dirigido por líderes voluntarios entusiastas que han traído el concepto de la recuperación al nivel del joven. Además de animar a los jóvenes que están luchando con sus adicciones, no tengo mucho que ver con este programa. Por lo general, los jóvenes que asisten al JET son los que no eligen participar en ninguna otra parte de nuestro ministerio. A menudo este grupo representa toda su experiencia en el ministerio para jóvenes.

7. Equipos de ministerio (Ministerio)

Cualquier estudiante puede unirse a un equipo de ministerio en cualquier momento. Cada equipo está supervisado por un líder juvenil del equipo de ministerio. Actualmente tenemos veintinueve equipos de ministerio sirviendo a otros de alguna forma.

• arte	• misiones
• audio	• bicicletas de montaña
• banda	• trabajo de oficina
• cuidado de niños	• fotografía
• transición de iglesia grande	• oración

- campamentos
- apoyo a los cancerosos
- cocina
- computación
- drama
- motivación
- recibimiento
- transición de los nuevos
- chaquetas de Jesús
- comida para los necesitados

- reciclaje
- lenguaje de señas
- cantantes
- patinaje
- maestros de niños para Escuela Dominical
- surfear
- vídeo
- preparativos del fin de semana
- ayuda mundial de zapatos

Algunos de los equipos de ministerio, como drama, se reúnen semanalmente (sábado por la mañana), mientras que otros se reúnen cuando necesitan preparar un programa o tarea, como el equipo de campamentos antes de un viaje. Estos equipos ofrecen una manera divertida y fácil de involucrar a los jóvenes. Sinceramente, no todos estos equipos son máquinas silenciosas en marcha. Algunos funcionan solos y otros necesitan chequeos rutinarios. Algunos de ellos tienen supervisión adulta, mientras que nuestros jóvenes del centro dirigen otros.

8. Clase 101 (Compañerismo)

Esta es nuestra clase de membresía y una de cuatro clases en nuestro proceso de desarrollo de la vida. Realmente es la versión juvenil de nuestra clase de membresía de la iglesia. Durante esta clase enseñamos lo básico de la salvación y las creencias de nuestra iglesia. Explicamos los cinco propósitos, los programas y cómo un miembro puede apoyar nuestro ministerio. Al final de la clase, damos a los jóvenes la oportunidad de comprometerse para ser miembro de nuestra iglesia.

Creamos la Clase 101 para que fuera nuestra puerta oficial del nivel de compromiso de la multitud al nivel de la congregación. No es obligatorio que los jóvenes tomen esta clase antes de asistir a un estudio bíblico por área, pero siempre los animamos a tomarlo.

Las páginas 244-246 dan un repaso general de las cuatro clases que ofrecemos y su utilidad como señaladores de compromiso.

9. Estudio bíblico de grupos pequeños por área
Véase una descripción en el capítulo ocho.

10. Clase 201 (Discipulado)
Después que los jóvenes asisten a la Clase 101, ofrecemos la Clase 201, que se concentra en los hábitos que los cristianos necesitan para desarrollar su fe. Durante esta clase enseñamos los hábitos que se explicaron en el capítulo nueve. Al final de la clase, se brinda a los jóvenes la oportunidad para comprometerse con los hábitos del crecimiento espiritual y se dan algunas de las herramientas que los ayudarán a crecer.

(Los jóvenes de la congregación se pueden trasladar al nivel de dedicados, simplemente pidiendo las herramientas de discipulado que proveemos a los jóvenes dedicados. Los alentamos a pasar por nuestra puerta *oficial*, la Clase 201, al nivel de dedicados, pero igual que la Clase 101, tampoco es obligatoria.)

11. Herramientas del discipulado
Véase una descripción en el capítulo nueve.

12. Alabanza y adoración (Adoración)
Además de nuestros cultos de adoración de fin de semana (multitud) y nuestro estudio de la Biblia a mediados de semana con los grupos pequeños (congregación), la alabanza y la adoración es nuestro único otro programa semanal. Cada domingo por la noche de seis a siete de la noche tenemos un programa en el que solo nos dedicamos a honrar a Dios a través de la alabanza y la oración. No se promueve demasiado, pero asisten muchos jóvenes dedicados que quieren expresarse a Dios durante un tiempo más extenso para cantar. Ya que nuestro tiempo de cantos está limitado a los cultos de adoración de fin de semana y que no cantamos en el estudio bíblico, algunos jóvenes tienen hambre de adorar más tiempo

cantando. Durante la alabanza y la adoración se da un pensamiento breve o desafío de las Escrituras, pero el énfasis principal es cantar.

Celebramos este culto los domingos por la tarde para que nuestros jóvenes no estén fuera de casa hasta tarde durante dos noches a la semana (la otra noche es el estudio bíblico de grupos pequeños). Si los jóvenes solo pueden estar fuera de casa una noche por semana, les pedimos que asistan fielmente a su estudio bíblico del grupo pequeño pero que vengan a la alabanza y adoración cuando puedan. El último domingo de cada mes celebramos un culto de alabanza y adoración para la familia, al que invitamos a las familias de los jóvenes miembros.

13. Misiones mensuales (Ministerio)

Mensualmente dirigimos algún tipo de proyecto misionero, formal o informal, en nuestra comunidad o en Méjico, que está cerca. Si no hacemos un viaje misionero a Méjico, participamos en dos ministerios que los jóvenes dirigen: Ayuda mundial de zapatos y Chaquetas para Jesús. En cualquier época los jóvenes traen zapatos y chaquetas usadas a la iglesia y nuestros equipos de ministerio de jóvenes organizan fiestas ocasionales de zapatos y chaquetas, durante las cuales los jóvenes limpian, separan, ponen cordones a los zapatos y también arreglan las chaquetas. Luego llevan estos artículos a refugios donde va la gente sin hogar o los mandan a una organización de misiones. A menudo, un grupo pequeño de estudio bíblico por área será el anfitrión de una fiesta de zapatos o chaquetas como un proyecto del grupo.

Aunque la mayor parte de nuestras oportunidades de misiones se reservan para los jóvenes dedicados, llevamos a cualquier estudiante a una experiencia de misiones sin tomar en cuenta qué tipo de compromiso espiritual tiene. Si antes de salir los jóvenes no están dedicados, generalmente lo están cuando vuelven.

Algunas de nuestras oportunidades misioneras demandan más que otras. Las pruebas de servicio más fáciles son nuestros días de misiones locales. También planificamos los grupos de trabajo en Méjico dos veces al año, lo cual requiere un grado más fuerte de interés. Una vez al año viajamos a un país del tercer mundo (generalmente Haití). Nos encantaría que todos los jóvenes fueran a Haití y sirvieran dos semanas, pero la mayoría de ellos primero necesita experimentar las responsabilidades de un viaje local de un día.

14. Instituto bíblico (Discipulado)

Creamos el Instituto bíblico para ofrecer a nuestros jóvenes dedicados una educación más profunda. Una vez al mes damos una clase de tres horas de Biblia, teología o apologética. Tenemos veinticuatro clases con esos tres títulos principales.

En las clases de Biblia damos un repaso general de todos los libros y pasajes principales de la Biblia:

Introducción a la Biblia
Repaso general del Antiguo Testamento
El Pentateuco
Los libros de historia
La poesía y la literatura de sabiduría
Los profetas y profecía
Repaso general del Nuevo Testamento
Vida y enseñanzas de Jesús
Libro de los Hechos
Epístolas de Pablo
Epístolas generales
Hermenéutica

En cuanto a teología, enseñamos seis clases:

Introducción a la teología
El bien contra el mal / el cielo contra el infierno
Resurrección
Pecado, salvación y santificación
La iglesia
Escatología

En apologética (defensa de la fe) estudiamos la verdad que ayudará a los jóvenes a decir a otros por qué creen lo que creen. Las clases incluyen:

Introducción a la apologética
Autoridad y autenticidad de la Biblia
Creación y evolución
Mormonismo
Sectas
Evangelización avanzada

15. Clase 301 (Ministerio)

Después que los jóvenes toman las clases 101 y 201, toman la Clase 301, en la que los ayudamos a identificar sus dones espirituales, sus temperamentos, y sus talentos para ver cómo Dios los ha formado para ministrar. Esta es la clase que deben tomar si quieren comenzar su propio ministerio en nuestra iglesia. Cualquiera puede unirse a un equipo de ministerio, pero si los jóvenes quieren comenzar un ministerio, primero los ayudamos a identificar su PERFIL personal (Apéndice E, véase el capítulo diez). La clase 301 es también un requisito para el liderazgo estudiantil.

16. Líder del equipo de ministerio

Cuando los jóvenes completan la Clase 301 y llenan su PERFIL (véase el capítulo 10), generalmente comienzan un ministerio o llegan a ser líderes de un ministerio existente. Esta designación se basó en la necesidad de ayudarnos a supervisar y cuidar de nuestros crecientes equipos de ministerio. Los líderes de equipos de ministerio son jóvenes del centro que, por cualquier razón, no forman parte de nuestro equipo de liderazgo estudiantil. La responsabilidad principal de un líder de equipo de ministerio es asegurase de que el equipo de ministerio funcione y que los otros jóvenes del equipo estén cuidados. Estos líderes también llegan a ser el enlace para la comunicación entre los jóvenes en equipos de ministerio (véase el número siete) y nuestro liderazgo adulto. Por ejemplo, cuando uno de los líderes adultos quiere saber qué pasa dentro de un equipo de ministerio o necesita acceso a un ministerio, nos comunicamos con un líder del equipo de ministerio, que a su vez nos informará. Muchos de nuestros jóvenes de calidad que no tienen el tiempo o el deseo de estar en el liderazgo estudiantil son líderes de equipos de ministerio. Como con el liderazgo juvenil, los líderes en nuestro ministerio toman el papel de siervos.

17. Liderazgo estudiantil

Véase una descripción en el capítulo diez.

18. Clase 401

Esta es la última parada en nuestro proceso. En esta clase comenzamos por revisar todo lo básico de las otras tres clases (101, 201, 301). Damos a los jóvenes algunas herramientas prácticas para escribir una declaración de la misión de vida que caracterizará su andar con Cristo, así como también su llamado para hacer una diferencia en el mundo. La mayor parte de los jóvenes que toman la Clase 401 ha hecho ya un compromiso con el desafío de evangelización entre amigos en un momento de su vida, por lo tanto, nosotros enfocamos la mayor parte del tiempo de la enseñanza en entender las misiones mundiales, las necesidades y oportunidades para viajes misioneros. Al fin de la clase se da a los jóvenes una oportunidad de comprometerse con uno de los extensos viajes misioneros que nuestra iglesia ofrece. La mayor parte de los jóvenes que completa la Clase 401 no tienen una actitud de «he llegado» con respecto a nuestro proceso espiritual de crecimiento. Son jóvenes que están ansiosos por involucrar a otros jóvenes de la comunidad en el ministerio y ayudar a sus amigos en el proceso.

Después de haber leído las descripciones de estos programas secundarios, quiero que tenga presente que celebramos nueve programas en un mismo día, una vez al mes. No hacemos todos estos programas semanalmente. Además, preparar estos programas secundarios tampoco toma mucho esfuerzo, pero llegan a ser una parte instrumental de nuestra estrategia para trasladar a los jóvenes de la comunidad al centro. Lo que sigue es una muestra de nuestros horarios, una vez al mes, del «superdomingo».

ALCANZAR
«Id y haced discípulos»
Evangelización
(misión)

RELACIONAR
«Bautizándolos»
Compañerismo
(membresía)

DESARROLLO
«Enseñándolos»
Discipulado
(madurez)

DESCUBRIR
«Ama a tu prójimo»
Ministerio
(ministrar)

HONRAR
«Ama al Señor tu Dios»
Adoración
(magnificación)

EL GRAN MANDAMIENTO

«"Ama al Señor tu Dios con todo tu corazón, con todo tu ser y con toda tu mente", le respondió Jesús. Éste es el primero y el más importante de los mandamientos. El segundo se parece a éste: "Ama a tu prójimo como a ti mismo". De estos dos mandamientos dependen toda la ley y los profetas»
Mateo 22.37-40.

LA GRAN COMISIÓN

«Por tanto, vayan y hagan discípulos de todas las naciones, bautizándolos en el nombre del Padre y del Hijo y del Espíritu Santo, enseñándoles a obedecer todo lo que les he mandado a ustedes. Y les aseguro que estaré con ustedes siempre, hasta el fin del mundo»
Mateo 28.19-20.

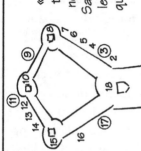

1. **Evangelización entre amigos**
2. Programas de la Gran noche
3. **Cultos de Adoración de fin de semana**
4. Clase de nuevos creyentes
5. Cena para diez
6. JET: Jóvenes en tentación
7. Equipos de ministerio
8. Clase 101

9. **Estudio bíblico de Grupos Pequeños por áreas**
10. Clase 201
11. **Herramientas del Discipulado**
   Jornada del devocional
   S.R.Cinco
   Tesoros escondidos
   Banco de bendiciones
   Trabajos de raíz

12. Alabanza y la adoración
13. Misiones mensuales
14. Instituto bíblico
15. Clase 301
16. Líder del equipo de ministerio
17. **Liderazgo juvenil** (*véase el capítulo 10*)
18. Clase 401

Fig. 12.5

Superdomingo

1:00-3:00 p.m.
- Clase de nuevos creyentes
- Clase 101
- Clase 201
- Clase 301
- Clase 401
- Reunión de liderazgo estudiantil

3:00-5:30 p.m.
- Instituto bíblico

4:00-5:30 p.m.
- Cena para diez

6:00-7:00 p.m.
- Alabanza y adoración para la familia

Qué hacer luego de tener un proceso

Un proceso guardado en un archivo no tiene valor. Necesitará tomar alguna acción estratégica de liderazgo para asegurar que la gente entienda su proceso.

Haga su proceso visible

Los jóvenes en su ministerio deben estar visualmente familiarizados con su proceso. No importa que use un diamante de béisbol, una serie de círculos concéntricos, una pirámide, un embudo, un armadillo, o una escalera, pero regularmente los jóvenes necesitan ver una imagen.

Todos nuestros jóvenes de la multitud han visto dicho proceso. No todos tienen interés ni lo entienden, pero lo ven cada semana. No solo está colgado en la pared de nuestra salón, sino que semanalmente aparece impreso detrás del bosquejo del mensaje (véase la fig. 12.5).

Identifique los puntos clave del proceso en los que pide dedicación

Las clases 101-401 se identifican como bases. Primera base es la 101, segunda es la 201, tercera base es la 301, y «Home» es la 401. Cuando las clases se destacan en el mapa del proceso, se parecerán a la figura 12.6. Estas cuatro clases sirven como los diferentes puntos dentro de nuestro proceso del ministerio para jóvenes, donde desafiamos a los jóvenes con varios compromisos de la vida.

Fig. 12.6

Los jóvenes solo necesitan tomar una clase a la vez, y las cuatro clases son opcionales. Pueden asistir a nuestros programas primarios sin tomar las clases (con la excepción del liderazgo estudiantil; los líderes juveniles deben tomar las clases 101 a 301 [véase el capítulo diez]). A continuación verá un bosquejo de las clases:[1]

Clases 101 hasta 401

Primera base: Clase 101

Qué enseñamos:

Nuestra salvación (Qué ha hecho Dios por nosotros)
- bautismo
- Cena del Señor
- lo que creemos

Nuestra declaración (Por qué existimos como una iglesia)
Nuestra estrategia (Cómo procuramos cumplir los propósitos)

Con cuáles desafíos queremos que los jóvenes se comprometan
- vivir en Cristo
- unirse a la iglesia (membresía)
- relacionarse con un grupo pequeño

Segunda base: Clase 201
Qué enseñamos
Madurez espiritual
Hábitos necesarios para el crecimiento espiritual
- devocional
- responsabilidad
- memorización de la Biblia
- participación en la iglesia
- diezmar
- estudio bíblico

Con cuáles desafíos queremos que los jóvenes se comprometan
- H.A.B.I.T.O. de la madurez
- usar nuestras herramientas del discipulado

Tercera base: Clase 301
Qué enseñamos
Cómo descubrir el PERFIL que Dios les dio
- dones espirituales
- corazón
- habilidades
- personalidad
- experiencias

Con cuáles desafíos queremos que los jóvenes se comprometan
- descubrir su ministerio
- comenzar a servir

«Home»: Clase 401
Qué enseñamos
- Desarrollo de una declaración de misión para la vida

- Desarrollo de una misión mundial (misiones)
- Desarrollo de una misión entre amigos (evangelización)

Con cuáles desafíos queremos que los jóvenes se comprometan
- Una experiencia misionera extensa
- Evangelización entre amigos

Ofrezca promociones apropiadas a través del proceso

Mientras planee sus programas, piense cómo alentará a sus jóvenes a seguir tomando los nuevos pasos. Por ejemplo, siempre promovemos la Clase 101 y el estudio bíblico de los grupos pequeños por área entre los jóvenes de la multitud que asisten a los cultos de fin de semana. Esos programas serían el próximo paso lógico para un estudiante que entra en nuestro proceso. No hay necesidad de que promovamos la Clase 301 a los jóvenes de la multitud, ya que ese no es el próximo paso para ellos.

Nos referimos a nuestro próximo paso como *Las promociones del portón*. Nos preguntamos: «¿Cómo abrimos el portón al próximo programa?» Por ejemplo, cuando tenemos un acontecimiento de la Gran Noche, necesitamos ofrecer una promoción de portón para estar seguros de que todo inconverso reciba un volante que lo invite a nuestros cultos de fin de semana (como el mencionado en la página 233, véase la fig. 12.4). En nuestros cultos de adoración de fin de semana, promovemos el estudio bíblico de los grupos pequeños. Y en ese estudio bíblico de grupos pequeños, promovemos nuestras herramientas de discipulado. A los que tienen las herramientas y han tomado las clases 101 a 301, los invitamos al liderazgo juvenil.

Reconozca que el proceso no siempre produce el producto

Un proceso no garantizará la madurez espiritual de los que lo completan. Es posible que un estudiante pase por el proceso y no tenga la profundidad espiritual que usted anticipó, porque los compromisos con programas no indican necesariamente crecimiento. Jesús encaró ese mismo asunto con los fariseos: sus pies siguieron un proceso, pero sus corazones no siguieron sus pasos. Necesitamos

¿QUIÉNES serán nuestro blanco? Audiencia potencial	¿CUÁL es nuestro prpósito? Propósito primario	¿CÓMO vamos a lograrlo? Programa primario	¿CÓMO vamos a ayudar el movimiento? Programas secundarios
Comunidad	Evangelización	Evangelizar por amistad	Programas de la Gran Noche
Multitud	Adoración	Cultos de fin de semana	Programas especiales Equipos de ministerio Cena para diez Jóvenes en tentación Estudio para nuevos creyentes Clase 101
Congregación	Compañerismo	Estudios bíblicos de grupos pequeños por área a mediados de semana	Clase 201
Dedicados	Discipulado Ministerio	Herramientas de discipulado personal • Jornada devocional • S.R.Cinco • Tesoros escondidos • Banco de bendiciones • Trabajo de raíz	Alabanza y adoración Instituto bíblico Misiones mensuales Clase 301
Centro		Liderazgo juvenil	Líder de un equipo de ministerio Clase 401

Fig. 12.7

buscar señales de madurez que estén medidas por el compromiso con Cristo, el crecimiento espiritual, el servicio y la fe expresada a través de las circunstancias diarias.

Lo aliento a planear sus programas y el movimiento. La figura 12.7 es cómo planeamos nuestro proceso antes de colocarlo alrededor del diamante de béisbol. Use el nuestro, encuentre otro, o cree el suyo propio. Comience a mostrar a los jóvenes que usted tiene un plan para ayudarlos con su crecimiento, un plan que ellos puedan ver a través del proceso del ministerio.

HÁGALO PERSONAL

1. ¿Trasladan los programas a los jóvenes en secuencia de la comunidad al centro?

2. ¿Piensa que un proceso sería útil en su ministerio con la juventud? ¿Qué símbolo visual podría usar para ilustrar el progreso juvenil en su ministerio?

3. ¿Cuáles son los pro y los contras de tener clases de compromiso tales como 101, 201, 301 y 401?

4. Evalúe sus promociones de portón de un programa a otro. ¿Saben los jóvenes el próximo paso que deben tomar?

5. ¿Cómo se verá un graduado espiritualmente maduro después de terminar en su ministerio? ¿Y cinco años más tarde? ¿promueve y apoya la estrategia de su programa esa imagen de madurez espiritual?

6. ¿Entienden sus jóvenes cómo es una persona espiritualmente madura?

7. ¿Cuáles son algunas maneras en las que puede comunicar su proceso para la madurez espiritual?

NOTAS

[1] Si está familiarizado con las clases de desarrollo de la vida, en el libro *Una Iglesia con Propósito*, de Rick Warren, reconocerá la similitud entre las clases. Rick y yo hemos tomamos el material que usamos para nuestras clases adultas y lo escribimos de nuevo para jóvenes. La versión editada de estas clases para adolescentes se enseñan en cerca de dos horas, en vez de las cuatro horas que se emplea con los adultos. Está disponible mediante *Haga que la vida de los jóvenes cuente* (véase la página 431.)

Sexto componente

EXPRESIÓN DE VALORES

TRECE

Definición y comunicación de los valores importantes

Mientras edifica para tener salud en su ministerio con la juventud, emplee tiempo con su equipo de liderazgo considerando qué valores son importantes. Me refiero a estos, como *expresión de valores*, porque no aparecerán espontáneamente en su ministerio. Para que sus valores influyan en su ministerio, deben estar planeados estratégicamente.

En el modelo de MJP, la expresión de valores contesta la pregunta *qué* de la serie quién, qué, dónde, cuándo, por qué y cómo.

- Los propósitos revelan *por qué* existe su ministerio.
- La audiencia potencial define a *quién* planea alcanzar.
- Los programas determinan *cómo* procura alcanzar su blanco y cumplir un propósito.
- El proceso comunica *adónde* quiere que los jóvenes vayan para el crecimiento espiritual.
- La expresión de valores revela *qué* es importante para su ministerio.
- El poder de Dios determina *cuándo* acontecerá el crecimiento.

Si puede imaginarse estos componentes (propósitos, audiencia potencial, programas, etc.) como ingredientes de una pastel, se dará cuenta que todos son esenciales en la receta. Ninguno de ellos es simplemente la crema encima del pastel. Como los otros ingredientes, sus expresiones de valores son una llave al éxito de su ministerio, porque influyen en todo lo que usted hace. Específicamente, las expresiones de valores son *las palabras descriptivas que comunican los valores que quiera reflejar a través de todo su ministerio con la juventud.*

¿Por qué son importantes los valores para un ministerio?

Un ministerio saludable con la juventud desarrolla una base de liderazgo más grande que una persona. Mientras el liderazgo crece, es necesario expresar los valores a todos los líderes. No solamente deben saber por qué existe el ministerio (los cinco propósitos), sino que también deben entender los valores que deben reflejarse al perseguir los propósitos.

En la Iglesia Saddleback queremos que los líderes adultos y jóvenes conozcan nuestra expresión de valores para que cada uno los pueda expresar en su esfera particular de influencia en nuestro ministerio para jóvenes. Por ejemplo, los líderes deben tratar a un joven que asiste al estudio bíblico del grupo pequeño por área de la misma forma que si asistiera al estudio bíblico en otra área. La personalidad de cada líder será diferente, pero los valores expresados deben ser los mismos.

> **La personalidad de cada líder será diferente, pero los valores expresados deben ser los mismos.**

¿De dónde viene la expresión de valores?

Los valores del ministerio para jóvenes de la Iglesia Saddleback se generaron gracias a los equipos de liderazgo adulto y juvenil. Primero pedí que nuestros líderes adultos me dijeran qué valores eran importantes para ellos. Mientras hablaban, hice una lista de los valores que expresaban y de las ilustraciones que usaban para definir sus valores. Después que todos terminaron de hablar, afirmé la importancia de sus valores.

Luego me reuní con los líderes jóvenes. ¡No fue una buena reunión! No parecían entender lo que quería obtener de ellos, pero de nuevo Dios fue compasivo conmigo al verme con el lazo al cuello. ¡En un golpe de inspiración, pedí a cada uno de ellos que asistiese a otra iglesia! Les aclaré que no los echaba de nuestro ministerio; simplemente quería que visitaran otros ministerios para jóvenes donde no fueran el centro de atención, y ni siquiera fueran conocidos. A cada uno le asigné una iglesia y les di instrucciones de ir solos, para que no usaran a un amigo como respaldo.

Para la próxima reunión de liderazgo, esos jóvenes vinieron con un sentimiento más fuerte acerca de los valores. Estas visitas hicieron sentir a algunos de ellos incómodos, solos y avergonzados. Recordaron cómo se siente una visita y volvieron con nuevas ideas acerca de los valores que nuestro ministerio debía tener.

Para llegar a un número real de valores que podríamos memorizar, combiné los valores similares y oré pidiendo sabiduría para darles prioridad. Revelé la lista final en nuestra reunión de equipo y todos parecieron estar orgullosos del producto final. Como ellos contribuyeron a la lista de valores, estaban ansiosos por comprometerse con ellos.

Nuestra expresión de valores

Evaluamos las relaciones en nuestro ministerio para jóvenes de la Iglesia Saddleback. Queremos que los jóvenes tengan una relación vital con Dios mediante Jesucristo, y que los líderes tengan relaciones sólidas entre sí, con los jóvenes y con los padres de los jóvenes. Queremos que los jóvenes tengan relaciones responsables con otros jóvenes y con sus propios padres; y queremos que el cuerpo de la iglesia tenga una relación buena con el ministerio para jóvenes. Las relaciones son el elemento principal de todos nuestros valores.

F ORMAR RELACIONES

Á NIMO

R ISA Y CELEBRACIÓN

A CEPTACIÓN

T RANSPARENCIA

J ÓVENES PARTICIPANTES

O RIENTACIÓN PARA EL ALCANCE

C RECIMIENTO NUMÉRICO

C RECIMIENTO ESPIRITUAL

A MBIENTE DE HOGAR

T NTIMIDAD

P ROFESIONALISMO

C ONSERVACIÓN ESTRATÉGICA DE RESULTADOS

Formar relaciones

Nuestro enfoque para trabajar con los jóvenes en Saddleback, es impactarlos espiritualmente a través de las relaciones, porque sabemos que esa es la mejor manera de ayudarlos a crecer en su fe. La filosofía relacional del ministerio paraeclesiástico *Young Life* [Vida Joven] ha influenciado nuestro estilo de liderazgo. Durante varias décadas, Vida Joven ha sido un ejemplo de éxito sobre la importancia del ministerio relacional con los jóvenes. Jim Rayburn, el fundador, se dio cuenta de que «una vida habla más fuerte que las palabras» y que «el descubrimiento, así como el crecimiento, acontece mejor en el contexto de las relaciones». Hoy, muchas iglesias y ministerios para jóvenes son relacionales en su diseño porque reconocen que se ganan el derecho de ser oídos cuando primero se interesan en las personas.

Los líderes se ganan el derecho de ser oídos cuando primero se interesan en las personas.

Ánimo

Queremos que nuestro cuerpo de la iglesia entienda el poder de las palabras y cómo usarlas sabiamente. La Biblia dice que la lengua es una herramienta poderosa (véase Stg 3:1-12) y que las palabras que salen de la boca son un reflejo de lo que está en el corazón (Mt 12:34-35). Confiar en el poder de Dios para refrescar los corazones nos capacita a usar palabras que edifiquen a la gente antes que destruirla (véase Ef 4:29).

Los jóvenes no reciben mucho ánimo. La escuela es a menudo un ambiente negativo lleno de maltratos y palabras que dañan, y el hogar, para muchos, no tiene afirmación genuina. Queremos que nuestra iglesia sea un lugar donde se anime a los jóvenes.

Risa y celebración

También queremos que los jóvenes se diviertan. Están tan tensos que la iglesia debe ser un lugar donde puedan reír y sentir una actitud de alegría y celebración. Aunque con toda intención planeamos la risa durante nuestros cultos de adoración de fin de semana (jóvenes de la multitud), queremos que una abundante actitud de risa y celebración sea aparente por todas partes dentro de nuestro ministerio. No requerimos que nuestros líderes sean cómicos, pero buscamos personas que tengan un buen sentido del humor y disfruten reírse. Creemos que podemos tomar en serio a Dios y por otra parte celebrar gozosamente la vida.

Este valor es especialmente importante para mí, porque entregué mi vida a Dios a los catorce años después de escuchar a un cómico dar su testimonio. Él dijo que Dios era la fuente de su alegría y risa. Ese fue el punto que cambió mi vida. Dios usó lo que era importante para mí (la risa) para obtener mi atención. Hasta este día, permanece como un valor fuerte, personal y profesional.

Aceptación

Si queremos alcanzar a los jóvenes, los tenemos que aceptar. Valoramos la aceptación y queremos que en nuestro ministerio para jóvenes todos se sientan aceptados sin considerar su parecer físico, calificaciones o posición en la escuela, o sus logros deportivos. A causa de eso, invertimos una cantidad importante de tiempo haciendo que los jóvenes se sientan bienvenidos en nuestros programas.

También queremos expresar la aceptación durante el peregrinaje espiritual del joven. Mientras queremos desafiar a los jóvenes a crecer, nos damos cuenta de que el crecimiento espiritual de cada joven será diferente. No queremos abandonar a nuestros jóvenes cuando tienen luchas; la lucha puede ser una señal del crecimiento. El hijo pródigo tuvo que salir del hogar y tener dificultades para entonces volver al hogar. Una parte de su viaje incluyó abandonar a su padre. Aunque no alentamos la desobediencia para motivar el desarrollo, expresamos aceptación cuando un joven está confundido y luchando. La aceptación no dice: «¿dónde has estado?» Dice: «Bienvenido». Este tipo de amor incondicional está en el corazón del Padre.

> **La aceptación no dice: «¿Dónde has estado?» Dice: «Bienvenido.» Este tipo de amor incondicional está en el corazón del Padre.**

Transparencia

Valoramos la sinceridad. Queremos que nuestro liderazgo sea *real* con los jóvenes. El viejo dicho en los Estados Unidos: «No se puede engañar a un niño», me hace recordar constantemente que los adolescentes pueden señalar fácilmente a un farsante. Mientras nuestra cultura festeja cada vez más el fraude, el engaño, la falta de honradez y el encubrimiento, me asombra que nuestros jóvenes sientan cada vez más atracción por adultos que son transparentes.

Queremos ser ejemplo de cristianismo para los jóvenes y a la vez ser sinceros y vulnerables en nuestro peregrinaje. Queremos que vean que la lucha y el fracaso es parte del crecimiento y que no son los únicos que cometen errores. En nuestro ministerio queremos jóvenes transparentes que aprendan de adultos transparentes.

Participación de los jóvenes

Siempre nos preguntamos: «¿Cómo podremos involucrar a ese joven en nuestro ministerio?» No queremos que los jóvenes solo asistan a nuestros programas; queremos que participen a través de la expresión de sus dones. Les decimos: «Nos encantaría que participaras en lugar de ser un espectador.» Tratamos de facilitar, tanto como sea posible, que los jóvenes colaboren en cualquier lugar de nuestro ministerio.

Orientación de alcance

Le damos gran valor a nuestra orientación de alcance, y queremos comunicar esto de muchas maneras para que todos lo oigan y entiendan. No queremos que los líderes tengan «mentalidad de mantenimiento». Queremos que estén apasionados con nuestra misión: Alcanzar al mundo con la esperanza de Jesucristo.

Crecimiento numérico

El crecimiento numérico no es nuestro único valor. Estamos mucho más interesados en la salud que en los números. Pero como la salud precede al crecimiento, *esperamos que* nuestro ministerio con la juventud crezca numéricamente al crecer espiritualmente. Queremos crecer, no porque queremos ser el ministerio el más grande de jóvenes en la comunidad, sino porque los jóvenes necesitan de Cristo. El crecimiento numérico puede significar también que estamos alcanzando necesidades y cumpliendo todos los propósitos.

¡Queremos que todos los ministerios de jóvenes crezcan, no solo el nuestro! No queremos crecer recibiendo a jóvenes de otros ministerios para jóvenes. Eso no es crecimiento; eso es intercambiar ovejas. El verdadero crecimiento numérico comunica que nuestros jóvenes están madurando en su fe y están capturando la visión de evangelización entre amigos.

> **No queremos crecer recibiendo a jóvenes de otros ministerios para jóvenes.**

Crecimiento espiritual

Valorar el crecimiento espiritual puede parecer obvio, pero queremos asegurarnos de que todos sepan que nuestra meta es producir seguidores de Cristo durante toda la vida. Queremos que todos nuestros jóvenes crezcan espiritualmente. Además, queremos que los jóvenes crezcan de la manera que Dios lo planeó. Aunque tengamos una senda para el crecimiento espiritual, no esperamos que la fe de todos parezca igual. El crecimiento espiritual es extraordinario y difícil de medir. No se puede copiar, pero se puede fomentar.

Ambiente de hogar

Queremos que en nuestra iglesia los jóvenes se sientan en casa, así que trabajamos para desarrollar una atmósfera familiar dentro de nuestro ministerio. Queremos que el liderazgo refleje que los jóvenes son importantes y que ellos pertenecen a la iglesia. Queremos conocer a los jóvenes por nombre y mostrarles interés en ellos. No importa cuán grande pueda ser la iglesia, queremos que se sientan como en su hogar.

Intimidad

Una de las metas comunes para toda nuestra iglesia es crecer, ser más grande y más pequeña al mismo tiempo. Queremos ser más grandes al expresar la evangelización y más pequeños al expresar compañerismo en grupos pequeños. En los grupos pequeños los jóvenes son conocidos y amados, y allí pueden desarrollar una relación cercana con un líder.

Profesionalismo

Queremos que la gente de nuestra iglesia y comunidad tome en serio nuestro ministerio con la juventud. No queremos ser percibidos como una niñera de adolescentes fuera de control. Sabemos que tenemos un ministerio esencial en la iglesia y en el reino. Además de eso, el respeto a menudo precede a los recursos. Si los adultos en nuestra congregación perciben un ministerio profesional con la juventud y nos respetan, es más probable que se involucren con su tiempo y con sus recursos. Si nuestros ancianos de la iglesia ven que sabemos lo que hacemos, es más probable que nos den apoyo financiero para ayudar a nuestro ministerio.

Conservación estratégica de resultados

Si decimos que queremos que nuestro ministerio con la juventud sea semejante a un hogar, debemos saber dónde están nuestros adolescentes. Si no vienen a la iglesia, necesitamos atenderlos. Debido a la importancia que le damos a este valor, nuestros equipos de liderazgo trabajan mucho para mantenerse en comunicación con los jóvenes que Dios nos confió a nuestro cuidado.

Después de aprender acerca de la expresión de valores del ministerio de jóvenes de la Iglesia Saddleback, usted querrá considerar qué valores quiere reflejar en su ministerio para jóvenes. Ahora invierta un tiempo para comenzar una lista.

RELACIONES EN GRUPOS PEQUEÑOS
DE LA PALABRA DE DIOS

Alcance de relaciones

«Así nosotros, por el cariño que les tenemos, nos deleitamos en compartir con ustedes no solo el evangelio de Dios sino también nuestra vida. ¡Tanto llegamos a quererlos!» (*1 Tesalonicenses 2:8*).

Motivación

«Por eso, anímense y edifíquense unos a otros, tal como lo vienen haciendo» (*1 Tesalonicenses 5:11*).

Risa y celebración

«El ladrón no viene más que a robar, matar y destruir; yo he venido para que tengan vida, y la tengan en abundancia» (*Juan 10:10*).

Aceptación

«Hermanos míos, la fe que tienen en nuestro glorioso Señor Jesucristo no debe dar lugar a favoritismos» (*Santiago 2:1*).

Transparencia

«Es más, me presenté ante ustedes con tanta debilidad que temblaba de miedo. No les hablé ni les prediqué con palabras sabias y elocuentes sino con demostración del poder del Espíritu» (*1 Corintios 2:3-4*).

Participación de los jóvenes

«Ahora bien, el cuerpo no consta de un solo miembro sino de muchos» (*1 Corintios 12:14*).

Orientación de alcance

«Por tanto, vayan y hagan discípulos de todas las naciones, bautizándolos en el nombre del Padre y del Hijo y del Espíritu Santo» (*Mateo 28:19*).

Relaciones en grupos pequeños, cont.
DE LA PALABRA DE DIOS

Crecimiento numérico

«Mientras tanto, la iglesia disfrutaba de paz a la vez que se consolidaba en toda Judea, Galilea y Samaria, pues vivía en el temor del Señor. E iba creciendo en número, fortalecida por el Espíritu Santo» (*Hechos 9:31*).

Desarrollo espiritual

«Por eso, dejando a un lado las enseñanzas elementales acerca de Cristo, avancemos hacia la madurez» (*Hebreos 6:1*).

Ambiente de hogar

«En él todo el edificio, bien armado, se va levantando para llegar a ser un templo santo en el Señor» (*Efesios 2:21*).

Intimidad

«Por eso, confiésense unos a otros sus pecados, y oren unos por otros, para que sean sanados. La oración del justo es poderosa y eficaz» (*Santiago 5:16*).

Profesionalismo

«Vale más la buena fama que las muchas riquezas, y más que oro y plata, la buena reputación» (*Proverbios 22:1*).

Estrategia de conservación de resultados

«Asegúrate de saber cómo están tus rebaños; cuida mucho de tus ovejas» (*Proverbios 27:23*).

Fig. 13.1

Qué hacer con la expresión de valores

Después de hacer una lista de valores, necesitará mucho tiempo de liderazgo para asegurar que esos valores se expresen, evalúen y conozcan. Los siguientes pasos pueden ser útiles:

Dé a conocer sus valores

Cada uno puso su mano encima de la del otro y sobre la lista de valores (y dimos un grito como los equipos deportistas) y nos comprometimos a expresarlos como un equipo, y aun así tuve que alentar a nuestros líderes para que los aprendieran. Los pasos que describí en el capítulo cuatro para ayudar a aprender la declaración de propósito también se aplica a la expresión de valores. (Usted puede repasar los pasos en las páginas 82-83.) Poner nuestros valores en una sigla fue una técnica para memorizarlos. Si tiene dificultades en poner sus valores en un acróstico, puede tratar otro método, como darlos a sus líderes con versículos de la Biblia, como en la figura 13.1.

Sea ejemplo de los valores en su liderazgo

Además de dar a conocer los valores, *debo ser ejemplo* de los mismos si espero que los otros líderes los expresen. Cuando escribo notas de ánimo a mis líderes, tienen un ejemplo del valor de animar. Cuando me fijo en otros líderes, obtienen una idea de cómo hacer lo mismo con los jóvenes en sus grupos pequeños. Cualquier valor se puede ejemplificar.

Muestre cómo sus valores afectan diferentes esferas de su ministerio

En un intento por poner nuestros valores en práctica, nuestro equipo de liderazgo propuso maneras específicas en que nuestros valores se expresaran al dirigir un grupo pequeño (véase la fig. 13.2).

RELACIONES en grupos pequeños

Alcance de relaciones

Fíjese la meta de tener una seria conversación con cada joven de su grupo pequeño por lo menos una vez al mes.

Motivación

Alabe las buenas preguntas, respuestas y participación sincera.

Risa y celebración

Aunque no necesita motivar la risa como hacemos durante nuestros servicios de fin de semana, sus reuniones de grupos pequeños no deben ser un funeral.

Aceptación

Recuerde que el crecimiento espiritual no se verá igual en todos los componentes del grupo.

Transparencia

No tema admitir francamente su confusión acerca de algunas preguntas ni comentar sus luchas.

Participación de los jóvenes

Los jóvenes de su grupo deben ser los que hablen el 90% del tiempo lo cual significa que usted estará oyendo un 90% del tiempo.

RELACIONES en grupos pequeños, cont

O rientación de alcance

Asegúrese de orar por los no creyentes y de hablar constantemente acerca de la evangelización entre amigos.

C recimiento numérico

Los grupos pequeños buenos aumentan por recomendación, pero se mantienen pequeños al dividirse en más grupos. Pida en oración que aumenten los líderes.

C recimiento espiritual

La inversión en sus relaciones pavimentará el camino para que el crecimiento espiritual suceda en los jóvenes.

S emejante al hogar

Cuando un joven vuelva después de haberse ausentado, diga: «Bienvenido», en lugar de: «¿Dónde has estado?»

I ntimidad

Haga que los grupos pequeños funcionen semanalmente; sea constante.

P rofesionalismo

Esté alerta a las percepciones de los padres y las casas de familias anfitrionas.

E strategia de conservación de resultados

Escriba una carta o haga llamadas por teléfono cuando un joven se ausenta del grupo pequeño.

Fig. 13.2

Haga preguntas para valorar la eficacia de sus valores

Si sus valores solo existen en papel, no le van a servir de ayuda. Y aunque sus líderes las memoricen, los valores pueden llegar a ser ineficaces si no se evalúan. Así que pida a su equipo de liderazgo que haga preguntas que lo ayuden a revisar y aumentar el cumplimiento de cada valor.

Nuestro equipo de liderazgo, jóvenes y adultos, sugirieron tres a cinco preguntas para asignar a cada uno de nuestros valores. Hicimos esto dividiéndonos en grupos de tres personas y empleando cinco minutos para crear las preguntas para cada valor. Al final de la hora, reuní las preguntas y usamos las mejores para compilar una planilla de evaluación para nuestros valores. Debajo hay cinco preguntas que servirán de ejemplo para evaluar nuestro valor de aceptación.

ACEPTACIÓN

1. ¿Se sintieron los jóvenes aceptados antes, durante y después de la reunión? ¿Se saludaron a todos los jóvenes de la misma forma, sin considerar sus ropas, parecido o informe de asistencia?
2. ¿El mensaje que se predicó señaló a los jóvenes de algún grupo, raza o escuela en particular?
3. ¿Los jóvenes salieron de la reunión con la impresión de que alguien apreció su presencia?
4. ¿Los líderes expresaron una actitud de preocupación por la vida personal de cada joven?
5. ¿Con todo propósito los adultos conocieron al joven, le preguntaron el nombre y se interesaron en su vida personal?

La primera pregunta la desarrolló una de nuestras líderes jóvenes que tiene exceso de peso. Ella dijo: «Siento que a causa de mi peso no soy aceptada. Todos reciben un abrazo, pero yo recibo un apretón de manos.» Su punto era válido. ¿Alguna vez notó nuestra tendencia al saludar una persona? Por lo general, la gente expresiva recibe abrazos, mientras que los inexpresivos reciben un «hola» y un apretón de manos. Los jóvenes simpáticos, divertidos y populares reciben saludos cariñosos, mientras que el joven tímido, reservado o no sociable, a menudo se pasa por alto. Cuando hacemos esto, violamos el valor de la aceptación.

La segunda pregunta también la desarrolló uno de nuestros líderes juveniles. Notó que en todas las ilustraciones de enseñanza, yo siempre me refería a mi escuela. Aunque tenemos jóvenes de varias escuelas, mis historias dieron el sentido de que nuestro ministerio estaba compuesto en su mayor parte por jóvenes de mi escuela. Me dijo: «Usted nunca da ilustraciones sobre las cosas que acontecen en nuestra escuela.» El joven tenía razón. Escuchar eso me forzó a ser más inclusivo en mi comunicación para que los jóvenes de todas las escuelas se sintieran aceptados.

> **Los jóvenes simpáticos reciben saludos cariñosos, mientras que el joven tímido, reservado o no sociable, a menudo se pasa por alto.**

En cada reunión mensual de liderazgo empleamos unos pocos minutos revisando nuestros valores. Después invertimos cerca de quince minutos concentrándonos en uno. Este siempre es un tiempo refrescante de nuevas ideas y un tiempo de desafío para mantener nuestros valores en alto.

Los trece valores específicamente planeados que he mencionado en este capítulo no son una lista definitiva de cada ministerio, son simples ejemplos. Su expresión de valores brotará de las pasiones que Dios sembró en los corazones de sus líderes. Descúbralos, comuníquelos, evalúelos y observe cómo Dios fortalecerá su ministerio a causa de ellos.

HÁGALO PERSONAL

1. ¿Cuáles son algunos de sus valores más importantes?
2. ¿Sería útil identificar algunos valores clave en su ministerio con la juventud? Sí uno. ¿Por qué? En caso positivo, ¿cuáles son algunos valores que cree que se deban representar en su ministerio con la juventud?
3. ¿Cómo estos valores del ministerio para jóvenes impactarían a su ministerio personal con jóvenes?
4. ¿Qué proceso puede usar para discutir y aplicar un número apropiado de valores para su ministerio?
5. Si debe comenzar con tres valores (por ejemplo, aceptación, pertenencia y cuidado), ¿qué pocas preguntas evaluarían mejor su eficacia?
6. ¿Siente que su ministerio viola algunos de los valores importantes mencionados en su discusión? Si ese es el caso, ¿cuáles y cómo?

Séptimo componente

PADRES

CATORCE

Asóciese con los padres para obtener un ministerio juvenil amigo de la familia

Los obreros de jóvenes están cada vez más conscientes de que un ministerio para jóvenes es menos efectivo que un ministerio juvenil amigo de la familia. A menudo subestimamos el poder de la familia porque raramente vemos a los jóvenes en su contexto familiar. Cada estudiante en nuestro ministerio con la juventud es el producto de un sistema familiar único, un sistema responsable de formar creencias, valores y comportamientos. Si planeamos ministrar correctamente a los jóvenes, a largo plazo, debemos desear sinceramente ministrar a la familia entera, porque un ministerio para jóvenes que excluya a los padres es tan efectivo como una curita sobre una hemorragia.

Si es como yo, entiende que es esencial tener un ministerio juvenil amigo de la familia, pero vive con sentido de culpabilidad porque ha sido lento al moverse en esa dirección. Es probable que ya esté agobiado por el trabajo que cuesta desarrollar un ministerio con jóvenes, sin tomar en cuenta a sus familias. Para colmo hay muy pocos modelos, materiales e ideas prácticas de cómo ministrar a padres *y* jóvenes. El *mundo* del ministerio para jóvenes ha sido rápido en desafiarnos a cambiar nuestro enfoque del *ministerio para jóvenes* al *ministerio para jóvenes y sus familias*, pero ha sido lento en mostrarnos el lado práctico de este nuevo paradigma.

La complejidad de la familia y nuestra habilidad de ministrarla no se puede capturar en un capítulo. Esta cuestión es amplia, y además, no soy el mejor para ofrecer nuevas ideas para un ministerio eficaz basado en la familia. De todos los capítulos en este libro, escribo este más por necesidad que por credibilidad. Antes de venir a Saddleback, tenía un ministerio más saludable con los jóvenes y sus familias que el que actualmente tengo, principalmente porque trabajé en esa iglesia durante once años. Desarrollar un ministerio con los jóvenes *y* sus familia toma tiempo.

Si durante la era formación del ministerio con la juventud los pioneros del trabajo con los jóvenes hubieran creado un ministerio integrado con la familia, quizá ahora tendríamos un enfoque más completo del ministerio con la juventud. Sin embargo, como no fue así, debemos comenzar de nuevo, desarrollando una filosofía del ministerio con los jóvenes que fomente pasos deliberados para involucrarse en la vida de la familia. Pido a Dios que algunas iglesias valientes en este siglo nos den modelos nuevos para el ministerio con jóvenes y sus familias (oro para que Saddleback sea una de ellas). Lo desafío a comenzar a integrar su ministerio para jóvenes, la iglesia y la familia, en una manera más efectiva. Creo que el cambio más grande estará en la actitud antes que en la dirección o los componentes del programa.

Sepa que ni padres ni jóvenes quieren un ministerio totalmente integrado entre jóvenes y padres. Los padres aceptan mejor que los jóvenes un ministerio juvenil amigo de la familia. Sin embargo, la mayoría de los padres prefiere un ministerio juvenil *para* sus hijos y no *con* sus hijos. Y no es de sorprenderse que la mayoría de los jóvenes prefieran el ministerio tradicional con la juventud compartimentado donde pueden tener una experiencia autónoma con la iglesia aparte de sus padres. Esto se puede explicar como un deseo natural de los adolescentes de independizarse de sus padres. Además, la mayoría de los jóvenes solo ha experimentado ministerios distribuidos por edad.

Un ministerio juvenil amigo de la familia se basa en una serie de pasos progresivos edificados uno sobre otro y dirigidos a un enfoque más fuerte de la familia. Estos pasos van de lo general, requiriendo poco tiempo, a lo específico, lo que requiere más tiempo, más energía y más materiales para implementarlos. Los pasos que hemos tomado en la Iglesia Saddleback son los siguientes:

Paso 1: Crear una mentalidad de trabajo en equipo

Un ministerio juvenil amigo de la familia comienza cuando los líderes son lo suficientemente maduros para reconocer que los padres no son enemigos. Cuando entendimos que los jóvenes serían más saludables si eran ministrados con sus familias, nos encaminamos hacia un ministerio juvenil amigo de la familia. Vimos que todos podíamos ganar: jóvenes, padres y nosotros.

Para algunos obreros de jóvenes, esta realidad viene con la edad, la experiencia como padres, o con la madurez espiritual. Así me pasó a mí. Antes de ser padre, me intimidaban los padres de los adolescentes. Aunque no lo decía, sentía que entre nosotros había un elemento de rivalidad tratando de ganar el tiempo de los jóvenes. No consideraba a los padres como socios, sino como enemigos que impedían mis planes para producir discípulos. Tuve un poco de mentalidad militar con respecto al ministerio para jóvenes. Quise que los padres me dieran a sus hijos (como el gurú omnisciente del ministerio juvenil) cuando tuvieran la edad para la secundaria. Planeaba convertirlos, bautizarlos, educarlos, santificarlos, lavarlos en la tintorería y tenerlos listos para recoger cuando cumplieran los dieciocho años. Mantuve esta actitud hasta que entendí que mi papel e influencia en la vida de un joven era limitada y que nuestro ministerio con la juventud era superficial al carecer de un enfoque en la familia.

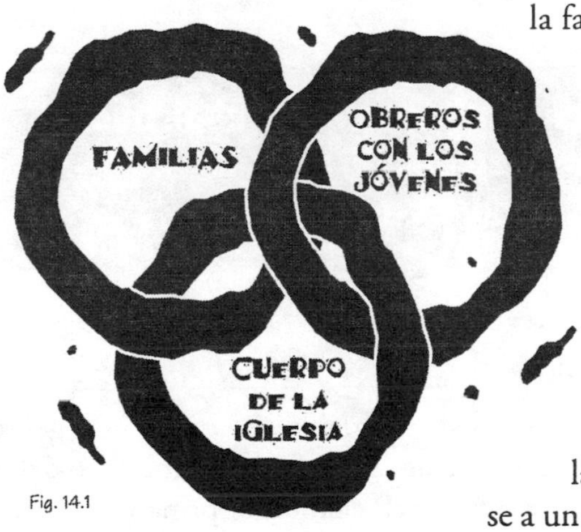

Fig. 14.1

La figura 14.1 muestra la imagen que ahora tengo del trabajo en equipo. Tres influencias mayores trabajan para ayudar a un estudiante a crecer en la fe. Mientras más unidas puedan trabajar las tres partes y semejarse a un círculo, tanto más poderosos son los resultados del trabajo en equipo. Pero la intención de este capítulo no es explorar el papel de la iglesia ni el de los padres. En lugar de eso, enfoquémonos en nuestro papel como obreros de jóvenes y veamos qué podemos hacer para reforzar nuestra parte del equipo.[1]

Reconozca su papel limitado como obrero de jóvenes

Fui capaz de desarrollar una actitud de trabajo en equipo, cuando por fin reconocí que Dios espera que los padres tomen la responsabilidad primaria de la madurez espiritual de sus hijos. En Deuteronomio 6:5-7 Moisés enseñó: «Ama al SEÑOR tu Dios con todo tu corazón y con toda tu alma y con toda tus fuerzas. Grábate en el corazón estas palabras que hoy te mando. Incúlcaselas continuamente a tus hijos. Háblales de ellas cuando estés en tu casa, y cuando vayas por el camino, cuando te acuestes y cuando te levantes.»

Estos pasajes no le piden a los padres que cedan su responsabilidad espiritual a los obreros de la juventud. Nuestro papel en el desarrollo espiritual del joven es útil, pero el papel de los padres es crucial. Cuanto más entendí este pasaje, más reconocí lo que había sido un control arrogante de mi parte. Devolví a los padres su obligación primaria, y comprendí que mi posición era ayudar a los padres a desarrollar espiritualmente a sus jóvenes. Es obvio que el papel de obrero de jóvenes aumenta si los jóvenes vienen de familias inconversas.

> **Nuestro papel en el desarrollo espiritual de un joven es útil, pero el de los padres es crucial.**

Relaciónese con los padres

Es imposible hacer un trabajo saludable en equipo con gente que usted no conoce. El capítulo once se refiere al ministerio de relaciones con los jóvenes como el elemento principal de un ministerio saludable con la juventud. Ese mismo principio de relaciones se aplica a los padres. Para mí, significa que conscientemente intento reunirme con los padres y memorizar sus nombres. Significa también que encuentro maneras de invertir tiempo con los padres. Por ejemplo, cuando voy a un partido de fútbol de la secundaria, paso una mitad del juego sentado con los jóvenes y la otra mitad sentado con los padres. De vez en cuando también trato de reunirme con los padres para almorzar en su lugar de trabajo y mostrar interés en su ocupación. Una vez, me pasé un día entero siguiendo a un padre que es médico. Me dio un bata blanca para ponerme, un estetoscopio y una tablilla con papeles. No solo pasé un día divertido, sino que también gané un nuevo amigo, un partidario y un par de historias médicas que revuelven el estómago.

Recuerde que los obreros de jóvenes no se reúnen con los padres para enseñarles cómo ser buenos padres, sino para desarrollar relaciones con ellos, aprender de ellos y para hablarles acerca de sus hijos y de los papeles que cada uno juega.

Pregunte a los padres cuáles son sus temores

Mi mentalidad de trabajo en equipo se fortaleció cuando entendí lo que pasan los padres de los adolescentes. Cuando dejé de *fingir* interés en los padres y los empecé a escuchar, oí sentimientos intensos de dolor, temor e insuficiencia. Algunos de estos sentimientos los motivaba el hecho de que sus hijos estaban creciendo y su papel de padres ya no parecía ser tan necesario. Su independencia como adolescentes les inquietaba. Oía una profunda emoción cuando los padres hablaban de su pérdida de comunicación y unidad. Los sentimientos más expresivos se basaban en el temor de que sus hijos no siguieran su fe y valores. Cuando empleemos tiempo en entender los sentimientos de los padres, nos apasionará ayudarlos y nos inspirará trabajar con ellos.

Sea sensible a las prioridades de la familia

La mentalidad de trabajar en equipo minimiza el calendario del ministerio para jóvenes de forma tal que los padres puedan llevar al máximo sus prioridades como familia. Usted no puede tener un ministerio juvenil amigo de la familia al exigir que estén fuera del hogar varias noches a la semana. Enseñe a los jóvenes que siempre verifiquen con sus padres la decisión de los programas a los cuáles van a asistir. Constantemente pida a los padres que le den su evaluación sincera de los horarios del ministerio para jóvenes. Su horario tal vez agrade a los jóvenes, pero puede ser frustrante para los padres. (Recuerde, el crecimiento espiritual no debe depender de la asistencia al programa. Véase el capítulo 9.)

> **Su horario tal vez agrade a los jóvenes, pero puede ser frustrante para los padres.**

Apoye la enseñanza de los padres

Si quiere que los padres conozcan los propósitos del ministerio con los jóvenes y que además apoyen los programas (como dijimos en el capítulo tres), sea también partidario de los mensajes importantes de la familia. Algunos jóvenes prestarán atención a los mensajes de la familia, que no tolerarían oír de sus padres si vienen de los obreros de jóvenes. Durante su hora de enseñanza usted puede reforzar los valores decentes de la familia junto con los mensajes bíblicos de obedecer y honrar a los padres.

Por lo menos una vez al año invite a los padres a decirle qué enseñan ellos en la casa. Usted obtendrá mucha información para enriquecer su enseñanza. Aunque no daré una lección bíblica de cómo mantener un dormitorio limpio, enseñaré los mensajes básicos de la familia como el respeto, la responsabilidad y la preocupación por los otros.

Paso 2: Mantenga una clara comunicación

A los padres no les gusta llevarse una sorpresa a causa de planes espontáneos de programas. Ellos prefieren tener una información anticipada de los acontecimientos del ministerio de jóvenes para poder planificar las prioridades en su calendario familiar. Si quiere a los padres en su equipo, debe mantener comunicación con ellos.

Comuníquese regularmente

Además de su calendario de programas y acontecimientos, mande a los padres una carta de información (mensual o trimestral dependiendo de su tiempo, la ayuda y los recursos). Esto los mantendrá al día en caso de que hayan perdido su calendario del ministerio, se hayan olvidado de los anuncios de la última noche de padres, o sus hijos no les hayan informado. Véase una muestra actual de una carta en la figura 14.2. (Mis cartas mensuales no son extravagantes, pero son comunicaciones efectivas.)

Como regla general, mientras más temprano los padres conozcan las fechas de los programas y el costo, mejor será. Un buen ejemplo de comunicación que también ayuda a la familia tendrá las fechas de los programas principales publicados de seis a nueve meses por adelantado y su calendario de verano completo y disponible para el domingo de Pascua. No significa esto que usted tenga planeado todos los programas con tanta anticipación, pero por lo menos debe tener las fechas bosquejadas para que las familias puedan planear sus vacaciones.

Comunique ánimo

Cuando mi primer hijo, Torie, estaba en el jardín de infantes, aprendí el valor de ser respaldado como padre. ¡Qué gran sentimiento! Durante la conferencia de maestros y padres, la maestra invirtió muchísimo tiempo contándonos a Cathy y a mí historias maravillosas acerca de Torie. Dijo que era una delicia tener a Torie en la clase y que estaba asombrada de la bondad de Torie y la compasión que tenía por los otros niños. ¡No habían padres más felices! Dejamos la reunión apreciando la escuela y dando gracias a Dios por la maestra y porque Torie estuviera en su clase.

Aproveche cada oportunidad para hablar bien de los hijos a sus padres. Escríbales cartas, déjeles mensajes en su trabajo, o búsquelos en el estacionamiento de la iglesia y bendígalos con una historia o un ejemplo de lo que usted aprecia de los hijos. Conozco a un obrero de jóvenes que corre al teléfono después de la reunión de los

ACTUALIDADES PARA PADRES

Las diez primeras cosas de Doug que cada padre debe saber

Enero

1. Mexicali

Durante las vacaciones de primavera nos uniremos a cuatro mil estudiantes de secundaria provenientes de todo el país, para trabajar en Mexicalli, Méjico. El nombre del viaje es Mexicali, y será una semana de cambio de vida. Trabajamos en villas pobres y ayudamos a las iglesias locales organizando lecciones y actividades para niños. Llevaría miles de palabras describir este viaje, así que si desea obtener más información, por favor déjenos saberlo y enseguida le enviaremos un volante. La fecha es 6-12 de abril y el precio $199.

2. Cena para diez

Todos los meses invito a diez jóvenes a cenar en mi casa. Es una forma de hacer pequeño, un grupo grande. También es el modo perfecto para que los que no conocen a muchos (o a nadie) se den a conocer. Por favor, llámenos para hacer reservaciones.

3. Doce horas de viaje relámpago

Desde el viernes 17 de marzo a las siete de la noche. hasta el 18 de marzo a las siete de la mañana., saldremos en un ómnibus para visitar diferentes puntos de diversión a través del Condado Orange. Esta es la tercera vez que hacemos esta actividad y siempre ha sido una gran noche. El precio es $39 y el espacio es limitado.

4. ¿Podemos ayudarlo a encontrar un estudio bíblico de grupo pequeño por área?

¡Están a todo andar! Tenemos veinte grupos diferentes que se reúnen de lunes a jueves por la noche. Es un tiempo magnífico para que sus jóvenes se relacionen con jóvenes de su escuela o vecindario. Es una de las mejores formas en que hacemos pequeños nuestros grupos grandes con estudios bíblicos, grupos pequeños y oración. Nos encantaría que uno de nuestros líderes le llamara e invitara a su hijo o hija a una reunión. Por favor, llámenos y díganos si le podemos ayudar.

5. Trabajo de raíz

Tenemos un estudio bíblico para la casa, llamado Trabajo de raíz, cuya intención es ayudar a los jóvenes a estudiar la Biblia. El primer volumen es un estudio versículo por versículo de Filipenses. Anime a su hijo o hija a probarlo. (Además tenemos Tesoros escondidos, Banco de bendiciones y Diarios devocionales para ayudar a desarrollar la disciplina espiritual.)

ACTUALIDADES PARA PADRES

Las diez primeras cosas de Doug que cada padre debe saber (cont.)

6: Verano, casa, bote

12-17 de agosto: Marque su almanaque. Ahorre dinero. Una experiencia campamental increíble.

7: Infórmenos

Sé que usted está ocupadísimo, pero me gustaría mucho conocer cualquier información que nos quiera dar para presentar a nuestros líderes del ministerio de jóvenes. Quiero oír las historias de las familias que han tenido éxito y cómo podemos nosotros servirles mejor. Cualquier cosa que usted escriba, para que nuestros líderes voluntarios lo sepan y les sirva para motivarlos. ¡De veras queremos tener sus impresiones!

8: Noche de los padres

El miércoles, 29 de enero, tendremos una noche para los padres con sus hijos adolescentes. ¡Planeamos tener una gran noche! Por favor, separe ese tiempo y le veremos a las siete de la noche en el salón 500. (Además, no olviden la noche de alabanza y adoración de los padres el 26 de enero a las seis de la tarde en el salón verde.)

9: Necesitamos más padres en el equipo de oración

Si es uno de los padres que ya ha leído mi últimas dos cartas y dijeron: «Estoy seguro que habrán muchos padres para orar y no me necesitan.» ¡necesitamos sus oraciones! Quiero que el ministerio de oración sea continuo. Le enviaremos peticiones de oración de nuestro ministerio si usted se compromete a orar por dichas peticiones. Déjenos una nota o llámenos si está interesado.

10: ¿Todavía lo memoriza?

Nuestro ministerio existe para ALCANZAR a jóvenes inconversos, RELACIONARLOS con otros cristianos, ayudarlos a CRECER en su fe, y desafiar ese crecimiento para DESCUBRIR su ministerio y HONRAR a Dios con su vida.

Fig. 14.2

miércoles por la noche para llamar a los padres y hablarles bien acerca de la conducta de los hijos, su participación y opiniones. ¡Es un magnífico ejemplo de un obrero para los jóvenes y amigo de las familias!

> **Aproveche cada oportunidad para hablar bien de los hijos a sus padres.**

Comunique profesionalismo

Una de las maneras de mantener a los padres en su equipo es presentarse a sí mismo y su ministerio profesionalmente. Si sigue sus mejores instintos, así como también algunas de las ideas de este libro, transmitirá la imagen de un ministerio profesional para jóvenes con propósito, lo que comunica a los padres que usted sabe lo que hace. El profesionalismo incluye portarse bien en presencia de los padres. Ellos observan cómo usted se viste, habla y cómo les responde en un nivel de adulto a adulto. Aunque prefiero jugar con los jóvenes en el estacionamiento de la iglesia, después de un programa escojo saludar a los padres mientras llegan a recoger a sus hijos. No es tan divertido, pero los padres valoran el gesto.

Aliente la comunicación de dos vías

Un ministerio profesional con los jóvenes alienta y crea una atmósfera para el diálogo. Ya que generalmente usted es quien más les habla e informa, proporcione a los padres la oportunidad de dar su opinión constructiva de cómo usted puede servir mejor a sus familias. Prefiero que los padres hablen directamente conmigo cuando tienen una pregunta o un problema relacionado con nuestro ministerio, antes que oírlo en rumores. Cuando los padres vienen a mí, puedo ofrecer respuestas y dirigir los asuntos antes de que comience el chisme.

Hace poco, un padre y su hijo discutían el tema de la música. El papá se oponía a ciertas letras y dijo al hijo que no quería que escuchara ese tipo de música. El hijo dijo: «En la iglesia Doug enseña que está bien escuchar cualquier tipo de música secular que queramos.» El debate de la familia aumentó hasta que el chico convencido dijo: «Tú quieres que vaya a la iglesia, así que voy. Trato de seguir la enseñanza del pastor de jóvenes, pero ahora no quieres que la siga cuando te ofende.» El papá estaba confundido porque no podía creer que yo enseñara lo que su hijo decía que enseñaba. Se enojó cuando su hijo usó la iglesia para apoyar sus selecciones musicales. En vez de llamarme, lo cual hubiera sido una buena comunicación de dos vías, el papá contó lo ocurrido a su grupo pequeño y pidió que oraran por mi enseñanza «herética». Estos hombres pasaron el cuento a sus esposas. Pronto había gente, que yo ni conocía, criticando mi liderazgo del ministerio con la juventud.

No pasó mucho tiempo antes que todo el planeta pensara que yo era un lobo disfrazado de oveja. Tan pronto oí los rumores llamé al padre del chico. Le aseguré que no había dicho lo que repetían que yo había dicho. Le expliqué lo que yo sí había dicho: «La mayoría de los inconversos no cambiarán su música hasta que sus corazones hayan cambiado.» Ese era un mensaje totalmente diferente al que había escuchado de su hijo. Mencioné que si lo deseaba, podía escuchar el mensaje que estaba grabado (por estas mismas razones). Aunque esta situación no fue divertida, nos dio al padre y a mí la oportunidad de hablar, aprender algo el uno del otro, y comentar las maneras en que podíamos trabajar como un equipo la próxima vez que algo como esto sucediera. La comunicación de dos vías puede detener problemas en gestación.

Paso 3: Busque recursos familiares

Una manera de edificar un ministerio juvenil amigo de la familia es tener materiales de calidad para las familias, tales como libros, revistas, y vídeos disponibles para padres. Es una tarea continua, porque hay materiales nuevos para la familia saliendo todo el tiempo. Ofrecer material informativo demuestra su interés por las familias y su deseo de brindar soluciones prácticas para los asuntos que ellos están enfrentando. Si no tiene el tiempo ni la habilidad de localizar materiales, busque una librería cristiana local y pida que lo ayuden a mantenerse al día con los materiales para padres. También puede preguntar a las iglesias más grandes si tienen una lista de materiales que pueda copiar para sus padres.

Cuando encuentre materiales nuevos, notifíquelo a los padres en su comunicación regular para ellos. Permita el acceso de los padres a su biblioteca de casetes y vídeos, y pida que compartan con usted los materiales que encuentran. Usted no puede tener todas las respuestas para los padres, pero aun así puede ministrarlos, señalándoles la dirección correcta.

Busque padres que hayan «estado allí»

Mi experiencia como padre está limitada a niños pequeños, así que a menudo me siento inadecuado cuando padres de adolescentes me preguntan, por ejemplo, qué deben hacer acerca de su hijo adicto a las drogas. Tengo algunas ideas y puedo orar por ellos, pero me he dado cuenta que ayudo mejor a estos padres heridos cuando los relaciono con otros padres, en la iglesia, que ya han pasado esta experiencia.

Durante una noche de padres, preguntaré si se sentirían cómodos hablando con una familia herida, acerca de un dolor específico que hayan experimentado. Si están interesados, les pido que enumeren (por escrito) el problema del cual están dispuestos a hablar. Encontré padres dispuestos a hablar de la muerte de un hijo, el embarazo de su adolescente, la rebelión, participación en el ocultismo, uso de pornografía en Internet, abuso de drogas, y cualquier otra cosa que a usted se le ocurra pensar. Simplemente agrupo los nombres y los mantengo en un archivo para cuando llamen los padres que están sufriendo.

Cuando llegan estas llamadas, los dirijo a esos padres que ya han «estado allí» y pueden ofrecerles ideas y esperanzas. Generalmente digo: «No le puedo garantizar que obtendrá un consejo increíble, pero sí le aseguro que esta persona está dispuesta a hablar acerca de lo que pasó con su hijo cuando este estuvo involucrado con las drogas», o cualquiera que sea el caso.

Paso 4: Facilite el aprendizaje de la familia

Los materiales para la familia a menudo son un arreglo rápido que necesita seguirse con algo más personal que un libro o un casete. Un ministerio juvenil amigo de la familia ofrece oportunidades educativas para que los padres hagan preguntas y busquen respuestas personalizadas. Si como padre de adolescentes usted no tiene una buena experiencia, no finja que la tiene. Busque a algunos padres cristianos maduros para que lo ayuden.

Use padres experimentados como maestros

Advierto a los líderes de jóvenes que no enseñen cómo ser padre si antes no fueron padres de adolescentes. Los padres de adolescentes se dan cuenta de que mis tres niños me dan algún crédito en el papel y tareas de ser padre, pero mis hijos aún no son adolescentes, así que no tengo la credibilidad de un padre de adolescente. Sinceramente hablando, no sé cómo ser un padre de adolescentes.

> **Los líderes de jóvenes no deben enseñar cómo ser padre si antes no fueron padres.**

Lo que sí puedo hacer es buscar hombres y mujeres en nuestra iglesia que hayan sido padres de adolescentes y pedirles que comenten sus ideas. La experiencia educativa más exitosa que ofrecemos es nuestro panel de padres: cuatro o cinco padres con experiencia se sientan en grupo y contestan preguntas. Hago el papel de mediador y dirijo las preguntas de los padres al «experto» correspondiente. Al hacer esto, no tengo que tener todas las respuestas, y mi presencia muestra mi trabajo en equipo, el apoyo y el interés.

Cuenta su pericia cultural

Que usted no tenga adolescentes no significa que no tenga nada que ofrecer a los padres. Como obrero de jóvenes, probablemente sepa más acerca de la cultura adolescente que la mayoría de los padres en su iglesia y puede mantener a los padres al tanto de las tendencias culturales. A medida que eduque a los padres sobre la

cultura de los adolescentes, también puede expresar lo que usted
considera que los jóvenes necesitan de sus familias. No tiene que
dar un consejo específico de cómo ser padre, pero puede dar los
principios generales de la familia. Por ejemplo, quizá puede enseñar sobre la cultura durante un tiempo y después decir algo así:
«No soy padre de adolescente, así que mi experiencia está limitada.
Soy un estudiante de la cultura, sin embargo, empleo mucho tiempo con los adolescentes de ustedes. Basado en lo que entiendo de la
cultura, lo que sé acerca de los jóvenes actuales, y lo que oigo decir
a sus hijos, creo que los jóvenes necesitan las siguientes tres cosas de
sus padres. La primera cosa es...»

Haga reuniones de «es normal»

Los padres necesitan sentir que lo que sucede en su hogar es normal. Los padres se sienten liberados cuando se dan cuenta que no
están solos en su situación. Usted puede celebrar una reunión «soy
normal» para que los padres experimenten la libertad de hablar. O
con este mismo propósito puede organizar grupos pequeños de padres. Hace varios años tuvimos una noche de padres que se enfocó
en la cultura de la juventud y las últimas tendencias musicales. Después de quince minutos de mi presentación, una madre me inte-
rrumpió diciendo: «Mi hija tiene que estar en casa a las 11 p.m.
pero nunca llega hasta después de las 11:30 p.m. Quiero saber qué
debo hacer.» (Hasta el día de hoy sigo preguntándome qué relación
había entre esa pregunta y mi explicación de la canción Hotel California del grupo Las Águilas.) No supe qué decirle.

> **Los padres se sienten liberados cuando se
> dan cuenta que no están solos.**

Sabía lo que yo haría con mi hijo de tres años, pero no pensé
que sería apropiado contestarle: «Quítele su velocípedo», entonces
dije: «¿Alguna otra persona tiene este problema?» ¡Varias manos se
levantaron! Pregunté: «¿Qué sugiere usted para esa situación?» De
inmediato estalló la discusión. Los padres reacomodaron las sillas,

para verse cara a cara, y nunca pude terminar mi disertación fabulosa acerca de la influencia cultural de la música.

Esa noche aprendí una lección importante: Los padres pueden ministrar a los padres. ¡Ellos se fueron de la reunión agradecidos por mi ayuda, y yo no había hecho nada! Con sus comentarios se respaldaron mutuamente sabiendo que no estaban solos en la lucha. Una madre dijo: «Vine sintiéndome un poco deprimida por mi situación. Ahora me siento bastante normal.» Después de esta particular noche de padres, pedí a alguien de nuestro equipo de la juventud, el padre de un adolescente, que organizara una reunión similar de padres cada dos meses. Se emocionó. Nunca fui a otra reunión, y la asistencia no menguó. Los padres no venían a oírme; venían a hablar, a escuchar y averiguar si ellos eran normales.

Paso 5: Confeccione programas para la familia

Este quinto paso le puede requerir aventurarse en algún territorio nuevo para programar. Pregúntese «¿Estamos usando algún programa del ministerio para jóvenes que podamos convertir en un programa familiar?» Este programa familiar quizá sea anual, trimestral, mensual, o semanal. Si planea reunirse con los padres, debe ver sus programas y evaluar las oportunidades prácticas para incluir a las familias.

Nosotros usamos nuestro programa secundario de Alabanza y adoración, para jóvenes dedicados (véanse las páginas 237-238) capítulo 12), y una vez por mes lo convertimos en Alabanza y adoración para la familia. ¡Los jóvenes no estaban muy entusiasmados con la idea de sentarse con mamá y papá! Algunos padres estaban medianamente interesados, pero cuestionaban el valor de ese tiempo. El primer mes que lo intentamos, decayó la asistencia ochenta por ciento. La mayoría de nuestros jóvenes regulares no vinieron, y la respuesta de los padres fue floja. Durante el siguiente mes nos comunicamos individualmente con varios padres y personalmente los invitamos al «segundo round». Esta vez fue mejor. No solo tuvimos una buena asistencia, sino que tuvimos un tiempo magnífico.

La reacción a este programa familiar ha sido extremadamente

positiva y ha alcanzado a más familias en nuestra iglesia. Hasta tenemos a algunos padres que ruegan tener con más frecuencia estas reuniones unidas de adoración. Como nuestros jóvenes no asisten regularmente con sus padres al culto de la iglesia de fin de semana, creímos que era importante crear oportunidades para que nuestros jóvenes adorasen con sus padres. Esta reunión mensual de alabanza y adoración ha sido una adición magnífica a nuestro intento de desarrollar un ministerio juvenil amigo de la familia.

Use su programa de la multitud para una noche regular de padres

Constantemente invite a los padres a formar parte de su programa de la multitud para que también ellos puedan ver y experimentar lo que *realmente* sucede detrás de la puerta cerrada. Los padres son siempre bienvenidos, pero tres veces al año extendemos una invitación formal. Usamos estas reuniones abiertas para mostrar nuestros equipos de ministerio de jóvenes y la calidad de nuestros programas. Durante el tiempo de enseñanza, normalmente señalamos la relación padre-hijo y nos enfocamos en la comunicación o en el manejo de los conflictos. Este también es un buen momento para explicar nuestra visión de un ministerio para jóvenes y sus padres.

Ofrezca charlas de mesa en su programa de la congregación

Cada semana mandamos a la casa de los jóvenes pertenecientes al estudio bíblico por área, algunas preguntas para comentar con toda la familia. También pedimos a los jóvenes que durante una cena semanal inicien el diálogo enfocándose en sus lecciones del estudio bíblico. Además de hablar sobre las preguntas en la mesa, cada semana instamos a nuestros jóvenes a mostrar la información de sus cuadernos de estudio bíblico a sus padres. Sugerimos que de nuevo enseñen la lección a sus padres para que estos sepan lo que sus hijos están aprendiendo. Nos damos cuenta que muchos de nuestros jóvenes no hacen esto, y no procuramos imponerlo, pero a menudo lo mencionamos. Debajo hay algunos ejemplos de nuestras preguntas para comentarios en la mesa.

COMENTARIOS EN LA MESA:
ESTUDIO BÍBLICO SOBRE SANTIAGO 1:2-18

1. ¿Cuáles son las dos pruebas más grandes que como familia estamos encarando?
2. ¿Por qué creen que Pablo dijo que debemos gozarnos en las pruebas?
3. ¿Qué beneficios creen ustedes que resultarán de nuestras pruebas familiares?
4. ¿Qué tiene que ver la sabiduría con experimentar pruebas?
5. ¿Cómo reacciona nuestra familia cuando tenemos pruebas?
6. ¿Qué ejemplo tenemos de una prueba que ya hayamos pasado y qué aprendimos de esta?

Facilite la diversión en familia

Los ministerios saludables para jóvenes planean momentos de diversión para las familias a través del año. Esos momentos tal vez incluyan un show de talentos, una búsqueda de cosas en grupos con autos, un retiro de fin de semana, un picnic de un día con juegos divertidos, o una fiesta para ver el último juego del campeonato. Las ideas son negociables, pero lo esencial es el principio de facilitar la diversión en familia.

Paso 6: Agregue padres a su equipo de voluntarios

Traer padres a su equipo de liderazgo puede ser una de las cosas más sabias que haga como obrero de jóvenes. Si recluta a los padres correctos para su equipo, descubrirá un nuevo nivel de apoyo y entusiasmo. Tener a los padres en el equipo construye un ministerio juvenil amigo de la familia y trae un fuerte sentido de propiedad al ministerio, porque los padres están comprometidos con el crecimiento espiritual de su joven. Estos padres son un canal extraordinario de apoyo y comunicación positiva a otros padres ya que representan al ministerio para jóvenes desde una perspectiva interna. Además, los padres voluntarios a menudo tienen compasión de los padres que sufren, y sirven para dar el ejemplo de padres espiritualmente saludables a los jóvenes que no lo tienen así.

Asegúrese de que los jóvenes le digan cómo se sienten teniendo a sus padres en el ministerio. (Esto se explica mejor en el capítulo quince.)

Paso 7: Ofrezca a los padres un plan espiritual para la vida

Cuando comencé a ir a las conferencias de padres y maestros en la escuela de mi hija, me impresionó el interés que tenía la maestra de incluirnos a Cathy y a mí en el plan general de educación de nuestra hija. La maestra nos preguntó qué considerábamos importante que nuestra hija aprendiera. Explicó su deseo de que trabajáramos como un equipo para que tanto la escuela como el hogar tuvieran las mismas metas. Esto me inspiró a probar este mismo tipo de plan formal con los padres de nuestro ministerio. Le llamé un plan espiritual para la vida.

Un plan espiritual para la vida se basa en los cinco propósitos de nuestro ministerio. Cuando los padres expresan interés, uno de nuestros líderes se reúne con ellos, por lo menos una vez al año, para tener una conferencia de padres-obreros de jóvenes. El propósito primario de un plan espiritual para la vida es determinar cómo los padres y el ministerio pueden trabajar como un equipo para animar la vida espiritual del adolescente. En la reunión, el obrero de la juventud revisa los cinco propósitos del Gran Mandamiento y la Gran Comisión (véase el capítulo dos). El obrero muestra a los padres nuestro proceso del ministerio para jóvenes (capítulo doce), y entonces acuerdan cómo trabajar juntos para instruir al adolescente en la evangelización, la adoración, comunión, discipulado y ministerio. Ellos usan el tiempo de la reunión para determinar algunas acciones específicas, y el líder documenta estas acciones. El líder también anota cualquier pedido especial o inquietud que los padres quizá tengan acerca de su adolescente. Terminan la reunión en oración. El líder hace una fotocopia de lo que se habló y les da el original a los padres. Este tiempo es más efectivo cuando el joven sabe que un obrero de jóvenes se reúne con sus padres.

Debido a que nuestro ministerio ya tiene una estrategia basada en los cinco propósitos, nuestro papel en la vida del joven no cambia mucho como resultado de un plan espiritual para la vida. Caminamos al lado del joven durante el proceso de la madurez, no importa si este tiene un plan espiritual para la vida. Lo que sí cambia es nuestro entendimiento de la familia y nuestra sensibilidad al estudiante.

En Saddleback tenemos a la disposición de todos los padres de adolescentes los planes espirituales para la vida. Al principio los explicaba solo, pero luego preparé a otros líderes para facilitar las reuniones. Nuestro ideal es que el líder del grupo pequeño de jóvenes explique el plan espiritual para la vida, porque como resultado de esto se relacionan más y se adquiere más responsabilidad. Los padres que toman el tiempo de seguir un plan espiritual para la vida, típicamente salen con una mayor comprensión de nuestro ministerio y una nueva apreciación de cómo nuestro equipo de la juventud quiere unirse a ellos.

Si usted prueba los planes espirituales para la vida en su ministerio con la juventud, no se desanime si los padres carecen de interés. Es una experiencia bastante intimidante. No presiono a los padres para que se reúnan conmigo; pongo el tiempo a disposición, comunico mi intención de trabajar en equipo, y les recomiendo que comiencen el plan cuando estén listos.

Trabajar con familias no es fácil, pero lo recompensa a usted, a sus familias y al cuerpo de la iglesia. Este tipo de espíritu amigable y familiar es esencial para el ministerio saludable con los jóvenes.

A medida que desarrolle sus propios pasos o adapte los siete de este capítulo, hágaselo llegar a los padres. Permita que ellos vean su interés de crear un ministerio juvenil amigo de la familia. Todos los años enviamos una carta a cada uno de los padres para comunicar nuestro interés de tener un ministerio juvenil amigo de la familia.

HÁGALO PERSONAL

1. ¿Cuáles son algunas razones por las que un ministerio juvenil amigo de la familia ha sido difícil de lograr?
2. ¿Qué temores percibe usted en los padres?
3. ¿En el pasado fue su ministerio para jóvenes insensible a las familias? Si así es, ¿cómo?
4. ¿Cuáles son algunas maneras de mejorar la comunicación con los padres?
5. ¿Cómo cree que los miembros de la iglesia o los padres perciben su ministerio con la juventud?
6. ¿Quiénes son algunos padres santos que podrían servir como maestros experimentados para los padres?
7. ¿Cuál de los programas que tiene actualmente para jóvenes podría modificarse para hacerlo con los jóvenes y sus familias?

NOTAS

[1] Chap Clark, en su libro *The Youth Worker's Handbook for Family Ministry* [Manual del obrero de jóvenes para el ministerio de la familia], Zondervan, Grand Rapids, 1997, sugiere maneras prácticas para que los equipos de ministerios para jóvenes, cuerpos de la iglesia y familias trabajen juntos.

Octavo componente

LíDeRes PARTICIPANTeS

QUINCE

Busque los líderes que sus jóvenes merecen

Los líderes pueden hacer o deshacer un ministerio. Un ministerio para jóvenes sin un liderazgo adecuado nunca puede ser saludable, pero uno con una abundancia de líderes de calidad siempre tendrá el potencial para serlo. Proverbios 11:14 dice claramente: «Sin dirección, la nación fracasa; el éxito depende de los muchos consejeros».

Los ministerios para jóvenes carentes de líderes a menudo están sobrecargados, tensos y demasiado cansados para una nueva visión. Caen en el modo de conservación y se estancan. Por eso es tan importante que los obreros de jóvenes comiencen sus ministerios bien, buscando líderes y aprendiendo a ser líder de líderes. Si usted está en una iglesia que no le brinde poder a la congregación para hacer el trabajo del ministerio, el desarrollo del liderazgo será particularmente difícil. Incluso los ministerios de iglesias que desafían constantemente a la gente para involucrarse luchan para encontrar suficientes líderes.

> **Los ministerios para jóvenes carentes de líderes, a menudo están sobrecargados, tensos y demasiado cansados para una nueva visión.**

Este capítulo y el siguiente se basan en tres principios de liderazgo:

1. Usted lo puede hacer; pero no lo puede hacer solo (capítulo 15).
2. Dios tiene a los líderes; usted tiene que encontrarlos (capítulo 15).
3. Los jóvenes merecen líderes que ministren, no simples guías que controlen las multitudes (capítulo 16).

Mientras que estos principios pueden parecer simples, la cantidad de trabajo que conlleva el desarrollo de un liderazgo de calidad nunca tiene fin. Es un ciclo continuo de buscar líderes, prepararlos, cultivar su crecimiento espiritual, y darles el poder para hacer el ministerio, y motivarlos a continuar. Cuanto más líderes de calidad tenga, más madurarán sus jóvenes espiritualmente. Cuando sus jóvenes crezcan espiritualmente, su ministerio crecerá numéricamente, y este crecimiento requerirá líderes adicionales. Desarrollar a los líderes es la mejor combinación de bendición y carga que conozco en la iglesia. Es una bendición ver a los adultos ministrar a los jóvenes, y es una *carga* encontrar a los adultos, prepararlos y motivarlos.

¡Usted no puede hacerlo solo!

Vemos una gran cantidad de personas que entran y salen del ministerio para jóvenes porque muchos de sus obreros tratan de hacerlo todo solos. Algunos obreros de la juventud me dicen que no tienen suficiente tiempo para buscar líderes; no tienen tiempo suficiente porque están demasiado ocupados haciéndolo todo.

Este no es un problema nuevo. El famoso pasaje del liderazgo, en Éxodo 18, revela que Moisés trató de dirigir al pueblo de Israel por sí solo, hasta que su suegro Jetro le dijo:

—No está bien lo que estás haciendo —le respondió su suegro—, pues te cansas tú y se cansa la gente que te acompaña. La tarea es demasiado pesada para ti; no la puedes desempeñar tú solo. Oye bien el consejo que voy a darte, y que Dios te ayude. Tú debes representar al pueblo ante Dios y presentarle los problemas que ellos tienen. A ellos los debes instruir en las leyes y en las enseñanzas de Dios, y darles a conocer la conducta que deben llevar y las obligaciones que deben cumplir. Elige tú mismo entre el pueblo hombres capaces y temerosos de Dios, que amen la verdad, y aborrezcan las ganancias mal habidas, y desígnales jefes de mil, de cien, de cincuenta y de diez personas. Serán ellos los que funjan como jueces de tiempo completo, atendiendo los casos sencillo, y los casos difíciles te los traerán a ti. Eso te aligerará la carga, porque te ayudarán a llevarla. Si pones esto en práctica y Dios así te lo ordena, podrás aguantar; el pueblo, por su parte, se irá a casa satisfecho. (vv. 17-23)

Vuelva a ese pasaje y subraye estas palabras importantes:

- «No está bien lo que estás haciendo»
- «Te cansas tú y se cansa la gente que te acompaña»
- «La tarea es demasiado pesada para ti; no la puedes desempeñar tú solo»
- «Elige tú mismo entre el pueblo hombres capaces y temerosos de Dios»
- «desígnales»
- «Eso te aligerará la carga, porque te ayudarán a llevarla»
- «Podrás aguantar»
- «El pueblo ... se irá a casa satisfecho»

Jetro dijo a Moisés que esa gente se iría a su casa satisfecha, porque estaban cuidados y sus necesidades estarían satisfechas. Este consejo se dio hace miles de años, pero todavía se aplica al liderazgo en el día de hoy.

Cuando me preguntan cuál es la mejor proporción de jóvenes por líderes, a menudo señalo el ejemplo de Jesús. Él era Dios y, sin embargo, tenía una proporción de doce a uno. Debido a su relación con Pedro, Santiago y Juan, hasta podría sugerir que su proporción era más similar a tres personas por cada líder. No creo que haya una sola respuesta para la situación de cada ministerio para jóvenes, aunque sé que el número mágico definitivamente es menos de doce. En Saddleback tratamos de establecer nuestra meta en una proporción de cinco a uno para los grupos pequeños, y aun así, a la mayoría de nuestros líderes se les hace difícil invertir el tiempo y los cuidados que requieren cinco jóvenes.

Tanto las palabras de Jetro como el ejemplo de Jesús nos muestran nuestra necesidad de ayuda. Con este imperativo viene la obligación más grande, confiar en Dios para tener líderes. Una de las promesas que aplico al encontrar líderes es el Salmo 55:22: «Encomienda al Señor tus afanes, y él te sostendrá; no permitirá que el justo caiga y quede abatido para siempre.» Este versículo me hace recordar que Dios está mucho más preocupado por nuestro ministerio para jóvenes que yo. Amo profundamente a nuestros jóvenes, pero Dios se preocupa más por ellos de lo que yo me puedo imaginar. Y porque Dios se preocupa por ellos, cuida de nuestro liderazgo más que yo. Los jóvenes sin líderes son como ovejas sin pastores, y Jesús nos dice que pidamos obreros para cuidar de las ovejas: «Al ver las multitudes, tuvo compasión de ellas, porque estaban agobiadas y desamparadas, como ovejas sin pastor. La cosecha es abundante, pero son pocos los obreros —les dijo a sus discípulos—. Pídanle, por tanto, al Señor de la cosecha que envíe obreros a su campo» (Mt 9:36-39). Estas promesas me han asegurado que Dios tiene a los líderes para nuestro ministerio; solo necesitamos encontrarlos.

¡Usted lo puede hacer! Un proceso de cinco pasos para encontrar líderes

Nuestro papel es ser fieles haciendo lo posible, y tener fe en que Dios hará lo imposible. Los siguientes pasos lo ayudarán a hacer lo posible en su búsqueda de líderes buenos. Estos pasos componen un proceso contínuo. No es práctico terminar el primer paso y nunca volverlo a hacer. Nunca terminará estos pasos, mientras su ministerio esté creciendo usted siempre estará involucrado en este proceso.

Paso 1: Piense en su actitud de liderazgo

Su actitud acerca de los líderes impactará los métodos para encontrarlos. Prefiero la palabra *líder* antes que *voluntario*. Me gusta *líder* porque connota acción y afirma el valor del líder. *Voluntario* comunica que alguien tiene que llenar un hueco que nadie más quiere; no es tan positiva como *líder*. Su habilidad de encontrar líderes voluntarios comienza por cómo usted los considera.

La actitud «necesitamos voluntarios para sobrevivir»

Esta actitud dice: «Necesito a alguien para llenar este hueco, asumir esta responsabilidad o enseñar esta clase.» Por lo general, es el resultado de estar agobiado con las demandas del ministerio. Este tipo de pastor con ojos desesperados y una voz implorante, encuentra voluntarios en potencia y toma a cualquier persona en lugar de buscar la persona correcta para el trabajo. Cada pastor de jóvenes que conozco tiene cuentos horripilantes de «usaré a cualquiera»; voluntarios que resultan ser un problema.

La actitud de «necesitamos líderes para prosperar»

Los ministros de jóvenes que tienen esta actitud, están menos agobiados por las tareas y más interesados en cultivar a sus jóvenes. Miran a los líderes potenciales como ministros y consideran la forma única en que Dios los ha formado para ministrar. Estos ministros de jóvenes están dispuestos, pero no desesperados, por llenar huecos. Creen que la gente correcta prosperará como líderes y que los jóvenes prosperarán a causa de su ministerio.

Su actitud acerca de los líderes potenciales afectará su estilo para encontrarlos y prepararlos para el ministerio. Una actitud de prosperidad, permite autorizar a los líderes para hacer el ministerio, porque usted realmente cree que Dios puede trabajar a través de ellos y lo hará.

Paso 2: Quebrante los estereotipos existentes

Hacemos más difícil el trabajo de encontrar líderes cuando perpetuamos los estereotipos existentes de un perfil de obrero de jóvenes. Durante años le he estado preguntando a la gente en la iglesia cómo describirían a un buen obrero para jóvenes. Aquí están las primeras diez respuestas:

- joven
- chistoso
- atlético
- hábil frente a las multitudes
- maestro fuerte
- conoce la Biblia
- personalidad extrovertida
- tiene carisma
- entiende la cultura joven
- posee un microbús

Al ver esta lista, es fácil entender por qué la mayoría de la gente en nuestras iglesias es reacia en ofrecerse: ¡No entran en la descripción! Estas cualidades representan una minúscula parte del cuerpo de Cristo y solo un tipo de obrero para la juventud: uno que escasea.

Si quiere encontrar líderes, muestre a su congregación una nueva imagen de cómo debe ser un obrero para los jóvenes. A la gente de nuestra iglesia les digo que buscamos dos cualidades: amor a Dios y un corazón para jóvenes. Les digo: «Si ama a Dios y siente ternura por los jóvenes, puede llegar a ser un gran obrero para los jóvenes. ¡Eso es todo lo que necesita para comenzar!» Entonces les muestro una lista de los tipos de líderes que buscamos:

ancianos	estudiantes de universidad
introvertidos	mecánicos
jóvenes casados	padres solteros
músicos	contadores
sin terminar secundaria	cristianos maduros
jugadores de bolos	gente con pasados ásperos
ciclistas	obsesionados con las computadoras
nuevos cristianos	atletas
padres	empresarios
ex-animadores	gente ocupada

obreros	casados hace mucho tiempo
artistas	administradores
cocineros	luchadores profesionales

Compilamos esta lista para comunicar que necesitamos de toda clase de líderes para ministrar a toda clase de jóvenes. No puedo relacionar ni ministrar a todos los jóvenes de nuestro ministerio. Soy un flamante extrovertido que saludo y abrazo a todos los que están en el salón. Algunos de nuestros jóvenes más introvertidos piensan que soy espantoso. Necesitan líderes introvertidos que se sienten y conversen tranquilamente con ellos.

Después de trabajar con centenares de voluntarios a través de los años, he aprendido que los mejores líderes no han sido los que habría escogido de una multitud. Le sorprenderá saber que algunos de los mejores voluntarios son mucho más viejos que el estereotipo del líder para jóvenes. Traje a nuestro equipo de voluntarios (en mi iglesia previa) a un hombre de unos setenta años llamado Marv Ashford. Ya no estoy pastoreando en esa iglesia, pero hasta hoy, Marv, que anda bien entrado en sus ochenta, sigue trabajando allí con los jóvenes. ¡Es un magnífico obrero de jóvenes! Sensible, sólido, alentador y apasionado con los jóvenes. Tiene un fuerte ministerio con los padres, porque ha caminado en sus zapatos, y habla la verdad. Marv no es un chillón, y no sabe mucho acerca de la cultura de la juventud. No podría nombrar una banda actual y tal vez no sepa qué es MTV. Pero se para en la puerta mientras que los jóvenes entran a la clase de la Escuela Dominical, les da un abrazo de abuelito y les dice: «¿Tú sabes que Marv te ama, verdad?» ¡Todos lo saben! Estos jóvenes están impresionados con ese amor sincero, con las expresiones auténticas y su sabiduría de años. Los ministerios para jóvenes necesitan quebrantar sus estereotipos y comenzar a buscar candidatos como Marv, que ama a Dios y tiene un corazón para los jóvenes.

> He aprendido que los mejores líderes no han sido los que habría escogido de una multitud.

Paso 3: Simplifique sus oportunidades de servicio

Fig. 15.1

Muchos de nosotros perdemos líderes potenciales porque limitamos nuestras oportunidades de servicio a dos posiciones: *Todo* o *Nada*. Todos en su iglesia son obreros potenciales para jóvenes, si usted les brinda oportunidades para servir que sean más simples y no tan amenazadoras, como trabajar directamente con los jóvenes. El esquema siguiente muestra cuatro tipos diferentes de equipos de liderazgo. Observe la progresión de los cuatro equipos dentro del cuerpo de la iglesia. Cuánto más descienda el embudo, más difícil será encontrar este tipo de líder. Como hemos visto, el paso uno nos muestra que debemos considerar a los líderes como ministros antes que voluntarios que ocupan una posición. El paso dos nos enseña la variedad de gente que puede ministrar a los jóvenes. El paso tres es importante porque destaca que en el cuerpo de la iglesia ahora todos se pueden considerar como candidatos potenciales para el ministerio con la juventud.

Si de veras cree que todos los cristianos son llamados a hacer el ministerio, entonces debe ver a cada cristiano como un obrero potencial para la juventud. Su trabajo no es decirle a la gente que la voluntad de Dios es que ellos colaboren con el ministerio para jóvenes, pero sí es avisar al cuerpo de la iglesia de sus necesidades y oportunidades de servir en su ministerio.

> **Si de veras usted cree que todos los cristianos son llamados a hacer el ministerio, entonces debe ver a cada cristiano como un obrero potencial para la juventud.**

Reúna nombres para un equipo de animadores

Nuestro equipo de animadores se compone de personas del cuerpo de nuestra iglesia que apoya el ministerio para jóvenes o a uno de nuestros líderes. En cualquier momento que alguien dice algo positivo acerca de nuestro ministerio, de nuestros jóvenes, o de nuestro personal, anotamos su nombre por ser alguien amistoso a favor del ministerio para jóvenes. Entonces llamamos ocasionalmente para medir su interés en participar en uno de los otros equipos o asistir a uno de nuestros programas especiales. Los animadores no tienen responsabilidades específicas; ellos nos llenan de confianza y apoyo. Queremos identificarlos para nuestras futuras necesidades potenciales.

Reúna personas con posesiones o habilidades para un equipo de recursos

Este equipo ofrece una oportunidad para que las personas participen en el ministerio de jóvenes compartiendo sus posesiones o habilidades específicas. La gente participa en el equipo de recursos, facilitándonos alguno de sus bienes o habilidad. Son personas que quieren apoyar nuestro ministerio pero no necesariamente quieren invertir tiempo con los adolescentes. Por ejemplo, no quieren hacer un viaje y acampar con nosotros, pero les alegra prestarnos su carpa. No quieren dirigir nuestro equipo de drama, pero pueden construir nuestro escenario.

Cada iglesia tiene en su cuerpo los recursos disponibles, que serían útiles para los que trabajan con los jóvenes. Uno de los errores que normalmente cometemos es asignarles a los líderes activos, que tienen tiempo limitado, la tarea de buscar los recursos que necesitamos para nuestros programas. Al hacer esto, malgastamos su tiempo del ministerio con los jóvenes. Por ejemplo, si Misha puede emplear dos horas a la semana en el ministerio para jóvenes, quiero que invierta su tiempo con los jóvenes, y no que malgaste esas dos horas buscando termos de agua para nuestro viaje misionero. Prefiero que el cuerpo de la iglesia nos facilite y nos preste los recursos de los que dispone. La figura 15.2 nos muestra una hoja de inventario de recursos que distribuimos en nuestra congregación, para averiguar los que ellos tienen, que quizá estén dispuestos a prestarnos. Cuando los miembros de la iglesia llenan y devuelven esta hoja, se convierten en nuestro equipo de recursos. Organizamos sus nombres por recursos, y un líder del equipo de recursos los llama cuando surge una necesidad.

Reúna a los santos para un equipo de oración

El equipo de oración se compone de hombres y mujeres que participan en el ministerio de jóvenes, dándonos una base de apoyo mediante la oración. Esta es gente que ama a Dios, aunque no necesariamente disfrutan participar activamente con los jóvenes. Su compromiso es orar por una lista de peticiones de oración que les mandamos mensualmente. Mientras ellos oran por nuestro ministerio, nosotros oramos pidiendo que ellos lleguen a convertirse en miembros del equipo activo. A través de los años, hemos tenido personas que comenzaron en el equipo de oración, se interesaron de corazón en los adolescentes por los cuales estaban orando y se convirtieron en parte de nuestro equipo activo.

El equipo de animadores, el de recursos y el de oración requieren poca dirección y atención. Aunque juegan papeles importantes en nuestro ministerio, no pasan por nuestro proceso de entrevista (véase el capítulo 16). Ya que ellos nos ayudan detrás de la escena y no *trabajan* directamente con los jóvenes, nosotros mantenemos expectativas simples. La diferencia principal entre estos tres equipos y el equipo de activos, es que este último ministra *directamente* e influye a los jóvenes.

Busque líderes para un equipo de activos

El equipo de activos son personas que trabajan directamente con los jóvenes y cuidan de ellos. Son maestros, líderes de grupos pequeños y adultos que van a las escuelas para ver los partidos de los jóvenes. Básicamente son los ministros, mientras que los otros tres equipos están compuestos por ayudantes del ministerio. Aunque queramos buscar gente para los otros equipos, buscar líderes que trabajen con los jóvenes es nuestra última meta. Mientras más líderes activos tengamos, mayor será el número de jóvenes que recibirán atención personal y se nutrirán.

INVENTARIO DE RECURSOS

Nombre _____ Teléfono _____

Dirección _____

Usted tiene...

Vehículos:

- ☐ microbús (van)
- ☐ barco
- ☐ camión
- ☐ bote para esquiar/Jet Ski
- ☐ casa móvil
- ☐ otro_____

Acampar:

- ☐ tiendas campaña
- ☐ cocinas/faroles
- ☐ bolsa de dormir
- ☐ equipo de parrilla
- ☐ recipientes de agua
- ☐ otro_____

Equipos deportivos:

- ☐ equipo de voleibol
- ☐ bádminton
- ☐ mesa de ping-pong
- ☐ pelotas de fútbo americano
- ☐ pelotas de baloncesto
- ☐ mesa de billar
- ☐ pelotas de fútbol
- ☐ Discos Frisbees
- ☐ otro_____

Misceláneas:

- ☐ mesas
- ☐ sillas
- ☐ piscina
- ☐ equipo de sonido
- ☐ pantalla grande de TV
- ☐ casa en la playa
- ☐ equipo de vídeos
- ☐ cabina en montañas
- ☐ contactos con campamentos o centros de retiros
- ☐ otro____

Le interesaría...

- ☐ ayudar a coordinar programas especiales
- ☐ comprar/hacer comida para programas
- ☐ ser guía en programas especiales
- ☐ conducir a las actividades
- ☐ ayudar un fin de semana al mes a sentarse en la mesa del ministerio de jóvenes
- ☐ Ayudar con trabajo de oficina antes de campamentos/retiros/programas
- ☐ brindar su casa para programas especiales
- ☐ recibir en su casa un grupo de estudio bíblico
- ☐ participar con el grupo de padres de adolescentes
- ☐ otro_____

Le interesaría ayudar con...

- ☐ costura
- ☐ cocinar
- ☐ mecanografiar
- ☐ banda
- ☐ música
- ☐ computadoras
- ☐ arte/gráfico
- ☐ mercadeo
- ☐ diseño
- ☐ fotografía
- ☐ construcción
- ☐ organización
- ☐ arquitectura
- ☐ otro_____

Fig. 15.2

En el equipo de activos, hemos identificado dos tipos de líderes: líderes *dirigidos por el programa* y líderes *autodirigidos*. Para determinar estas categorías consideramos cuánto quieren invertir los líderes en su ministerio. Los líderes dirigidos por el programa aman a Dios y se interesan en los jóvenes, pero típicamente reservan su tiempo de ministerio para un programa. No se mantienen en contacto con los jóvenes luego del tiempo requerido. A menudo estos son líderes nuevos que están tratando de encontrar su lugar en el ministerio para jóvenes. Los líderes autodirigidos son los que han captado la visión de cultivar a los jóvenes. Ministran a los jóvenes después de nuestros programas regulares mediante cartas, llamadas telefónicas, visitas y actividades exteriores. Estos líderes sienten responsabilidad por el total desarrollo espiritual de sus jóvenes y expresan iniciativa por el cuidado de ellos.

Si es un líder de líderes, su meta será ver líderes dirigidos por el programa convirtiéndose en líderes autodirigidos. Un voluntario que permanezca como líder dirigido por el programa durante más de un año, tal vez necesite alguna preparación, confrontación apacible, o un cambio de responsabilidades. Cuanto más un líder dirigido por el programa pueda observar a un líder autodirigido y oír cómo cultivar a los jóvenes y cómo ministrar fuera del programa, mejor será. Los líderes dirigidos por el programa necesitan líderes autodirigidos que representen un ministerio más allá de las fronteras del programa.

Al simplificar las oportunidades para servir en los equipos del ministerio para jóvenes (animador, recurso, oración y activos) usted tendrá un ministerio mucho más atractivo. Dar opciones menos amenazadoras a los que tienen miedo de trabajar con jóvenes, aliviará algunos de sus temores. A medida que acepten estos papeles menos intimidantes, llegarán a exponerse gradualmente al ministerio y se prepararán para pertenecer al equipo activo.

Paso 4: Nunca deje de buscar líderes potenciales

Buscar gente para unirse a los equipos es una tarea interminable y de alta prioridad. Estas son algunas maneras de encontrar líderes:

Espere que los líderes existentes busquen a los nuevos

Pedimos a nuestro equipo existente de obreros para jóvenes que busquen un voluntario durante el año. Como líder de líderes, soy el último responsable en formar un equipo, pero como no conozco a cada persona en la iglesia y nuestros líderes activos conocen a otras personas, ellos me ayudan en la responsabilidad de buscar líderes nuevos. Por ejemplo, desde que Jeff está participando en el ministerio de hombres, él ve a los hombres como líderes potenciales para los jóvenes. Y desde que Amanda está en el coro, busca a miembros del coro que amen a Dios y tengan interés en los jóvenes. Los mejores voluntarios nuevos, son los que han invitado nuestro equipo ya existente. Llegan a nuestro ministerio con un capacitador listo debido a su relación con alguien que ya está sirviendo.

Pida a los jóvenes que hablen con los adultos

Conocí a Patricia durante un campamento para toda la iglesia. Tenía sesenta años de edad y era abuela de seis. Me di cuenta que amaba a los jóvenes porque durante la cena siempre se escapaba para pasar por la mesa de los adolescentes y preguntarles cómo había sido el día. ¡Los jóvenes la amaban! Un día le dije: «Patricia, ¿alguna vez consideró que su ministerio en nuestra iglesia podría ser el trabajo con la juventud?» Ella se rió y me dijo que era demasiado vieja, que no podría relacionarse con los adolescentes actuales, y que ya tenía un ministerio como ujier. Traté de persuadirla diciendo: «Puedo conseguir que la iglesia busque a otra persona para ayudar a la gente a encontrar sus asientos, pero estoy buscando ministros que sirvan de ujieres para llevar a los jóvenes a la presencia de Dios.» Sé que sonaba santo, así que me impactó que mi manipulación espiritual no funcionara. Tres veces diferentes se lo pedí en tres maneras diferentes y siempre me rechazó.

Después del retiro, dos jóvenes le dijeron a Patricia que creían que ella sería una gran líder para los jóvenes. Le prometieron que le presentarían a sus amigas y la ayudarían a sentirse cómoda. Patricia aceptó. ¡No podía creerlo! Estas chicas no eran graduadas del seminario. No sabían nada acerca de desarrollar líderes. Sin embargo, fueron las figuras clave para traer a nuestro equipo una gran obrera para la juventud. Hicieron un mejor trabajo que yo al aliviar los temores de Patricia.

Mire a los padres como líderes

Los padres son magníficos obreros para jóvenes, si entran al equipo de voluntarios de manera correcta. Al principio de cada año escolar, hacemos un gran llamado a los padres para unirse a cualquiera de nuestros tres equipos principales (recurso, oración, activos). Antes de perseguir a los padres para el equipo de activos, hablamos con sus hijos adolescentes para ver cómo se sentirían con la participación de sus padres. Si el joven está de acuerdo con la idea, «perseguimos» a ese padre. Si un joven se opone inflexiblemente a la participación del padre y siente la necesidad de «independencia», por lo general demoramos la participación del padre hasta que el joven madure o hasta que encontremos un lugar en el ministerio donde ellos se puedan «independizar» el uno del otro. Preferimos tener la participación del joven en el ministerio, antes de agregar al padre a nuestro equipo de liderazgo. La mayoría de los padres concuerdan con esta evaluación y están dispuestos a demorar su participación hasta que el adolescente esté listo.

Entrevistamos a los padres antes de aceptarlos, como hacemos con los líderes candidatos (véase el capítulo 16), y tratamos de descubrir sus motivos para servir en el ministerio de jóvenes. No queremos padres que espíen a sus adolescentes, que traten de parecer santos, que sean demasiado vigilantes cuando dejan salir a sus jóvenes, o que estén desesperados por tener amistades adolescentes.

Utilice jóvenes de edad apropiada

Si en la iglesia usted tiene un ministerio con universitarios, es posible que algunos jóvenes con aptitud de liderazgo puedan ayudar en el ministerio de los de secundaria. De la misma forma, permita que los líderes jóvenes maduros que están en su ministerio de secundaria, trabajen con los adolescentes más jóvenes.

Una manera efectiva de mantener involucrados a los jóvenes del último año de secundaria es permitiéndoles tener más responsabilidades dentro del ministerio. Me gusta la idea de tener a los de quinto año trabajando con jóvenes de séptimo grado durante un año. Si estos mayores no se van a la universidad, tendrán la aptitud de discipular a los mismos jóvenes durante seis años. A propósito, nosotros insistimos en que todos nuestros líderes trabajen con jóvenes del mismo sexo; esto llega a ser aun más importante cuando la diferencia de edad se aminora.

Anúncielo en universidades cristianas

Si su iglesia está cerca de una universidad cristiana, hay una gran oportunidad de encontrar líderes jóvenes. La mayoría de los jóvenes cristianos que están en la universidad, vienen de grupos de jóvenes y se han mudado de la comodidad de sus iglesias originales. Si es el primer ministro de jóvenes que lo anuncia en el boletín universitario semanal, tendrá una buena oportunidad de encontrar líderes enérgicos y altamente dedicados a los jóvenes.

Además, la mayoría de las facultades cristianas requieren que antes de graduarse, los jóvenes tengan capacitación práctica en el ministerio. Avise a una universidad cristiana y haga de su iglesia un sitio disponible para un programa de preparación, donde los jóvenes universitarios puedan obtener experiencia, mientras que usted supervisa sus progresos.

Reúna todos los nombres

Además de todos los métodos de búsqueda antes descritos, siempre pregunto a los adultos y a los jóvenes si saben de alguien que cumpla con nuestra descripción de obrero apto para la juventud. Digo: «Buscamos todo tipo de persona que ame a Dios y se interese en los jóvenes. ¿Saben de alguien con el que deba hablar?» Si me dan el nombre de alguien que yo conozca, le llamo y explico nuestros equipos diferentes y le pido que en oración considere participar en alguno. Digo algo así: «Algunos de los jóvenes de nuestro ministerio lo escogieron como uno de sus adultos favoritos». Esto, les quita el temor de: «¿Me apreciarán los jóvenes?» Si no conozco al adulto que me recomendaron, escribo una carta, como verá a continuación, y le doy atención con una llamada telefónica.

Querido Dan:

Quise escribirle una breve carta para avisarle que usted ganó el concurso de popularidad entre los jóvenes de la Iglesia Saddleback. Recientemente les pregunté a unos chicos adolescentes si conocían a alguien en nuestra iglesia que pudiera ser un buen líder en nuestro ministerio de jóvenes. Me dieron su nombre con mucho entusiasmo.

¿Consideraría en oración la posibilidad de participar en nuestro equipo con la juventud? Siempre estamos buscando a adultos que amen a Dios y que tengan interés en emplear tiempo con los jóvenes. Si esto lo describe a usted, me encantaría contarle más acerca de nuestro ministerio con los jóvenes y las oportunidades para ministrarlos en nuestra iglesia.

Lo llamaré en una semana para preguntarle su nivel de interés. Gracias por tomar el tiempo para leer esta carta, orar acerca del ministerio y ser el tipo de persona que los jóvenes respetan.

Bendiciones

Doug Fields,
Pastor de Jóvenes

PD: En caso de que se lo esté preguntando, tanto Sara Boyd como Amy Allen dijeron que usted sería fabuloso.

Fig. 15.3

Paso 5: Invite personas a participar en el equipo de activos

A medida que haga invitaciones para participar en sus equipos, comunique una actitud «próspera». La manera en que hable de su ministerio, comienza el proceso de educación con respecto a valores, actitudes y propósitos del ministerio para la juventud.

Enfóquese en la palabra Invitar

La palabra *reclutar* es agresiva y evoca una imagen militar. Cuando en la iglesia usamos la palabra *reclutar*, la gente se esconde. Están cansados de ser reclutados. En vez de reclutar a la gente, *invítelos*. ¿Cuál se oye mejor: «quiero reclutarlo» o «quiero invitarlo?» Invite a la gente a participar en su equipo de oración. Invítelos a observar una clase de la Escuela Dominical y considerar en oración si este quizá sea un lugar donde ellos puedan involucrarse en el ministerio. La gente no tiene inconveniente en ser invitado, pero ¿a quién le gusta ser reclutado?

> **La palabra reclutar es agresiva y evoca una imagen militar.**

Use un volante promocional para anunciar sus equipos

Sirve como un recordatorio palpable de la conversación entablada con usted. Note que nuestro modelo en la figura 15.4 se refiere a los equipos de recursos, oración y activos. Le da a la gente una idea general de lo que estamos buscando y una oportunidad de responder con la posibilidad que les interese. A veces también ponemos anuncios en nuestro boletín de la iglesia.

Muestre a sus obreros atípicos de jóvenes

Marv quebranta el estereotipo de un obrero de jóvenes. Cuando yo hablaba con líderes potenciales, en mi iglesia anterior, a menudo lo llevaba conmigo. Él también contó su historia frente de la congregación. Cuando la gente escuchaba de un hombre mayor

¿POR QUÉ ESTAS CHICAS ESTÁN TAN TRISTES?

a. no las escogieron para el grupo de animadoras
b. las sacaron del equipo de voleibol
c. las obligan a asistir al ministerio de secundaria en Saddleback
d. no tienen un líder de grupo pequeño que se interese en ellas
e. todas las respuestas anteriores

La respuesta es «D»

No buscamos un líder «perfecto» para un grupo pequeño; buscamos líderes que sean:

ancianos	obreros	padres solteros	gente ocupada
introvertidos	padres	contadores	cocineros
jóvenes casados	ex animadores	cristianos viejos	administradores
dueños de microbuses	casados hace mucho tiempo	personas con pasados ásperos	luchadores profesionales
músicos	mecánicos	atletas	carniceros
jugadores de bolos	universitarios	empresarios	panaderos
ciclistas	sin terminar la secundaria	ejecutivos de Taco Bell	obsesionados con las computadoras

Si amas a Dios y sientes ternura por los jóvenes, toma un minuto para llenar la tarjeta de comunicación con tu nombre y número de teléfono Indica en qué opciones estarías interesado en servir (las opciones están a continuación).

En el servicio de los jóvenes,
Doug Fields
Pastor de Jóvenes

Buscamos adultos que se unan a uno de nuestros tres equipos:

1. Equipo de activos: ¿Estás dispuesto a trabajar con los jóvenes y guiar un grupo pequeño? Los jóvenes necesitan relacionarse con adultos. ¿Tienes algo para ofrecer?
2. Equipo de recursos: ¿Tienes una carpa? ¿Una lancha? ¿Un microbús? ¿Te gustaría ayudar con nuestros programas especiales? ¿Puedes ofrecernos alguna habilidad?
3. Equipo de oración: Valoramos las oraciones del pueblo de Dios. ¿Puedes orar por nuestros jóvenes y las necesidades de nuestro ministerio?

Fig. 15.4

que era eficiente en el ministerio con la juventud, decía: «Si él lo puede hacer, yo también».

Reúna a todos sus equipos para celebrar una fiesta

Una vez por año haga una fiesta para todos sus equipos. Puede ser una fiesta de navidad o una merienda campestre de verano. Una razón importante por la cual hacer la fiesta es la de agradecerles a todos el apoyo que le han brindado. Otro motivo práctico para tener una fiesta es que los miembros del equipo de activos conozcan a las miembros de los otros equipos. Ellos pueden contarse sus experiencias con el ministerio de jóvenes e invitar a miembros de otros equipos para observar uno de sus grupos pequeños o sentarse en su mesa durante un servicio de adoración de fin de semana. Por ejemplo, Nancy, uno de nuestras líderes que trabaja con los jóvenes, conoció a Julie, del equipo de oración, en nuestra fiesta anual y hablaron acerca del ministerio. Durante la conversación, Nancy invitó a Julie a observar su grupo pequeño. La conversación fue algo así:

> Nancy: ¿Ha considerado trabajar con jóvenes o ser un líder del grupo pequeño?
>
> Julie: ¡Ah, no! Pienso que no podría hacerlo. Aprecio a los adolescentes, pero estoy bastante contenta orando por el ministerio.
>
> Nancy: Antes yo pensaba que era demasiado vieja para trabajar con los jóvenes. ¡Ahora me encanta! Me gustaría invitarla a observar nuestro grupo pequeño durante una semana para ver si quizá le interesa.

Si las personas de los otros equipos no expresan interés por trabajar en el equipo de los activos, no crea que la fiesta es un fracaso. Usted acaba de celebrar una reunión que edifica la credibilidad del ministerio dándole las gracias a estas personas por sus oraciones, recursos y apoyo brindado. Sin considerar el grado de su participación, ellos necesitan y merecen el sincero aprecio.

Invite a los miembros potenciales del equipo de activos a observar primero, antes de comprometerse

Es importante tener gente potencial observando sus programas antes de comprometerse. Querrá asegurarse de que ellos ven el «gran cuadro» del ministerio. Algunas personas responderán entusiastamente ante la necesidad, sin tener un conocimiento básico del ministerio con el cual se están comprometiendo. Esto no es saludable. Prefiero hacer un traslado lento al equipo de los activos. Estoy ansioso por desarrollar líderes, pero quiero hacer elecciones sabias. Traer a alguien al ministerio es más fácil que pedirle que se vaya, si las cosas no andan bien. Así que, el líder de líderes necesita ser selectivo.

El próximo capítulo se concentra en atraer líderes potenciales a su ministerio, y ofrece algunas técnicas específicas para que la gente nueva beneficie el ministerio, y no lo cargue.

HÁGALO PERSONAL

1. ¿Por qué piensa que tantos ministerios de jóvenes luchan por encontrar su liderazgo?
2. ¿Cuál piensa que sería una proporción saludable y realista de jóvenes por líder?
3. ¿Cuál ha sido su actitud para con los voluntarios: «Necesitamos voluntarios para sobrevivir o necesitamos líderes para prosperar»?
4. Nombre alguien en su iglesia a quien podría invitar para estar en el equipo activo.
5. Enumere los nombres de algunos de sus animadores.
6. ¿Qué recursos está buscando continuamente, que podría pedirle a su congregación?
7. Nombre alguna persona en su iglesia que pueda buscar líderes potenciales.
8. ¿Qué piensa acerca del volante promocional en la figura 15.4? ¿Quién lo podría ayudar a crear un volante efectivo?

9. ¿Tiene su ministerio líderes suficientes ahora mismo? ¿Las responsabilidades de pastorear están divididas entre todos en su equipo, o solo unos pocos cuidan de la mayoría de los jóvenes?

10. ¿Refleja su equipo del ministerio de jóvenes una atmósfera abierta y accesible a líderes potenciales que estén observando su ministerio?

DIECISÉIS

Cómo ayudar a los líderes potenciales a convertirse en ministros

El capítulo anterior lo invita a considerar cada persona del cuerpo de la iglesia como un obrero potencial de la juventud. Aquí, *Potencial* es una palabra clave. No todos los que expresan interés o responden a su invitación deben llegar a ser líderes que trabajen directamente con los jóvenes. Los ministerios saludables de jóvenes tienen cuidado de cómo incorporan líderes nuevos a su equipo. Los líderes de calidad llegan a ser eslabones críticos para un fuerte ministerio con jóvenes, pero los que no debían ser líderes activos suelen ser problemáticos.

Algunos obreros de jóvenes se preguntan: «¿Por qué debo ser selectivo con los voluntarios en la iglesia? ¿No es un candidato calificado cualquiera que ame a Dios y tenga interés en los jóvenes?» No. Seríamos insensatos al no mostrar discernimiento con cada líder potencial. Si es líder de líderes, debe tener un procedimiento y criterios fijos para escoger líderes. Sus decisiones en este ámbito son demasiado importantes para su ministerio con la juventud como para tomarlas sin tener un proceso predeterminado.

> **Los ministerios saludables de jóvenes tienen cuidado de cómo incorporar líderes nuevos a su equipo.**

Establezca un proceso para involucrar a los activos

En la Iglesia Saddleback tenemos un proceso de diez pasos que todo líder candidato debe pasar antes de unirse oficialmente al equipo de jóvenes. (Pero recuerde que nuestro equipo de recursos y oración no pasa por este proceso.) Este procedimiento asegura que conozcamos las fuerzas, debilidades, motivaciones y actitudes del interesado. También ayuda a desarrollar líderes dedicados dándole firmeza en su participación en el ministerio. Aunque este proceso para escoger líderes de calidad consume mucho tiempo, a largo plazo reducirá los problemas y dará por resultado tener un ministerio más poderoso.

Al enseñar en mi seminario de MJP, pierdo algunos obreros en este punto porque creen que mi proceso de selección es demasiado rígido. Los que no tienen experiencia son los que generalmente están en desacuerdo. Los obreros de jóvenes con experiencia, que han tenido problemas con líderes inadecuados, están ansiosos por aprender. El proceso que está a punto de leer muestra interés por los jóvenes y sus familias; además protege la integridad de la iglesia, aminora el conflicto y garantiza una mejor calidad del liderazgo voluntario.

Los líderes con la actitud «necesitamos voluntarios para sobrevivir» mencionada en el capítulo quince no usan un proceso. Se les cae la baba de entusiasmo ante cualquier persona que se ofrezca de voluntaria. Este sentido de desesperación puede abrir la puerta a la frustración ilimitada. Si este ha sido su enfoque (como fue el mío durante años), mantenga los ojos y los oídos abiertos a la cantidad de iglesias que pagan el precio por no ser más selectivas con sus líderes. Pareciera que cada dos meses una nueva iglesia figura en los titulares porque un líder abusó de un joven. Enjuician la iglesia y la comunidad marca de abusadores a los líderes de jóvenes. Aunque sea una etiqueta injusta, puede permanecer durante años; es difícil que un ministerio para jóvenes se recupere de tal percepción.

Cuando se establece un procedimiento para involucrar líderes, no solo se mantiene a los abusadores a distancia sino que también se promueve el profesionalismo y se comunica a los líderes potenciales la importancia de su papel en el ministerio para jóvenes. Además, los pasos para involucrarse aseguran a las familias de la iglesia que los adultos que trabajan en el ministerio para jóvenes han sido monitoreados y, hasta donde usted sabe, es gente de confianza. La confianza es un mensaje importante que se envía a las familias cuando usted planea desarrollar un ministerio relacional con los jóvenes, en el que los líderes adultos pasarán tiempo con los jóvenes fuera de los programas de la iglesia.

> **La confianza es un mensaje importante para las familias si los líderes adultos van a pasar tiempo con los jóvenes fuera de los programas de la iglesia.**

Como líder de líderes he tenido que aprender esto a base de golpes, y he evitado muchos conflictos dolorosos al seguir los pasos para involucrar líderes. Me he ahorrado el tener que estar quitando líderes constantemente, lo cual es una tarea mucho más difícil que seguir un proceso de diez pasos para traerlos al equipo. Las pocas veces que tuve que pedir a una persona que se fuera, resultó ser relativamente sencillo porque de antemano el proceso ya se le había advertido (ellos no estaban cumpliendo con el compromiso hecho en el pacto durante el proceso para involucrarse). Expresar claramente y por adelantado las expectativas hizo que despedir la persona fuera más fácil.

Después de conocer los beneficios de un procedimiento formal para involucrar líderes, vamos a ver los pasos.

1. Exprese interés

El contacto con los líderes potenciales comienza cuando ellos responden al anuncio «¿Por qué estas chicas están tan tristes?», que colocamos en el boletín de la iglesia (véase la figura 15.4). Aunque francamente no son muchas las personas que se nos acercan por este método. Usamos este tipo de promoción, pero la mayoría de la gente no responde a nuestras necesidades. Responden a la visión y debido a las relaciones personales. La mayoría de las veces iniciamos el contacto tratando de encontrar voluntarios potenciales por otros métodos que ya expusimos en el capítulo quince (invitación del líder, pasar del equipo de recursos al equipo de activos, fiesta anual de agradecimiento, etc.).

2. Tenga un contacto inicial con alguien del equipo de la juventud

Ya sea que las personas vengan a nosotros o nosotros a ellas, inmediatamente les hacemos conocer los pasos necesarios para ser un líder activo con los jóvenes. Los pasos les da tiempo a pensar y orar por esta oportunidad antes de hacer una decisión impulsiva. Durante esta conversación inicial, les damos un repaso general y breve de nuestro ministerio y nuestras necesidades, y les agradecemos la disposición de atravesar los pasos. Mientras expresamos una gratitud sincera, también comunicamos claramente que habrá un período de espera mientras terminamos el proceso.

3. Reciba un paquete del ministerio para jóvenes

Después de hablar con los líderes potenciales, les mandamos nuestro paquete del ministerio para jóvenes (véase el apéndice F), que incluye

- una carta de bienvenida
- un repaso de lo que necesitan los jóvenes de un líder
- declaración de propósitos y expresión de valores
- descripción general del trabajo del líder de nuestro ministerio
- pasos para involucrarse
- solicitud de inscripción y petición de referencias

Este paquete contiene toda la información que los líderes potenciales necesitan para tener un panorama general de nuestro ministerio con la juventud. La carta de bienvenida incluye una invitación para visitar y observar uno de nuestros programas. Sugerimos que hagan esto antes de tomar el tiempo para llenar la solicitud.

4. Observe los programas

Es importante que los líderes potenciales observen un programa para que tengan un panorama por anticipado de su compromiso futuro. Podemos explicarles nuestro ministerio repetidas veces, pero no lo podrán comprender completamente hasta no ver a jóvenes y líderes actuando recíprocamente. Aunque este tiempo de observación no revelará la alegría, intimidad y recompensas que se obtienen al dirigir un grupo pequeño y dedicarse a los jóvenes, ellos podrán tener una buena idea del papel del líder.

Tratamos especialmente de no sabotear a los líderes potenciales durante su tiempo de observación. Por ejemplo, digamos que David expresa algún interés en ser líder. Muestra algún temor normal de enfrentarse a lo inesperado, así como cierta incertidumbre en cuanto a lo que quizá sea capaz de ofrecer. El domingo por la mañana entra a nuestro salón de jóvenes por el que los estudiantes caminan sin tenerle en cuenta mientras conversan con otros líderes. Básicamente, lo pasan por alto. Se apoya en la pared y finge estar cómodo. Los líderes en el salón están demasiado ocupados saludando a otros jóvenes y no notan a David. Y no hay ningún estudiante socialmente maduro que se acerque a David y le diga: «¡Hola! ¿Usted es nuevo? Soy un joven de séptimo grado y quiero darle la bienvenida y hacerlo sentir cómodo.» Al final de la reunión, David es el primero en salir. A causa de su incomodidad, ahora está más interesado en el ministerio de limpieza que en el ministerio para jóvenes.

Para evitar que esto suceda, usted debe advertirle a los solicitantes que tal vez se sentirán incómodos durante el tiempo de observación y que esta molestia continuará hasta que comiencen a conectarse con algunos jóvenes. Al decirles que casi todos se sienten incómodos en un salón nuevo con jóvenes, estarán preparados para dicha situación.

5. Complete la solicitud

Si los líderes potenciales han observado nuestros programas y todavía tienen interés en participar, les pedimos que llenen la solicitud para nosotros saber más de ellos. Como verá en nuestra solicitud del apéndice F, hacemos preguntas personales acerca de su fe, ministerio y estilo de vida. Cada serie de preguntas nos da mucho de qué hablar durante la entrevista.

Si en la solicitud presiento demasiadas «banderas rojas», voy más despacio o detengo el proceso y digo al solicitante que no considero que esté listo para involucrarse. Cuando surge algo grave sigo el consejo de 1 Reyes 22:5: «Pero antes que nada, consultemos al SEÑOR.» Entonces, porque raramente tomo una decisión importante solo, consulto la situación con mi pastor y me apoyo en su sabiduría adicional antes de actuar. Proverbios 15:22 dice: «Cuando falta el consejo, fracasan los planes; cuando abunda el consejo, prosperan.»

Decirle a alguien que no puede participar en el ministerio de jóvenes no es un malintencionado; es un acto de liderazgo. Aunque nunca es una tarea fácil, mejor es hacerlo ahora que después. Detesto decirle a alguien que no está listo para trabajar activamente en nuestro equipo de voluntarios, pero mucho más difícil sería si esa persona llegara a ser un problema en el ministerio y yo dejé de prevenirlo.

> **Decirle a alguien que no puede participar en el ministerio para jóvenes no es un malintencionado; es un acto de liderazgo.**

Es en este punto del proceso cuando se prueba su liderazgo. Aquí es donde algunos líderes reconocen que no actúan como líder de líderes, porque no pueden tomar decisiones difíciles. Recuerde que Dios lo ha designado para ser el líder, y como Dios ha confiado en usted, usted necesita liderar.

Algunas «banderas rojas» que tal vez debe observar en los voluntarios potenciales son:

- un cristiano muy nuevo o una persona nueva en su iglesia
- una historia de compromisos a corto plazo
- un espíritu crítico
- estar atravesando una crisis grande o de transición en la vida (por ejemplo, la muerte de un miembro de la familia, divorcio o separación, un cambio importante de carrera)
- gran expectativa de que los miembros del equipo sean sus mejores amigos o que el ministerio ofrezca experiencias personales (por ejemplo, un soltero de treinta y nueve años que está solo y tiene una vida pobre)
- intenciones ocultas: esperanzas y deseos contrarios a sus valores o metas
- no estar comprometido en un estilo de vida intachable
- s cónyuge que no lo apoya

6. Entrevista con el pastor de jóvenes

Esperamos tener una solicitud completa antes de tener una reunión cara a cara, para no malgastar el tiempo entrevistando a personas que no terminan la solicitud. (De cada siete solicitudes que repartimos, nos devuelven una.) En estos momentos, basándonos en nuestro primer contacto, la observación y la solicitud, generalmente tenemos una idea exacta si una persona será lo que buscamos para nuestro equipo de obreros. Si obviamente la persona es correcta para la posición, la reunión llega a ser menos entrevista y más un tiempo para hablar sobre las preocupaciones y contestar preguntas específicas. Al final de la entrevista, damos al líder potencial una copia de la hoja de compromiso (véase el apéndice G) y describimos completamente cada uno de los compromisos.

7. Considere el compromiso en oración

Para concluir la entrevista le pedimos al solicitante que invierta un tiempo orando por este compromiso, tanto individualmente como en familia. Si estamos seguros de que el solicitante tendrá lugar en nuestro ministerio, le pedimos que devuelva la hoja de compromiso tan pronto como esté listo para comenzar.

Si después de la entrevista todavía estamos inseguros en cuanto al solicitante, le pedimos que ore por esta posibilidad durante un plazo de tiempo específico (por ejemplo, tres semanas) para que nosotros también podamos tener algún tiempo antes de tomar una decisión sabia. Este tiempo de oración permite que ambas partes busquen la voluntad de Dios.

8. Devuelva la hoja de compromiso firmada

Si decide modificar cualquiera de estos pasos, sugiero que no borre la hoja de compromiso. Esta ha sido la mejor herramienta que he usado jamás al trabajar con voluntarios. Al firmar los líderes una hoja de compromiso, nos dan la base para requerir de ellos el cumplimiento de dichos compromisos. Aunque no anticipo conflictos seguros, los líderes me dan permiso para confrontarlos si no cumplen sus promesas. Por ejemplo, si un líder activo no aparece en nuestra reunión mensual obligatoria de equipo, debe esperar una llamada telefónica. O, si uno de nuestros líderes muestra señales de no estar creciendo, la hoja de compromiso sirve como base para conversar con ellos y pedirles cuenta. La hoja de compromiso es tan buena herramienta, que pedimos a todos nuestros líderes que cada año la firmen de nuevo como un recordatorio de sus compromisos.[1]

9. Comience el ministerio

Una vez recibidas las hojas de compromiso de los solicitantes, pasan de ser solicitantes a estar en el equipo de líderes. Comienzan a asistir a nuestro culto de adoración de fin de semana (para jóvenes de la multitud) o a un estudio bíblico de grupo pequeño (para jóvenes de la congregación). Se pueden comprometer con ambos programas, pero no insistimos en que lo hagan. Preferimos que nuestros líderes se comprometan con menos programas y que permanezcan fieles, que requerirles asistir a cada programa y luego lleguen a ser inconstantes.

Asegúrese de que sus líderes tomen el papel con expectativas y direcciones claras. La meta es que su corazón y su pasión los mueva a un ministerio autodirigido y, como discutimos antes, los nuevos líderes de la juventud pueden mirar a líderes autodirigidos como modelos para comenzar su peregrinaje.

10. Cada treinta días participe de una reunión de chequeo o evaluación

Después que los líderes nuevos han trabajado con los jóvenes durante cuatro semanas, nos reunimos en privado con ellos para revisar su desenvolvimiento. Si durante las primeras semanas los nuevos voluntarios no establecen relaciones con otros miembros del equipo, se sentirán olvidados. Ellos necesitan el liderazgo y la interacción del equipo; necesitan oír que hacen un buen trabajo; y quizá necesiten ideas para comunicarse mejor con los jóvenes. Si todo está bien, consideramos la reunión un chequeo, pero si observamos señales de aviso, la llamaremos una evaluación. Durante este tiempo revisamos informalmente las actitudes de los voluntarios, el desempeño e integración.

La actitud es más crucial que el desempeño porque podemos enseñar las habilidades para el ministerio, pero no la actitud apropiada. Como hacemos una selección bastante buena, por lo general somos capaces de detectar una actitud negativa antes que una persona participe en nuestro equipo. La integración, o el trabajo en equipo, son fáciles de evaluar. Revisamos si los líderes nuevos encajan bien con las personalidades en su grupo de estudio bíblico y determinamos si son jugadores de equipo o llaneros solitarios.

La mayoría de las revisiones son positivas y llegan a ser una oportunidad de afirmar a los líderes nuevos. Sin embargo, si identificamos un problema tratamos de corregirlo antes de que llegue a ser exagerado y acordamos otra revisión dentro de un mes para ver si las cosas han mejorado. Si han mejorado, monitoreamos la situación. Si no, expresamos una sincera preocupación y evaluamos de nuevo el papel del líder. Si necesitamos terminar la relación formal, lo hacemos privada y profesionalmente, y con empatía. Quitar a un líder es difícil, pero repito, así es el liderazgo. Después de una evaluación de treinta días, tenemos reuniones espontáneas de revisión, que son en su mayor parte sesiones de motivación.

> Invierta algún tiempo para hacer este proceso suyo. Cambie los pasos o agregue y quite algunos, pero cualquier cosa que haga, sea perspicaz al incorporar personas a su equipo.

Cómo animar un ministerio que está marchando

Una vez que usted incorpore personas a su equipo, ellos deben continuar desarrollándose. Los líderes de calidad no progresan solos, así que su trabajo como líder de líderes nunca termina. Usted debe discipular a sus voluntarios y motivarlos para encontrar maneras de afirmar y querer a los jóvenes. Debajo hay algunos pasos de acción que producirán ministros más fuertes.

Los líderes de calidad no evolucionan solos

Asigne responsabilidades específicas que tengan significado y propósito

¿Podría usar diez voluntarios activos inmediatamente? ¿Y veinte? Si contestó que sí, ¿qué harían estos líderes en su ministerio? Si no puede asignarle a los líderes responsabilidades específicas con significado y propósito, perderán el interés y serán ineficientes. Los buenos líderes no quieren malgastar su tiempo sin hacer algo.

En el capítulo quince mencioné brevemente dos tipos de líderes: el dirigido por el programa y el autodirigido. Los líderes autodirigidos no necesitan tanta guía como los líderes dirigidos por el programa. Cuando los líderes dirigidos por el programa me piden ideas de ministerio, los desafío a emplear treinta minutos a la semana en el ministerio, aparte de su compromiso con un programa. La figura 16.1 ofrece sugerencias para cuidar de los jóvenes basándose en el tiempo disponible.

Ahora, pongamos este principio en la fórmula: Sus ideas pueden ser explícitas, pero si no puede ayudar a los líderes a ver un sentido de propósito, sus ideas no llegarán a ser poderosas. Por ejemplo, durante nuestros cultos de adoración de fin de semana, los jóvenes se sientan en mesas redondas. Usamos mesas en vez de filas de sillas para crear un ambiente de conversación y para dar a los líderes un lugar designado para cuidar de los jóvenes. Como nuestros cultos de adoración de fin de semana están dirigidos por jóvenes, los líderes adultos tienen poca responsabilidad. Con facilidad los líderes podrían sentirse como si su presencia no fuera necesaria durante los cultos de fin de semana, pero esto no podría estar más lejos de la realidad. Parte de mi trabajo como líder de líderes es enseñarles que sentarse a una mesa con jóvenes, es un ministerio. Para recalcar el significado y el propósito detrás de la presencia de los adultos, aclaré sus responsabilidades en forma muy definitiva:

Conozca a todos los integrantes de su mesa

Hable con la gente de su mesa (hágalos charlar)

Gente nueva: Asegúrese de que los fieles los conozcan

Invítelos al próximo programa: Clase 101 y al estudio bíblico en grupo pequeño

Tome la asistencia de los que están en su mesa para poder conservar los resultados

Dé a alguien un abrazo o un cálido saludo con la mano

Durante el mensaje reaccione al ruido o la distracción para eliminarlo

Mensaje positivo: Comunique su alegría por la presencia de un joven

IDEAS DEL MINISTERIO PARA EL VOLUNTARIO CON EL TIEMPO LIMITADO

Si tiene quince minutos a la semana...
- escriba una nota de ánimo a un joven
- llame a un joven
- lleve un joven a la casa luego del programa
- inicie dos conversaciones uno a uno antes y después de las reuniones

Si tiene treinta minutos a la semana...
- haga dos de las ideas anteriores
- asista a un programa de jóvenes de treinta minutos (deportes, drama, etc.)
- tómese un refresco con un joven
- lleve a un joven a un mandado
- escriba una carta a un padre

Si tiene dos horas a la semana...
- almuerce con algún padre
- visite un programa de jóvenes (deportes, drama, etc.)
- ayude a alguien con la tarea
- comience un grupo pequeño
- ayude en la oficina de la iglesia

Si tiene cuatro horas a la semana...
- organice una campaña para escribir notas para líderes adultos
- ofrézcase de voluntario para ayudar en una escuela, equipo o club
- ofrézcase de voluntario para llevar un joven a un programa
- organice una biblioteca de vídeos para lecciones y charlas
- organice y guíe uno de nuestros equipos de ministerio

Si tiene diez horas a la semana
- lea algunos libros de ministerio para jóvenes
- tome una clase de Biblia
- limpie y encere el carro de Doug

Si tiene veinte horas a la semana...
- algo anda mal en la vida

Fig. 16.1

Nuestros líderes reconocen que no se sientan en las mesas solo para vigilar la multitud; están ministrando a los jóvenes que necesitan sentirse amados y escuchar del amor de Dios. Una razón para que los jóvenes vuelvan a un programa y se sienten en una mesa específica es porque el líder sabe sus nombres y se alegra de que ellos estén allí.

Comunique sus expectativas continuamente

Los líderes no pueden leer su mente. Si usted es un líder de líderes, tiene que comunicar sus expectativas e informar a los líderes cada vez que las cambie. Los líderes no tendrán inconvenientes en oír sus expectativas, pero será inconveniente hacerlos responsables de cosas que no saben.

Trato de enumerar algunas expectativas, habladas o escritas, de casi todo lo que hacemos. Ha sido lindo ver a nuestros líderes autodirigidos hacer las mismas cosas para los programas que supervisan. Recientemente, fui a un programa de toda la noche que dirigían algunos de nuestros líderes, y me entregaron una lista de sus expectativas.

1. Separarse y conocer a todos los jóvenes nuevos.
2. No dormir con la boca abierta; nunca se sabe qué se le puede meter.
3. Tratar de tener, por lo menos, una conversación importante con alguien que no conozca bien.
4. Ser un jugador del equipo y apoyar a los otros líderes.
5. Ver cuántas tazas de café puede beber entre los viajes al baño. La vejiga más grande gana un premio.
6. Divertirse y engendrar una actitud positiva hacia todo. Todo significa «¡Todo!»
7. Contar cuántas veces usted oye la palabra *«totalmente»* en una hora.
8. Ser el primero en seguir direcciones; los jóvenes seguirán su ejemplo.
9. Reírse de todo, hasta de usted mismo.

10. Durante la noche dar gracias a Dios porque solo hacemos esto una vez al año.

Durante la noche dar gracias a Dios porque solo hacemos esto una vez al año.

Como un veterano pastoreando a los jóvenes, he aprendido a fuerza de palos el valor de expresar continuamente mis expectativas. Una vez, cuando todavía no aclaraba bien las cosas, hice enojar a un líder hasta el punto de hacerlo llorar y llevar a otro hasta la ira. Salve a sus líderes de algunas penas. Enseñe, diga y recuérdeles sus expectativas específicas con respecto a la conducta y los resultados.

Sea liberal con el elogio

Nunca he escuchado a un líder decir: «No me anime más. He recibido todo lo que puedo. No puedo oír más comentarios buenos.» Todos los que conozco aprecian el elogio. Ministre a sus ministros siendo liberal con las palabras amables.

Nunca he escuchado a un líder decir: «No me anime más. He recibido todo lo que puedo.»

Reconozca y aprecie lo «común»

El reconocimiento no se debe guardar para lo espectacular. Se genera poder al reconocer a la gente por sus actos normales y comunes del ministerio. Tal vez los jóvenes no reconozcan a sus líderes, así que sus palabras amables no se olvidarán fácilmente. Cuando vea a sus líderes haciendo algo bueno, alábelos. Puede decir algo así: «Matt, realmente aprecio la manera en que haces a los jóvenes sentirse tan cómodos en nuestro ministerio.» «Noelia, es muy importante para mí que hayas empleado tiempo de tu horario para ir al juego de fútbol de los Heather. ¡Eso es realmente ministrar bien a los jóvenes!» Sea específico con su alabanza.

Premie al líder del mes

Dar premios a los adultos puede parecer tonto, ¡pero realmente les gusta! En nuestras reuniones mensuales de equipo, damos un certificado al líder del mes (véase la fig. 16.2). No es un premio costoso o impresionante, pero a los líderes les gusta recibir uno. A ellos les gusta sentirse apreciados.

En ocasiones voy a una tienda barata y compro un trofeo viejo de bowling o de béisbol como un chiste. Entonces voy a una tienda de trofeos y le pongo una placa grabada que dice «Líder del Mes» con la fecha y el nombre del líder. Pego la nueva placa grabada sobre la vieja, y el resultado es un premio económico, pero personalizado. Cuanto más extravagante es el trofeo, más divertido es darlo. Antes de nuestra reunión de equipo cubro el trofeo con una funda de almohada y lo coloco al lado de la puerta de nuestro salón para que los líderes tengan que pasarle por el lado cuando entren. Es entretenido verlos mirar el trofeo cubierto preguntándose si será suyo. Recibirlo se convierte en un momento estimado para un líder, porque se da con palabras amables y aprecio sincero.

LÍDER DEL MES

presentado a

Aarón Gutridge

Usted es una parte constante del ministerio de jóvenes y del grupo de estudio bíblico por área de Westchester. Gracias por ser un modelo piadoso, que quiere a los jóvenes y les dedica tiempo y energías. Usted está cambiando la vida de los jóvenes. Queremos y apreciamos su corazón y su inversión.

Fig. 16.2

Brinde ánimo externo

Mis líderes aprecian mi alabanza, pero se acostumbran a ella.

agradecimiento. A veces, le pido a mi pastor que escriba una carta alentadora a alguien de nuestro equipo de jóvenes. No hago esto a menudo porque está muy ocupado, pero lo hago cuando realmente quiero sorprender a alguien con un elogio.

Pido también que los padres me escriban cartas. Por ejemplo, recientemente una mamá me dijo que estaba agradecida de nuestro ministerio y que su hija, Lynne, estaba encantada. Por ser yo el ministro de los jóvenes, me dió las gracias aunque yo sabía que no tenía mucho que ver con el desarrollo espiritual de Lynne. Más bien era el resultado del grupo pequeño de Kathleen y su don de enseñanza. Le pregunté a dicha mamá si podía escribir una carta de agradecimiento a Kathleen. La mamá estuvo gustosa de hacerlo, y Kathleen recibió la bendición por esa amabilidad. Las palabras de Proverbios 25:11: «Como naranjas de oro con incrustaciones de plata son las palabras dichas a tiempo», llegaron a ser reales en la vida de Kathleen.

Investigue cómo están ministrando sus líderes

Gran parte del ministerio sucede detrás de la escena, y usted nunca se enterará, a menos que pregunte. Ofrezca a sus líderes la oportunidad de jactarse acerca de su ministerio llenando una hoja mensual de equipo (véase la figura 16.3). No debe ser obligatorio ni es para sobrecargar a sus líderes con otra tarea, pero si la completan, le darán una oportunidad de alabar su trabajo.

Utilice líderes veteranos

Un líder veterano es cualquier voluntario que ha estado en el equipo por lo menos un año o dos. La pregunta es: «¿Cómo vamos a mantenerlos por *dos* años más?» Los líderes de calidad son los de una duración a largo plazo. Aquí hay algunas maneras de alentar la perseverancia.

Ofrézcales más responsabilidades pastorales

Greg había estado en nuestro equipo de liderazgo durante cinco años, pero mostraba signos de desinterés y estaba listo para abandonar nuestro ministerio. Su grupo pequeño se había graduado de la

HOJA DEL PERSONAL VOLUNTARIO

I. Mis metas para el ministerio en el próximo mes son...

II. Mis metas personales para el próximo mes son...

III. Durante el mes pasado escribí cartas a...

IV. Conversaciones importantes que tuve el mes pasado son...

V. Las peticiones de oración que tengo son...

VI. Me puede ayudar así...

Fig. 16.3

secundaria y en esos días sentía indiferencia respecto al ministerio para jóvenes. Al hablar acerca de sus sentimientos, creamos un nuevo cargo para él. Pasamos su ministerio primario de jóvenes a los adultos. No podía ofrecer tiempo de calidad a nuestros líderes candidatos voluntarios y apenas podía darles la bienvenida cuando venían un domingo por la mañana a observar nuestro programa. Estaba demasiado ocupado. Greg llegó a ser nuestro ministro principal de líderes candidatos voluntarios, llevándolos por las etapas iniciales de nuestros diez pasos y presentándolos a líderes y jóvenes.

Considere qué responsabilidades podría entregar a uno de sus líderes veteranos. Una responsabilidad avanzada puede dar a una persona un nivel más alto del ministerio con la juventud, así como también le permitirá al ministro de jóvenes dedicarse a otras tareas.

Prepárelos para tomar decisiones mayores

En lugar de tomar las decisiones grandes con todos los integrantes del equipo del ministerio, reúna a algunos de sus líderes mayores y tomen las decisiones en grupo. Hace poco tuve que tomar una decisión con respecto a nuestro campamento de verano y quería opiniones experimentadas. Dije a algunos de nuestros líderes veteranos: «Tenemos una opción en nuestro campamento de la casa de botes. Podemos pagar menos dinero y quedarnos más tiempo con los botes, que no son tan lindos, o podemos ir a donde siempre vamos con botes más agradables por el mismo precio. ¿Qué piensan ustedes?» Su opinión fue quedarnos más tiempo. Como ayudaron a tomar esta decisión, la apoyaron cuando anunciamos el cambio y parte del equipo quería ir adonde siempre íbamos con los botes más agradables. No es necesario incluir a todos los líderes en todas las decisiones, pero si tiene que tomar una decisión difícil, llame a algunos veteranos que le aconsejen.

Póngalos sobre un equipo de otros líderes

Cuando comience a tener más que unos pocos líderes, permita que trabajen juntos en proyectos. No solo disminuye el trabajo del líder de líderes, también origina amistades entre los otros voluntarios. Por ejemplo, digamos que usted siempre estuvo a cargo del campamento de invierno, a cargo de un programa de verano y a cargo de un viaje de misiones. Eso significa que tiene que supervisar tres programas mayores. En cambio, tres de los líderes veteranos podrían dividir su tiempo en el desarrollo de esos programas, cada uno actuando como cabeza de un equipo de líderes. Esto motiva relacionarse con los líderes participantes y también afirma a sus veteranos.

Llévelos con usted

Si es un líder de líderes, lleve a sus obreros veteranos de jóvenes cuando vaya a recibir capacitación para el ministerio con la juventud. Dígales que es para los que toman en serio el ministerio y que usted quiere que ellos vayan. Si asisten juntos a un seminario, a usted les será más fácil volver y aplicar las nuevas ideas que eligieron como equipo.

Afirme públicamente su perseverancia

Los obreros a largo plazo proveen más confianza y experiencia en el ministerio a través de los años. Deje que sus líderes voluntarios sepan que usted valora la perseverancia presentando a sus obreros veteranos como columnas de su ministerio. Dígales que valora su perseverancia porque la experiencia permite que ellos jueguen un papel más importante en el ministerio.

Despídalos con aprecio

A medida que la vida de los líderes va cambiando, se llega a un término en el compromiso con el ministerio para jóvenes. Despedir a estos veteranos con dignidad comunica gratitud. Muéstreles que se valoran por lo que son, no solamente por lo que ellos alcanzaron en el ministerio. Si usted hizo bien su trabajo, los ha preparado para triunfar en cualquier ministerio. Aunque despedirlos represente una pérdida para su ministerio, será una ganancia para otro ministerio. Aun más, ellos forman parte de su equipo de ánimo y continuarán siendo una fuente para los voluntarios potenciales. Invite a sus líderes salientes a una reunión de equipo y afírmelos públicamente. Ore por ellos en la nueva dirección que tomen en la vida.

Diseñe reuniones de equipo sin cargas

La mayor parte de nuestro equipo de voluntarios espera con ansia nuestras reuniones mensuales. No podría decir eso del personal en mi iglesia previa. Ellos temían esas reuniones, y para ser honesto, yo también. Es una verdad triste, pero muchos de nosotros no cambiamos nuestro estilo ni forma de pensar hasta que cambiamos de trabajo. Cuando cambiamos las posiciones, necesitamos evaluar nuestro pasado comparándolo con lo que debemos estar haciendo. Aquí hay algunas cosas que aprendí acerca de las reuniones de equipo desde que cambié de iglesia.

Mantenga una agenda positiva

En mi iglesia previa, daba al equipo demasiada oportunidad para quejarse. Comenzaba nuestro tiempo de comentarios diciendo: «¿Qué tienen en su mente? ¿De qué quieren que hablemos esta noche?» En cuanto una persona expresaba una frustración o queja, todos parecían saltar en esa dirección. Cuando terminaban los «comentarios» yo estaba deprimido.

Ahora comienzo nuestro tiempo diciendo: «¿Qué está haciendo Dios en su ámbito personal del ministerio?» o «¿Cuál ha sido un punto culminante del ministerio para usted este mes?» Estas preguntas nos guían hacia un camino positivo. Es un cambio sencillo, pero ha hecho una diferencia poderosa en el espíritu de nuestros comentarios.

Durante las reuniones de equipo de voluntarios mantenga al mínimo las conversaciones a nivel de negocio y el hacer decisiones. Los asuntos del negocio se discuten y las decisiones se toman durante el curso de cualquier día dado (especialmente en el almuerzo, en el baño y mientras estamos en el coche). Nuestra reunión de voluntarios es más un culto de la iglesia que una reunión de negocios. A continuación les presento una agenda sencilla de lo que hacemos una vez al mes durante una reunión.

5:00-5:15   Devocional y lectura de las Escrituras que nos haga recordar el poder de Dios trabajando a través de líderes con pasión y corazones puros.

(Siempre comenzamos la reunión recordando el poder de Dios.)

5:15-5:35 Informes personales del mes: «¿Cómo ves la obra de Dios en el ministerio?»

5:35-5:50 Informe del estudio bíblico en grupos pequeños.

5:50-6:05 Algún tipo de capacitación, por ejemplo: «Conozca a los padres.»

6:05-6:20 Expresión de valores: Repasarlos todos y hablar acerca de uno.

6:20-6:40 Asuntos del calendario, programas futuros y premio del Líder del Mes.

6:40-7:00 Se dividen en equipos de trabajos para dar informes de progresos en los proyectos presentes y orar juntos. (Grupos pequeños de oración ayudan a crear intimidad y responsabilidad.)

Utilice la iniciativa de los demás

La causa de que sus líderes no estén contribuyendo quizá sea que usted siempre compone la agenda y les dice qué hacer. En cambio, hágalos tomar decisiones y asigne responsabilidades. Use los equipos para trabajar en proyectos y programas. Pida que dirijan líderes veteranos capaces de marcar el rumbo de la participación y que sean entusiastas acerca de una parte específica del ministerio.

Acentúe el crecimiento espiritual mediante la capacitación

En mi iglesia previa, sentía una gran necesidad de que los voluntarios fueran muy hábiles. Invertíamos por lo menos una hora de cada reunión en algún tipo de instrucción. Cuando vine a Saddleback, aminoré la instrucción y aumenté al máximo: el intercambio, la motivación espiritual y las opiniones; los líderes santos son mejores mentores, capacitadores y modelos. Ahora enseño las habilidades según sea necesario.

Jueguen juntos

Jesús dijo en Juan 13:35: «De este modo todos sabrán que son mis discípulos, si se aman los unos a los otros.» En su equipo, ¿se aman unos a los otros? ¿Han profundizado sus relaciones mediante experiencias comunes fuera de los programas del ministerio con la juventud? Si no, considere emplear un tiempo de capacitación jugando juntos.

Al final de nuestras reuniones mensuales de equipo, tenemos un tiempo informal para jugar. Como nuestro ministerio de cuidado de niños está disponible para nuestros hijos, aprovechamos la oportunidad de divertirnos juntos, ya sea en una cena o en el parque de diversiones. Este tiempo es opcional, pero a la mayor parte del equipo le gusta estar juntos y lo consideran como obligatorio para su salud mental.

HÁGALO PERSONAL

1. ¿Cuál es su reacción al proceso de diez pasos para que los voluntarios participen?
2. ¿Qué porción del paquete de la solicitud puede usar?
3. ¿Cuáles son algunas «banderas rojas» que debe reconocer cuando escoge solicitantes voluntarios?
4. ¿Qué compromisos debe esperar de sus líderes voluntarios? ¿Cuáles son algunas preocupaciones que quizá expresaría acerca del estilo de vida de ellos?
5. Si veinte personas expresaran interés en ser líderes, ¿los podría usar? Antes de contestar sí, ¿qué harían? ¿Tiene usted sus papeles y responsabilidades anotados? (Recuerde, los voluntarios no permanecerán si no se relacionan con los jóvenes y ven la importancia de sus responsabilidades.)
6. Si un líder le puede dar dos horas por semana, ¿qué quiere que haga esa persona con su tiempo? ¿Sabrían sus voluntarios la respuesta a esta pregunta?

7. ¿Qué pasos toma usted para afirmar a sus voluntarios? ¿Cuáles son algunas ideas nuevas que puede usar?
8. ¿Quién podría supervisar un equipo de líderes para trabajar en un proyecto juntos?
9. ¿Cómo describirían sus líderes las reuniones de equipo?

NOTAS

[1] En este punto del proceso, pedimos que nuestros líderes potenciales se dejen tomar las huellas dactilares. No incluí esto como parte del proceso porque reconozco que tal vez sea un requisito demasiado intenso para muchas iglesias. En Saddleback creemos que es nuestra responsabilidad buscar adultos capaces de brindar relaciones saludables y seguras que nutran a los jóvenes. Cualquier ministerio que trabaja con menores tiene la posibilidad de atraer adultos no saludables que podrían causar daño a los jóvenes y al ministerio. Este paso adicional nos informa si existe alguna convicción criminal que un solicitante pueda tener y en primer lugar, detiene la participación de individuos pervertidos. Mientras escribo este libro, los legisladores de California están considerando requerir que todas las organizaciones no lucrativas tomen las huellas dactilares de todo el que trabaje con menores.

Noveno componente

PERSEVERANCIA

Maneje la presión, los proyectos y las demandas de tiempo

¡El trabajo de un obrero de jóvenes nunca termina! Siempre hay otro joven que visitar, otro programa que planear, otra lección que preparar, otra familia que ayudar, otra escuela que visitar y otro libro que aplicar. ¿Se puede hacer todo?

No solo se puede, sino que se puede hacer bien, con entusiasmo y perseverancia. ¿Cómo? Usando técnicas de supervivencia. *Supervivencia* puede parecer una palabra fuerte, pero es apropiada para el ministerio con la juventud. Perseverar, o terminar la carrera bien, con todas las presiones que conlleva el ministerio con la juventud, es una responsabilidad seria. Muchos obreros de la juventud comienzan con mucha fuerza, pero rápidamente se agotan. Se funden, dejando a la iglesia y a los jóvenes en una situación deprimente. Los jóvenes necesitan líderes que sean estables y equilibrados, en quienes puedan confiar que estén allí con ellos por un largo plazo. Si su iglesia tiene la costumbre de atraer líderes y después perderlos, los jóvenes comenzarán a desconfiar de cada líder que venga. ¿Para qué desarrollar una relación con un adulto que, seguramente, se irá como los líderes anteriores?

Tómese un tiempo para leer este capítulo. Léalo despacio antes de aplicar los principios que evitarán que se funda a causa de su situación. Después de leerlo, busque personas que lo ayuden a traer equilibrio a su vida.

Cómo evitar fundirse

Es desconsolador, pero muchas personas consideran que estar ocupado es una virtud. Nos preguntamos unos a otros: «¿Te mantienes ocupado?» Interpretamos un sí como respuesta buena. Pero, debemos preguntar: «¿Te mantienes equilibrado?» Cualquier obrero de jóvenes puede estar ocupado, pero solo unos pocos son capaces de equilibrar las demandas del ministerio, las necesidades personales y un tiempo con la familia. Una vida equilibrada es una vida saludable.

> **Nos preguntamos unos a otros: «¿Te mantienes ocupado?» Interpretamos un sí como respuesta buena. Pero, debemos preguntar: «¿Te mantienes equilibrado?»**

Las demandas de un obrero de jóvenes no comienzan a las 9:00 de la mañana ni terminan a las 5:00 de la tarde. Son constantes. A menudo he bromeado diciendo que voy a cambiar de carrera y conseguir un trabajo de nueve a cinco cocinando hamburguesas en McDonalds. ¿Por qué? ¡Porque al salir del trabajo, de verdad habría terminado! Nadie me llamaría a casa para preguntarme cómo salvar un Big Mac que se cayó al piso. Podría desconectarme emocionalmente al salir del trabajo. La gente que está concentrada en el ministerio no puede hacer esto; los corazones preocupados no se separan fácilmente. Ya que el ministerio con los jóvenes no comienza ni termina a horas convenientes, debemos aprender a sobrevivir las pruebas y luchas de un trabajo emotivo, para no fundirnos. Dios me formó con la habilidad de mantener un ritmo rápido, y estoy cómodo así. Desde 1979 vengo maniobrando la facultad, el seminario, escribir, hablar y el ministerio tiempo completo (¡De algún modo hasta logré casarme y tener tres hijos!) La razón principal por la cual he sido capaz de lograr todo esto es porque tuve un maestro de ministerio para jóvenes que me mostró una vida equilibrada.

Aunque nunca se sentó conmigo para darme su lista de diez maneras de mantenerse firme y no echarse para atrás en el ministerio, lo vi vivir técnicas de perseverancia. He bajado mi ritmo lo suficiente como para aprender las estrategias y desarrollar las disciplinas que me ayudan a correr la carrera a una velocidad que puedo llevar.

Para mí, terminar fuerte tiene mucho más que ver con mantener la energía emocional que la energía física. Cuando estoy emocionalmente cansado, también estoy física y espiritualmente débil. Nunca he experimentado la fundición emocional, pero a veces estuve extremadamente cansado, frustrado, enojado, desilusionado, lastimado o solo.

Numerosas situaciones en la iglesia causan extraer. del fondo emocional y un exceso de estas extracciones dan por resultado una bancarrota emocional. Debajo hay algunas sugerencias para mantener su nivel emocional alto y el factor de fundirse bajo.

Recuerde el principio: «Actúe como alguien de su edad»

Cuando corría detrás de mi pequeña hermana alrededor del patio con un rastrillo lleno de desecho de perro, estaba haciendo algo que mi mamá no creía apropiado para la edad y el temperamento de un niño de once años. Aún puedo oír: «¡Douglas Montgomery Fields, actúa como alguien de tu edad!» Yo la decepcionaba porque no actuaba como ella quería que yo actuara.

He visto a muchos obreros de jóvenes emocionalmente derrotados porque uno de sus jóvenes estrella les falló. Se desilusionan y creen que no están logrando cambio alguno en la vida de ese joven. Recuerdo una gran decepción: un joven, nombrado Rand, que yo había estado discipulando durante tres años. Rand llegó borracho a nuestra fiesta de Año Nuevo. Tomé su pecado muy personalmente. Recuerdo que hasta dudé mi llamado al ministerio de jóvenes y me preguntaba si el ministerio hacía diferencia alguna. Ocho años después recibí esta carta de Rand:

> Querido Doug,
> Mi tiempo en Chicago resultó ser una gran bendición.
> Estoy en el medio de una buena mezcla de preparación,

escuela y ministerio. He estado orando, pensando y planeando lo que viene. En junio terminaré el programa de preparación Bernabé y me graduaré del Trinity Evangelical Divinity School. Como sabes, he estado preparándome para fundar una iglesia. Apreciaría tus oraciones mientras busco a Dios y su clara dirección. Quería escribirte y agradecerte tu amor, tus oraciones y tu apoyo que empezó hace tantos años. Gracias por interesarte en mi vida.

Te aprecia,

Rand

No digo que usted permita que sus jóvenes beban. Solo le estoy recordando que los jóvenes actuarán de acuerdo a su edad en el momento preciso (una pelea de globos de agua en el verano) y en tiempo inadecuado (una pelea de globos de agua durante la Escuela Dominical).

No espere una reacción de adulto en un chico de catorce años; no es justo para usted ni para el joven. No puedo pretender que un adolescente que ha sido cristiano durante dos años demuestre el mismo grado de madurez cristiana que yo demuestro siendo un creyente de veinticinco años. Los jóvenes demostrarán *su* edad espiritual, no la de usted. En un momento dado estarán adorando, cantando alabanzas a Dios o tomando la santa cena, y veinte minutos después estarán discutiendo con un amigo quién se sentará en el asiento delantero del coche. Esa es la conducta normal para su edad. Usted puede y debe representar para sus jóvenes un cuadro de madurez espiritual, pero espere algunas desilusiones.

> **Los jóvenes demostrarán su edad espiritual, no la de usted.**

No sienta la necesidad de agradarle a todos

Muchos obreros que conozco siempre buscan agradar a la gente. Esto es una gran lucha para ellos, porque una persona no puede ser un líder bueno y apreciado por todos. A veces los líderes tienen que tomar decisiones que no son populares.

No tengo la intención de enojar a la gente, pero en ocasiones he sido la causa del enojo y lamento de la gente. Los líderes deben aprender a aceptar esta realidad, o llegarán a agotarse emocionalmente (todavía no lo disfruto, pero lo acepto).

Practique decir «No»

En algún momento usted tiene que sentirse cómodo al decir no a algunas oportunidades maravillosas relacionadas al ministerio que rivaliza con su tiempo. ¡Usted no puede hacerlo todo! Cuando ama a Dios y ama a la gente, cada pedido parece ser un pedido *especial*. Para no fundirse ni sacrificar su salud, debe establecer límites, aunque al hacerlo le caiga mal a alguna persona.

Una palabra a los obreros de jóvenes casados y con niños: Cada vez que diga sí a una sobrecarga, estará diciendo no a su familia. Aunque es más fácil desilusionar a su familia, no es más sabio. A largo plazo su iglesia lo respetará por tener una familia saludable.

> **Cada vez que diga «sí» a una sobrecarga, estará diciendo «no» a su familia.**

Aprenda a enfrentar las cosas

Para mí no hay nada tan agotador emocionalmente como un conflicto no resuelto. Nunca me ha gustado el conflicto, pero en mi desarrollo como líder he tenido que aprender a enfrentarlos. Es parte de ser un líder y trabajar con la gente. Hasta Jesús tuvo conflictos en su ministerio.

Personalmente creo que encarar con rapidez las cosas en una actitud de gracia y verdad es un enfoque sólido de cómo tratar con la gente. La gracia dice: «Tengo interés en ti.» La verdad dice: «Permíteme ser sincero y decir lo que siento.»

El dolor de vivir muchos años con tantos asuntos sin resolver, con los jóvenes, el personal, los colaboradores y los padres, me enseñó a manejar el conflicto. Cuando obviaba un asunto, me amargaba. Esta amargura no me dejaba hasta que hablaba con la persona. La mayoría de las veces, la otra persona no sabía mi pesar. Podía estar atravesando una confusión emocional y la otra persona no tenía ni idea del asunto. Aprendí que cuánto más pronto enfrentaba un problema, más pronto experimentaba la cura emocional.

Hable con otros obreros de jóvenes

Es importante hablar de algunas de las frustraciones relacionadas con el ministerio para que usted no se sienta solo y piense que es el único obrero de jóvenes en el planeta que lucha con cosas como el tiempo improductivo a solas con Dios, padres de jóvenes que no cooperan, o deficiencia en las habilidades de enseñar. Hable con una persona de confianza que mantenga conversaciones confidenciales, o con otros obreros de jóvenes con quienes pueda ser sincero sin tratar de impresionarse el uno al otro.

Tenga amistades a quienes pueda rendir cuentas fuera del ministerio

La mayoría de mi interacción y amistades sociales viene de nuestro equipo de jóvenes. Por este motivo y por mi pasión con el ministerio, siempre hablo del ministerio, de los jóvenes y de nuestro futuro. Varias veces me he percatado que estoy más ansioso de hablar del ministerio que de Dios. No solo necesito una receso ocasional, sino que mi familia también necesita un descanso de mi vicio por el ministerio con la juventud.

Es refrescante tener algunas amistades que tengan interés en usted pero que no estén familiarizadas con su ministerio. Tengo un par de amigos que me aprecian, pero no están interesados en nuestro nuevo plan del estudio bíblico ni en mis ideas hábiles de evangelización. Si les digo que mi mensaje fue terrible, ellos cabecean y gruñen «Ah». Me aman sin importales qué sucede en nuestro ministerio. Estas relaciones son necesarias para mi estabilidad emocional a largo plazo.

Busque un mentor que se interese en usted

Como líder, siempre está dando a otros. Este constante desgaste cansa y se debe abastecer de nuevo. Un maestro cuidadoso hará los depósitos nutritivos en su cuenta bancaria emocional. Este tipo de entrenador no es fácil de encontrar. La gente puede estar de acuerdo en aconsejarlo, pero permanecen demasiado ocupados como para estar involucrados en su vida. Un mentor interesado le dará lo que no puede obtener de otros: amor incondicional, atención personal y consejo.

Mi mentor principal es Jim Burns. Aunque es un hombre ocupado con demandas constantes, me ha hecho una prioridad en su vida. Ha desafiado mi pensar, y la influencia de su ministerio con los jóvenes se refleja a través de las páginas de este libro. Me ha servido de modelo en la vida, fe, matrimonio y paternidad. Cuando nos reunimos, hablamos de la vida, del matrimonio, de nuestras disciplinas espirituales y de nuestras alegrías y frustraciones. El tiempo vuela y nunca quiero terminar. Cuando terminamos, me siento renovado, desafiado y entendido. Si no tiene a alguien como Jim en su vida, pida un mentor como este al comienzo de su lista de oración.

Bloquee un día libre

Si no tiene un período de veinticuatro horas semanales de descanso, usted es un buen candidato para fundirse. Si yo le preguntara si tiene un día completo libre, ¿qué diría? Si su respuesta es «*Trato* de estar libre los lunes» significa que no hay constancia. He encontrado que la falta de un día libre tiende a ser uno de los denominadores comunes en la vida de obreros de jóvenes que no permanecen.

Usted debe tener un día libre cada semana. Es bíblico. Hágalo el mismo día cada semana y protéjalo firmemente. Durante ese día no haga tareas relacionadas con el ministerio. No programe una reunión rápida; no acepte una visita breve ni un mensaje corto en un banquete. Diga no. Además, desconecte su teléfono. Si no se quiere fundir, haga que su día libre sea algo sagrado.

Si es un obrero casado, ese día libre es esencial para su familia. Si es soltero, desarrolle ese hábito porque los obreros solteros también necesitan vivir vidas equilibradas y si se casa, no tendrá que deshacer sus tendencias de adicción al trabajo.

Haga buen uso de su tiempo libre y planée actividades que le traerán:

- restauración personal: lea un libro por diversión, tome una siesta, haga algo que haya ansiado.

- restauración física: una carrera extensa, una hora en el gimnasio, una excursión a pie, cualquier tipo de ejercicio que lo empuje un poco.

- restauración de la familia: almuerce con sus hijos, una cita con su esposa, algo que han esperado gozar con usted.

- restauración espiritual: quizá pueda planear un tiempo extenso con Dios cada cuarto día libre. Levántese temprano para no acortar demasiado el tiempo con su familia. Váyase por tres o cuatro horas a escribir, leer y orar. Recárguese con el Rey durante un tiempo extenso.

Separe sus vacaciones

Nunca hay un momento propicio para que un obrero de jóvenes tome vacaciones. El verano está repleto; el otoño está ocupado; el invierno es agitado; y la primavera se usa para planear el verano. Nunca parece haber un «tiempo inactivo» en el ministerio. Si espera hasta que la vida se vuelva más lenta, nunca saldrá. Busque un tiempo en el calendario de la familia (o si es soltero en su calendario personal) para tomar unas vacaciones y sepárelo varios meses por adelantado. Luego sea inflexible, considere esas fechas como no negociables. Si durante esos días algo surge en el ministerio para jóvenes o en el calendario de la iglesia, y va a surgir, deje saber que usted no estará disponible.

Permita a su familia opinar acerca del calendario del ministerio para jóvenes

Si es casado, es sabio permitir que su cónyuge opine respecto al calendario del ministerio con la juventud. Quiero que Cathy apoye todos los programas del ministerio que me sacan de la familia; por lo tanto, trabajamos juntos cuando planeamos el calendario. Cathy mantiene nuestro calendario familiar, así que consulto con ella las posibles fechas relacionadas con la iglesia; no quiero planear un programa del ministerio en la noche que uno de mis hijos tiene un programa de la escuela. Por lo tanto, mi esposa se convierte en una fuente responsable para mantener un equilibrio saludable en mis horarios. Y cuando sucede un inevitable «error», de todos modos tratamos de honrar nuestras prioridades.

Además de la planificación a largo plazo, semanalmente invertimos tiempo mirando nuestro calendario familiar y los programas futuros del ministerio para jóvenes para saber cómo se afectará nuestra vida de hogar. El ministerio juvenil amigo de la familia incluye ministrar a nuestras propias familias.

> **El ministerio juvenil amigo de la familia incluye ministrar a nuestras propias familias.**

Pida una descripción del trabajo y una revisión

Estoy convencido de que hay más obreros de jóvenes sin una descripción escrita del trabajo, que los que sí la tienen. Si usted es una de esas personas que no la tienen, ¿cómo lo evalúan? Un problema surge cuando no hace lo que su superior piensa que debe hacer. Si no tiene una descripción del trabajo, escriba una y pídale a su supervisor que la apruebe o modifique.

Una vez que obtenga una descripción del trabajo, pida una revisión. Una revisión semestral le mostrará cosas que necesita mejorar y lo mantendrá lejos de sorpresas desagradables. Todos tienen áreas débiles. Cuando alguien me indica una, lo considero como una oportunidad para el crecimiento. Continuamente hablo con obreros de la juventud que dicen: «Fui despedido, aunque no lo esperaba». No deje que eso le pase. Pida una descripción del trabajo y revisiones regulares.

Controle su tiempo o los otros se lo van a controlar

Demasiados obreros de jóvenes permiten que otra gente controle su tiempo. Si deja que las personas tengan la oportunidad de aprovecharse de su tiempo, lo harán. Ellos no son malos, pero están necesitados. Siempre hay alguien que quiere hablar «ahora mismo» o necesita su atención inmediata. Nadie protegerá su tiempo como usted. Si no lo protege, nadie lo va a hacer. No estoy sugiriendo que se vuelva áspero a los pedidos de la gente, pero sugiero que piense seriamente adónde va su tiempo.

Si, por ejemplo, alguien llama y dice que «tiene» (las palabras «*necesita*» o «*debe*» también son buenos indicios) que verme inmediatamente, y estoy en medio de la preparación del mensaje de fin de semana, le pregunto cuánto tiempo piensa que necesitará. La mayoría de la gente dice «cerca de una hora». Dependiendo del tono de su voz y la naturaleza de la crisis, quizá diga: «Hoy no tengo una hora. Le puedo dar diez minutos ahora mismo por teléfono o podemos emplear una hora juntos la próxima semana.» La mayoría de la gente toma los diez minutos inmediatos y honra mi tiempo.

Exactamente el otro día pasé por esa experiencia. Uno de nuestros líderes llamó y le dijo a mi secretaria que había tenido una crisis y que necesitaba una cita ese día. Ella conoce mis métodos para manejar tales llamadas, así que en vez de planificar una cita, me puso al teléfono con él. Descubrí que su crisis realmente no requería de una hora de mi tiempo. Necesitaba, sin embargo, un material acerca de las sectas porque esa tarde se reuniría con un joven que necesitaba ayuda en esa cuestión. Oré con él por teléfono, y le separé algunos libros (nótese que *separé* los libros) para que los recogiera. Quedó satisfecho con eso. Si hubiera dicho sí a esa cita, habría dicho no a la cena con mi familia. Si el obrero de jóvenes hubiera llamado con una crisis severa, yo habría preguntado cómo, cuándo y dónde podría ayudar.

Tal vez algunas personas me consideren insensible. La verdad es que soy profundamente sensible y estoy extremadamente ocupado. He aprendido a ser práctico acerca de con quién y cómo invierto mi tiempo. Los líderes deben decidir qué es importante; no todo es de igual valor, especialmente en la edificación del Reino.

> **Los líderes deben decidir qué es importante; no todo es de igual valor, especialmente en la edificación del Reino.**

Mantenga un informe de su tiempo

Es crítico que los obreros de jóvenes asalariados guarden un registro de sus horarios. Mantengo un diario de horarios en caso de que tenga que justificar mi tiempo. Para el trabajador de oficina de nueve a cinco, yo parezco un «impredecible». Algunos días llego tarde a la oficina. Algunos días salgo antes del mediodía y no vuelvo durante cuatro horas. Otros días me voy a casa temprano. Lo que no reconocen algunas secretarias, ancianos y padres es que llego más tarde por la mañana porque la noche anterior estuve trabajando en el ministerio o esta noche estaré fuera hasta muy tarde. Muchos veces salgo a las 11:00 de la mañana y no vuelvo hasta las 3:00 de la tarde. ¿Por qué? Porque en la oficina de la iglesia me interrumpen constantemente y me cuesta preparar mi mensaje. Trabajo mejor en mi otra oficina, Taco Bell, donde no suena el teléfono y puedo rellenar mi refresco.

La naturaleza del ministerio con la juventud requiere horas de oficina flexibles. Anote su horario en caso de que surja una pregunta. Si sigue el plan de administración del tiempo en el resto de este capítulo, tendrá una documentación clara de lo que hace con su tiempo. Haga un informe de su horario a su supervisor para no tener que vivir con el temor emocional del horario que lleva. No trate de agradar a una secretaria ni a nadie con sus horas en la oficina: Usted trabaja para Dios él lo llama a ser eficiente. Si usted es más eficiente fuera de la oficina, obtenga permiso para su horario, mantenga un informe de su tiempo, y olvídese de tratar de agradar a todos.

Equilibrar las demandas de su tiempo

«Nunca sé dónde comenzar.» «Nunca puedo terminar nada.» «Voy a casa al final del día y me pregunto qué hice con mi tiempo.» «Siempre me llevo trabajo a casa para terminarlo.» «Quiero invertir tiempo con los jóvenes, pero con todo, no puedo encontrar el tiempo.» «Mi lista es demasiado larga.» ¿Puede asociar alguno de estos comentarios con su caso? ¿Alguno de ellos lo describe o son sus circunstancias actuales?

Si ese es el caso, usted no es el único. He oído estos comentarios, y los he dicho. Las tareas del ministerio nunca terminan, y el tiempo nunca parece ser suficiente para completarlas. Si cree que su horario está fuera de control, usted es un obrero relacional típico. Pero si no aprende a administrar su tiempo, continuará viviendo en frustración.

Cualquiera que haya trabajado conmigo podría decirle que no soy un gurú de la administración del tiempo, pero diría que vivo una vida bastante equilibrada para el ritmo que mantengo. A continuación encontrará los pasos que he sacado de varios expertos en administración y que he adaptado para mi modo de vivir.

Determine sus funciones

El primer paso para administrar su tiempo es identificar qué funciones juega. Tengo seis funciones primarias:

1. hijo de Dios
2. esposo
3. padre
4. amigo y pariente
5. dueño
6. empleado

Combino las primeras cuatro funciones en una categoría, a la que me refiero como mi papel *personal*. Esto tiene relación con mi vida interior y mi vida con la familia. El papel de dueño se refiere a mi pequeña compañía llamada *Making Young Lives Count* [Hacer que las vidas jóvenes cuenten], que administra la venta de mis libros y materiales del ministerio para jóvenes, y los compromisos para hablar en público. Aunque esta compañía no requiere una demanda inmensa de mi tiempo, ocupa una prioridad en mi vida. Mi papel de empleado se refiere a ser pastor de jóvenes en la Iglesia Saddleback, en la cual he identificado cinco subfunciones: maestro, pastor, administrador, promotor y líder.

Como empleado de la Iglesia Saddleback, trato de emplear diez horas semanales dentro de cada una de estas subfunciones.

- Como *maestro,* preparo mi mensaje de fin de semana y escribo o redacto nuestro plan de estudio bíblico para grupos pequeños.

- Como *pastor,* invierto tiempo con los jóvenes, las familias y personas en los programas.

- Como *administrador,* planeo los programas, superviso el presupuesto, hago llamadas telefónicas, escribo cartas, asisto a reuniones y sueño con hacer menos trabajo administrativo para dedicarme más al cuidado pastoral.

- Como *promotor* creo nuestras herramientas para el discipulado (capítulo nueve).

- Como *líder,* asisto a las reuniones de equipo, empleo tiempo con voluntarios, trabajo en comunicar los propósitos y estudio para desarrollarme como líder.

¿Cuáles son sus subfunciones? Una vez que en su mente usted establezca sus funciones claramente, estará listo para trabajar con una hoja de tiempo como la de la página 420 en el Apéndice H. Usarla le permitirá ser deliberado en sus proyectos en lugar de dedicarse a la situación que más urgencia parezca tener.

Bloquee sus días inflexibles y las reuniones y citas semanales

En la página 421 verá que bosquejé mi tiempo inflexible con la familia y las reuniones semanales. Después de esto, anoté cualquier cita que tuviera con anterioridad a esa semana. Luego de escribir estos compromisos, comprendí mejor las horas que me quedaban en la semana para completar mis tareas. Usted puede seguir este procedimiento en su hoja de tiempo.

Enumere sus tareas semanales correspondientes a sus funciones

Ahora puede comenzar a transferir las tareas de su lista escribiéndolas bajo la función que corresponda a cada una como se muestra en la página 422. Por ejemplo, si una de las tareas de la lista es «escribir una carta a los padres», transfiéralo a la función de administrador.

Bloquee horarios realistas para cumplir sus tareas

Sea realista al considerar cuánto tiempo le tomará terminar cada tarea de la lista (véase la página 423). Cuando empecé a hacer esto, me daba una hora para un proyecto que creía que me llevaría una hora. Mi problema fue que no planeaba cosas pequeñas, como interrupciones para ir al baño, estirarme, matar las hormigas de mi oficina y otras interrupciones. El proyecto de una hora me llevaba una hora y media, y después estaba atrasado en mi horario. Entonces me frustraba por no ser capaz de terminar todo lo que había planeado. Ahora, me doy más tiempo para completar las cosas, planifico más tiempo del que necesito para una tarea. Si al final tengo tiempo extra (raramente sucede), lo uso para continuar mi lista interminable de llamadas telefónicas y escribir notas de ánimo.

Tome tiempo para ahorrar tiempo

Cuando empecé a usar este sistema, demoraba casi una hora planeando mi semana. Cuanto más lo hice, más rápido me volví. Una hora de planificación me ahorraba varias horas durante la semana, porque la planificación aumentaba mi tiempo de productividad. Ahora soy más flexible con las reuniones que «solo llevarán un minuto». Este sistema también sirve como un diario de trabajo para seguir mis horas. Cuando surgen más responsabilidades, simplemente las anoto para la semana siguiente. Si surge una nueva primera prioridad, paso una prioridad menos importante a la próxima semana.

> La administración del tiempo es una de las clave principales para que un obrero de jóvenes conserve la salud. A medida que aplique regularmente los pasos anteriores, encontrará que su vida se torna más ordenada y libre de tensiones.

HÁGALO PERSONAL

1. ¿Hay señales en su vida que muestran que se está debilitando emocionalmente?
2. ¿De las trece sugerencias para mantener alta su cuenta bancaria emocional, con cuáles tres lucha la mayoría del tiempo?
3. ¿Dónde puede buscar ayuda y responsabilidad en estas áreas?
4. Defina el *equilibrio* para su vida.
5. ¿Funciona su estilo presente de administración del tiempo? ¿Cómo contestaría su cónyuge o su mejor amigo a esta pregunta acerca de usted?
6. ¿Cómo evaluaría su habilidad para resolver conflictos (1 = bajo; 10 = alto)? ¿Evita tener conflictos para que otros lo aprecien?
7. ¿Tiene alguien en su vida que lo pueda ayudar a lidiar con el conflicto y la confrontación?
8. ¿Cuáles son algunas de sus frustraciones actuales en el ministerio con la juventud? ¿Cómo estará usando Dios estas situaciones para ayudarlo a desarrollarse como líder?

DIECIOCHO

Disciplinar positivamente

«¡Controle a los jóvenes o cierre el programa!»

Ese era el énfasis en la última línea de un memorándum que recibí una vez con respecto a los problemas de conducta en nuestro programa a mediados de semana. La semana anterior, cerca de doce jóvenes faltaron a nuestra reunión. En cambio, formaron una pandilla para saquear la propiedad de la iglesia. Eran cosas típicas de jóvenes (hurtaron algún papel higiénico, tiraron una bomba de humo en la dirección general del programa de niños) pero eso fue suficiente para irritar algunas personas y comenzar una cadena de cartas y reuniones que dieron como resultado el ultimátum anterior.

Mi primera reacción fue «¡Si solo supieran!» ¿Lo del miércoles por la noche fue el peor de los escenarios en sus mentes? Adivino que no estaban presente cuando apareció un joven con un cuchillo buscando pelea. O cuando un joven roció con gases lagrimójenos a un visitante. O cuando un grupo decidió fumar marihuana en una zanja de desagüe de la iglesia en lugar de asistir a nuestra reunión. O cuando un tipo detrás del omnibus disparó un aerosol en la llama de su encendedor Bic y prendió fuego el cabello de alguien. ¿Algo de papel higiénico y una bomba de humo? ¡No asesinaron a nadie! A mí me pareció una noche bastante tranquila.

> **¿Algo de papel higiénico y una bomba de humo? ¡No asesinaron a nadie! A mí me pareció una noche bastante tranquila.**

Pero mi segunda idea fue un poco más comprensible. Los obreros, normalmente pacientes, que trabajan con niños habían tenido un encuentro anormalmente áspero con este grupo. A medida que investigué, supe que el problema no eran las ofensas de los jóvenes, sino su conducta: malas palabras, falta de respeto y rebelión general. Todos sabemos que esa «actitud» forma parte de la vida adolescente, pero la fuerza de esta tomó a estos adultos por sorpresa. Y tenía que ser así. El día que dejamos de esperar una conducta apropiada es el día que los buenos pierden.

No hay un obrero de jóvenes con experiencia que no haya tenido que luchar con problemas de disciplina. Muchos son meras molestias, pero algunos nos rompen el corazón, cuando los jóvenes en quienes sinceramente tenemos interés insisten en volvernos locos. Pocos de nosotros estamos hechos para confrontar la mala conducta y después seguir adelante. Consideramos la confrontación incómoda y emocionalmente agotadora.

Por fortuna, cerrar el programa no es una opción, a pesar de lo que algún anciano militante pueda pensar. Tampoco lo es renunciar, ya sea rendirse a la buena conducta o retirarse por completo del ministerio. El hecho de que tantos jóvenes carezcan de disciplina señala la necesidad de que gente como nosotros los ayudemos a desarrollarla.

Comprensión del cuadro general de la disciplina

Una perspectiva bíblica de la disciplina

Bíblicamente hablando la disciplina no es necesariamente un mal. Es buena y necesaria a causa de la maldad. La disciplina es una virtud, un promotor positivo de espiritualidad, de moral, y de integridad relacional, a lo cual la Biblia se refiere como «rectitud».

Disciplina viene de la misma raíz que *discípulo,* lo cual significa «seguidor» o «aprendiz». No existe eso de un discípulo sin disciplina. Nuestra misión es ir por todo el mundo y hacer discípulos (seguidores autodisciplinados) de Jesús, que obedezcan sus caminos y lo honren. Por lo tanto, tener una estrategia para la disciplina es casi sinónimo de tener una estrategia para el discipulado.

> Tener una estrategia para la disciplina es casi sinónimo de tener una estrategia para el discipulado.

En Deuteronomio 4:36 se usa la palabra *disciplina* dentro del contexto de la revelación de Dios a los israelitas en el Monte Sinaí. El mero acto de Dios hablando en amor a sus hijos se llama disciplina. ¿Y qué escucharon los israelitas? Ellos recibieron la Ley, resumida en los Diez Mandamientos: reglas inflexibles para una vida bendita. Comunicar y establecer límites en amor son elementos de la disciplina bíblica.

En Hebreos 12, un clásico pasaje del Nuevo Testamento acerca de la disciplina, resuenan las palabras de Deuteronomio. Nótese que el capítulo comienza con una declaración de la provisión de Dios. Dice que él nos ha rodeado con una gran nube de testigos, y que el mismo Jesús ha ido delante de nosotros estableciendo el sendero de la salvación. Esto demanda una respuesta de dominio propio. Debemos entrenarnos para la carrera, vencer obstáculos y correr con alegría y perseverancia. Después nos hace recordar el propósito del castigo: «Porque el Señor disciplina a los que ama, y azota a todo el que recibe como hijo» (v. 6). Tanto la provisión como el castigo son evidencias de pertenecer a la familia de Dios.

Así que vemos que la provisión y el castigo son como los pilares de la buena disciplina. Por supuesto, esas palabras no son exactamente amigas del siglo veintiuno. Quizá prefiramos un envase así:

- amor y límites
- gracia y verdad
- apoyo y corrección
- ayuda y límites

No importa cómo lo describamos, la autodisciplina, que es equivalente al discipulado, se predica tanto en el abrazo como en el dolor. Sin una rica combinación de besos y disciplina no vamos a madurar.

Una perspectiva sociológica de la disciplina

Los estudios sociológicos han apoyado el valor de proporcionar disciplina positiva a través del apoyo y el control. En la universidad recuerdo haber aprendido acerca de un estudio clásico que evaluaba la eficacia de criar hijos en vista del control y el apoyo. Se identificaron cuatro estilos de criar a los hijos. El primero era el *dictador,* el cual es fuerte en control (órdenes y consecuencias) y débil en apoyo (amor y afirmación). En esta situación, las reglas toman la prioridad sin considerar las consecuencias en la persona. El padre *democrático* es todo lo contrario: fuerte en apoyo y débil en control. Estas familias operan en el sistema «una persona, un voto», en el cual los niños tienen tanto que decir como los padres. El *liberal* describió una forma que era débil tanto en control como en apoyo. Estos padres dicen: «A nosotros no nos importa lo que tú hagas, porque no tenemos interés en ti». Finalmente, los padres que mantienen un nivel fuerte tanto de control como de apoyo se describen como *autoritativos.* No temen imponer las órdenes, pero las imponen con amor y comprensión. Las gráficas de la figura 18.1 muestran los cuatro estilos.

Como es de esperar, los jóvenes que tuvieron mucho éxito y que están bien equilibrados fueron criados por padres *autoritarios.* El amor y los límites forman buen fruto en sus vidas. Pero el segundo grupo más ajustado en su conducta, no fueron los

Fig. 18.1

criados por los padres *democráticos*, aunque nuestra tendencia sería razonar que si nos equivocamos, es mejor hacerlo del lado del amor y del cariño. Verdaderamente, al segundo grupo con más éxito pertenecen a los que criaron sus hijos en el ambiente *liberal*. Aparentemente, cuando la persona no tiene apoyo ni control de nada, va a encontrar en otra parte lo que necesita: amigos, pandillas, clubes, equipos, etc.

Finalmente, más o menos empatados en el último puesto estaban los que destacaban uno más que el otro. Demasiado apoyo o demasiado control sin un balance, causó un daño tremendo. Desgraciadamente, en las décadas desde este estudio, la gente ha aprendido poco. La noción romántica, democrática de permitir a los jóvenes florecer con pocos controles y la afirmación incondicional continúan siendo las prácticas uniformes del día de hoy.

Considere las ramificaciones de este estudio para el ministerio de jóvenes. Los padres, ocupando el segundo lugar del éxito, al fin y al cabo no eran padres; eran personas como nosotros en el cuidado pastoral. Si los hijos crecen sin amor y sin límites, los llevaremos a sustituir a quienes les darán lo que necesitan, entonces los líderes de la juventud pueden llenar un vacío estratégico e influir en ellos poderosamente.

A menudo he deseado que los padres hagan su trabajo para yo poder hacer el mío. Pero reconozco el egoísmo que representa esa actitud: no es más que sentir que nuestro ministerio correría más suavemente si no tuviéramos que tratar con tantos jóvenes con problemas. Pero ministrar y disciplinar a los jóvenes problemáticos no va en dos direcciones diferentes. Se logra en el mismo viaje. Estamos edificando discípulos mediante el amor y los límites, la gracia y la verdad, la afirmación y la corrección, el apoyo y el control. Mientras más jóvenes aparezcan en nuestro ministerio sin amor y sin límites, mayor es la oportunidad que tenemos.

La perspectiva de la disciplina en el ministerio para jóvenes

Ver la disciplina positivamente desde una perspectiva teológica y sociológica, nos puede dar el estímulo que necesitamos para disciplinar como debemos. A través de los años, mi variable perspectiva ha ido acompañada de una disposición más fuerte (un deseo) de disciplinar positivamente. He visto montones de evidencia de que a largo plazo la disciplina sirve a jóvenes y familias.

En cambio, estoy convencido de que los obreros de la juventud que son inseguros pierden la experiencia de moldear las vidas de los jóvenes a causa de su propio deseo de ser apreciados. Tienen alguna diversión, enseñan algunas verdades buenas y dejan algunos recuerdos. Pero en la formación de una vida no tienen todo el impacto que pudieran tener si se sentaran individualmente con los jóvenes que les falta disciplina para hablar acerca de su vida, o si hablaran a los padres más directamente sobre las necesidades de sus hijos. A menudo, se exponen los problemas y se satisfacen las necesidades más grandes, cuando hablamos acerca de lo que alguna persona ha llamado «el último diez por ciento»: las verdades reales, las cosas incómodas y dolorosas a las que damos vuelta o evitamos mencionar en la mayoría de las conversaciones serias.

El coraje para decir estas cosas y el amor para decirlas bien son las marcas de un buen líder. Juan 1 describe a Jesús como repleto de gracia y verdad. Nunca le dio vueltas a las verdades duras en sus conversaciones. Nicodemo, Pedro, la mujer en el pozo, el joven rico y casi todos los que hablaron con él sintieron la punzada de la verdad, pero siempre con el toque de la gracia. ¿Y cuál de ellos, incluyendo a los que rehusaron seguirle, no fue marcado imborrablemente por él? Esa es la clase de discipulador que nosotros tenemos el potencial de llegar a ser.

Es obvio que no es fácil tratar de ser como Jesús. Pero somos llamados a seguirlo mientras ejercitamos el liderazgo en nuestros grupos. Si le da alguna esperanza, recuerde que la mala conducta también dañaba y frustraba a Jesús. Lo oímos en su voz cuando pregunta: «¿Cuánto tiempo los tengo que aguantar?» Lo vemos en sus ojos cuando mira alrededor y dice: «¿No fueron diez los curados? ¿Dónde están los otros nueve?» Y lo vemos en sus lágrimas cuando dice a Jerusalén, la ciudad que mató y rechazó los mensajeros de Dios «¡Cuántas veces quise reunir a tus hijos, como reúne la gallina a sus pollitos debajo de sus alas, pero no quisiste!»

Repito, la disciplina es difícil y la confrontación es dolorosa, pero ambas vienen en las funciones del liderazgo.

Stacy y el diez por ciento final

Stacy es una joven de primer año. Era una de las más muchachas más difíciles con la que nuestro equipo jamás tuvo que tratar. Insistía en hacer sus cosas y era absolutamente fría ante cualquier autoridad, especialmente con los hombres. Al confrontarla, respondió con emociones dramáticas, lágrimas y acusaciones de que siempre la perseguían y que la odiaban. Con tal motivo, los líderes aflojaban la presión que rodeaba a Stacy, cautelosamente procuraban guiar su conducta sin detonar ninguna explosión de emociones. Cada vez que surgía su inseguridad y narcicismo, los líderes trataron de silenciarla con afirmaciones multiplicadas de que ella era realmente apreciada. A sus espaldas, ellos alzaban las manos y oraban pidiendo paciencia para el equipo de obreros. El verano pasado finalizó su estadía en el ministerio de los adolescentes más jóvenes. El equipo estaba ansioso por despedirla, y Stacy estaba feliz de irse.

Durante la última semana de Stacy en el campamento, aumentó la tensión. Todos la evitaban, esperando a que pasara al otro ministerio. Pero un estallido en el campamento que amenazaba con arrastrar toda una cabaña, fue el momento de decir el último diez por ciento. Los líderes encararon a Stacy con la verdad punzante diciéndole quién realmente era ella y por qué todos estaban espantados de ella. Acorralada, lanzó el veneno más fuerte que podía tirar. Después, las relaciones con ella parecieron cortarse por completo. Stacy se mudó de su cabaña y todos suspiraron de alivio. Pero tres meses después, Stacy escribió esta carta al director del departamento:

Querido Greg:

Quise escribirte porque quería que supieras cómo me siento. Sé que el año pasado no estuve bien con Dios. Pero de todas formas, Dios evitó que yo hiciera cosas de las cuales luego me hubiera avergonzado. El campamento me hizo reconocer que necesitaba acercarme a él nuevamente. Empecé a considerar que si mis líderes de la iglesia realmente me veían así y tenían tantos problemas conmigo, era necesario que yo cambiara mi modo de vivir. Hablé con algunas personas que me ayudaron a comprender que Dios siempre va a estar conmigo. Así que, quiero ser la chica de quien habla la Biblia en Proverbios 31. Básicamente, escribí esta nota para pedir perdón.

    Con amor en Cristo,
    Stacy

Stacy ha madurado notablemente durante este año, porque oyó la verdad y llegó a comprender la gracia de Dios.

No hay discipulado sin disciplina; ni ningún ministerio para jóvenes con propósito sin los pilares de la gracia y la verdad. Leemos esta verdad en las Escrituras, y se ve en la vida. Lo que falta es apropiarlo a nuestro estilo de ministerio.

Cómo equilibrar los límites

Imagínese que emplea a un constructor de cercas para cercar su propiedad. Cuando hace la visita inicial a su hogar, dice que comenzará el lunes, pero desaparece por semanas. Usted hace varias llamadas telefónicas para saber cuándo comenzará el trabajo en su cerca, y cada vez la compañía le asegura que el horario está al día. Por fin, después de seis meses, recibe una cuenta por tres millones de dólares. Sorprendido sacude la cabeza y llama a la compañía de la cerca.

El constructor explica que la cuenta no es un chiste. Usted sí tiene una cerca que encierra un kilómetro cuadrado de su barriada, rodeando su subdivisión y su hogar que está precisamente en el centro de dicha área. Dice que le explicó que planeaba tener una familia grande, así que quiso darle abundancia de espacio para sus hijos. «Tantos límites no son buenos para los niños», dice. «Los niños saludables necesitan abundante espacio para jugar, experimentar y explorar.»

Después de un litigio con éxito, usted llama a un segundo constructor de cercas y explica su necesidad de seguridad, y de los límites bien definidos para sus hijos. Él escucha sus preocupaciones y promete hacer un mejor trabajo. En efecto, comenzará mañana.

Así es, llega justo cuando usted sale para el trabajo. Pero cuando vuelve a casa, no puede creer lo que ve. Una cerca alta de alambre de púas rodea su casa precisamente a doce pulgadas de cada pared. Varias cámaras de televisión montadas en las astas, apuntan cada pulgada de su hogar. La factura pegada al portón explica que su hogar y la familia son las cosas más importantes que usted tiene. Los niños no están a salvo cerca de las calles, e incluso el césped presenta riesgos de salud, así que su cerca se ha diseñado para proteger lo que es más valioso. Usted comienza a preguntarse si en este planeta reside algún constructor de cercas razonable.

¿Dónde colocamos nuestras cercas? Si la cerca está a una milla de distancia para que un joven tenga que matar a alguien antes que nosotros lo notemos, nuestras fronteras no tienen sentido. Pero si por dondequiera que mira hay un guardia armado y una lista de reglas, nuestras fronteras son demasiado rígidas. ¿Dónde ponemos una cerca que sea útil para nuestro ministerio? ¿Cómo la mantenemos anclada en el amor?

A continuación encontrará algunos «postes de cerca» que nos han dado buenos resultados en nuestro ministerio en Saddleback. No son órdenes específicas; sino principios que nuestro equipo es motivado a incorporar en situaciones del ministerio. Cuando están en su lugar, estamos en el camino de disciplinar a los jóvenes con amor y límites.

Espere buena conducta

Los jóvenes suben y caen de nuestros niveles de expectativas. Por lo tanto, en nuestro ministerio con la juventud siempre anticipamos que los jóvenes participarán, cooperarán y gozarán de nuestros programas. Esperamos que los jóvenes disfruten de nuestros programas y consideren a nuestros líderes como personas que vale la pena conocer. Nos sorprendemos sinceramente cuando eso no sucede, y tratamos de comunicar eso cuando un estudiante se porta mal.

Tenga unas cuantas reglas sencillas

No malgaste reglas; los jóvenes solo seguirán unas pocas. Si usted muere tratando de mantener la goma de mascar fuera del salón de jóvenes o por forzar a todos a pararse y cantar como buenos cristianos, perderá en otros aspectos que necesitan la ayuda estratégica de las reglas. Escoja las reglas con cuidado basándose en sus valores y úselas para formar las conductas que son críticas a la vida y la causa del ministerio.

Decimos a los jóvenes que tenemos dos metas y por lo tanto dos reglas. Nuestras metas son divertirse y pensar. Así que cuando es tiempo de divertirse, diviértanse; y cuando es tiempo de pensar, pónganse un poco más serios y piensen.

Establezca las reglas positivamente y explique su propósito

Pocas cosas molestan más que las reglas no razonables, así que si pide conformidad en algún aspecto, explique por qué.

Cuando llegué a Saddleback, quise establecer un tono de respeto durante mi tiempo de enseñanza, así que expresé una regla: «Durante el último tiempo de canciones, mientras todos estén de pie, tienen plena libertad para salir. Si no quieren estar aquí, yo no los voy a forzar a sentarse y escucharme enseñar la Biblia. Nadie les preguntará el nombre ni se enojará o les filmará en vídeo. Pero creo en la Biblia de todo corazón y creo en lo que tengo que decir acerca de ella. Si permanecen, considero que tienen el compromiso de oírme y participar escuchando.» Como esperará, pocos salieron, y enseguida sobrevino un respeto asombroso.

Establezca las consecuencias apropiadas y conocidas de antemano

No es justo sorprender a los jóvenes con medidas disciplinarias que ignoren. Por lo general, la disciplina que aplicamos es sacar al joven de la reunión si se está saliendo mucho de los límites. En los campamentos, luego de advertirlo a los jóvenes por anticipado,

PACTO DE LA COMUNIDAD PARA VIAJAR EN UNA CASA FLOTANTE

Debido a los daños relacionados con un viaje en una casa flotante (como hélices, botes de esquiar, motosacuáticas, etc.) entiendo la necesidad de ser responsable durante este viaje y seguir estas especificaciones. Reconozco que mis actos pueden afectar la seguridad y comunidad de este viaje.

Guías

1. Entiendo que no puedo empujar a nadie desde arriba de la casaflotante aunque realmente sea una tentación.

2. Entiendo que necesito limitar mis muestras de afecto en público (MAP) si no estoy casado.

3. Entiendo y cumpliré las normas establecidas en cuanto a la música. No traeré a este viaje un walkman.

4. Entiendo que durante la noche no se podrá nadar sin supervisión.

5. Entiendo la necesidad de los arreglos para dormir por separado y los respetaré.

6. Entiendo las siguientes reglas para esquiar:

    ◎ No rocear otros botes

    ◎ No esquiar cerca a los botes, tierra u otros que estén esquiando

7. Entiendo las siguientes reglas para las motos acuáticas

    ◎ Manejar con cuidado sin tirar a los pasajeros

    ◎ Alejarse de los botes, tierra, los que esquían y demás en motos acuáticas

    ◎ No hacer competencias con otros motos acuáticas

8. Entiendo que no se me permite TENER ni USAR tabaco, alcohol, ni algún otro tipo de drogas.

PACTO DE LA COMUNIDAD PARA VIAJAR EN UNA CASA FLOTANTE CONT.

Consecuencias

1-3 Estas indisciplinas se enfrentarán una vez y si se repiten se eliminará la hora de esquiar y navegar en motos acuáticas.

4-8 Por causa de estas indisciplinas se enviarán a la casa a expensas de la familia.

Compromiso

Seguiré las normas anteriores y respetaré a los líderes de Saddleback. Entiendo las consecuencias si decido desobedecer las reglas.

_____

Firma del joven   Nombre en letra de molde

Yo/Nosotros entendemos las normas, los procedimientos de seguridad y las consecuencias posibles. Si mi hijo decide desobedecer los puntos del 4 al 8, entiendo que lo devolverán a casa a mis expensas. Hemos comentado estas reglas con mi hijo y confío que cumplirá con estas normas y con los líderes de Saddleback.

_____

Firma del padre

Fig. 18.2

usamos dos tareas disciplinarias: ayudar en la cocina o perder tiempo libre. La figura 18.2 es un contrato que jóvenes y padres firman antes de nuestro campamento de verano. Con claridad explica el reglamento y también las consecuencias. Por lo tanto, al imponerse la disciplina, nadie se sorprende.

Entienda la diferencia entre molestar y tener mala conducta

Los jóvenes hacen cosas que molestan; eso es característico de la adolescencia. Pero estas molestias a menudo demandan comprensión, no disciplina. Hablar, hacer ruidos groseros del cuerpo, reírse sofocadamente durante el tiempo de oración, todo eso cae en la categoría de molestias pero no son actos de maldad. No discipline a los jóvenes, a menos que su conducta sea sinceramente destructiva e inadecuada.

Además, es seguro que todos vamos a tener jóvenes con quienes, de vez en cuando, no nos llevemos bien. Nuestras personalidades chocan y nos molestan. Estos jóvenes molestos probablemente requieren de gracia y espacio extra (sin contar otro líder que se acerque a ellos) antes que medidas extras de disciplina.

Disminuya al máximo sus advertencias por mala conducta

Disminuya al máximo el número de advertencias, especialmente con los más jóvenes pertenecientes a los grupos pequeños. ¿Cuántos estudios bíblicos han sido arruinados por disturbios a pesar de repetidas advertencias del líder? Las advertencias repetidas que demandan control, solo muestran que usted no lo tiene. Es necesario sacar a los jóvenes que provocan disturbios, especialmente durante el estudio de la Biblia y momentos de oración. Así que haga dos advertencias, después sáquelo.

En mi experiencia, sacarlos es la medida disciplinaria menos usada en el ministerio para jóvenes. Soportamos interrupciones incesantes, hacemos innumerables pedidos y advertencias y entonces nos rascamos la cabeza cuando no logramos algo que valga la pena. ¡Elimine el problema! De todas maneras, los jóvenes sin control nunca van a captar las lecciones que usted trata de enseñar mientras no aprendan primero a controlar su conducta en el ambiente del ministerio. No permita que la conducta de un joven arruine una reunión para los otros.

Evite definir a los jóvenes como problemas disciplinarios

Todos conocemos el poder profético de las palabras. Literalmente, crean las realidades que describen. Los jóvenes estigmatizados tienden a vivir de acuerdo a los nombres con los cuales los denominamos. Quizá eso es lo que pasó con «los gemelos problemáticos» Brad y Roger un año antes del campamento (véase su historia en la página 374). Nosotros no los habíamos llamado gemelos problemáticos en su cara, pero ese apodo probablemente se reflejó en la manera que los tratábamos. Llevó algún trabajo extra y la intervención divina para vencer nuestras etiquetas negativas. Cuando por fin les explicamos claramente la conducta que deseábamos, mostraron otro comportamiento.

Imponga las reglas sin enojo

Imponer las reglas sin enojarse realmente implica dos principios: Primero, *imponga las reglas*. Si no las impone, no tienen valor. Si apreciamos a los jóvenes y queremos ser apreciados, nuestra tendencia es alejarnos de estas dolorosas medidas disciplinarias. Yo agonicé al decidir llevar a una joven al autobús y mandarla a su casa, a trescientas millas del campamento de verano. Me lastimó disciplinarla aunque indudablemente lo merecía. Además, la logística estaba presente, las llamadas incómodas por teléfono y la posible mala conservación de los resultados con la que tendría que lidiar cuando volviera a casa.

En esos momentos, necesitamos recordar que la aplicación de la disciplina está anclada profundamente al amor. Proverbios 13:24 dice: «No corregir al hijo es no quererlo; amarlo es disciplinarlo.» Por consideración al individuo, debemos permitir que sufra las consecuencias. En el caso antes mencionado, mandar a la joven al hogar tuvo su recompensa. Los padres me apoyaron y comprendieron; la muchacha permaneció en nuestro ministerio y cambió luego de unos pocos meses. La historia de un acto de imposición de disciplina ha recorrido campamento tras campamento, ¡disuadiendo otros numerosos problemas! ¡Estoy seguro!

El segundo principio es imponer las reglas *sin ira*. La mayoría de las personas usa la disciplina *porque* están enojados. Pero, debemos disciplinar *antes de* enojarnos. Algunas conductas lo van hacer enojar legítimamente, pero en el caso de ofensas ligeras, no espere a estar harto para responder. Detenga el problema antes de que se alteren sus nervios. Al principio, los jóvenes se quedarán desconcertados cuando usted los eche con una sonrisa, pero pronto se acostumbrarán a su estilo, y otros lo apreciarán. Digo a los jóvenes: «Yo te quiero, pero no permitiré que arruines este programa.»

> **Digo a los jóvenes: «Yo te quiero, pero no permitiré que arruines este programa.»**

No avergüence a los jóvenes que disciplina

Queremos que los jóvenes eliminen su mala conducta, no su estima. Sacarlo, no hará a un estudiante dejar su grupo de jóvenes, pero la humillación sí lo hará. Nótese la diferencia al disciplinar sazonando con gracia. Diga: «Oye, es la tercera vez que te llamo la atención, tengo que pedirte que salgas ahora.» No diga: «Escucha, tarado, saca tu feo cuerpo de aquí antes que te arranque los labios.»

Hable en privado con los jóvenes acerca de sus problemas de conducta

Si dejar de sacar a los jóvenes problemáticos es el error más grande que cometa en el ministerio con jóvenes, no darle atención será el segundo error. La conservación de resultados trae gracia y equilibrio adicionales al uso de las reglas. Acentúe las reglas cuando disciplina a un joven, después afirme su amor y perdón en una conversación de atención. Hable acerca de la situación; explique otra vez por qué usted hizo lo que hizo; y diga al joven que lo aprecia y que esa mala conducta la considera como algo ya pasado.

Aún mejor, como medidas preventivas, tenga conversaciones en privado como medidas preventivas. Todos tenemos jóvenes que nos empujan, y frenan antes de arrojarnos al vacío. «Salirse con la suya» es su deporte preferido. Se debe encarar a estos jóvenes personalmente. En algunos seminarios, los obreros de jóvenes a menudo me preguntan cómo lidiar con los jóvenes que no son dóciles. Me asombra ver cuántos obreros no le hablarona los jóvenes problemáticos.

A propósito, cuando encare un enfrentamiento explosivo, reúnase en privado en un lugar público. La presencia de otras personas del área cercana ayudará a mantener las emociones bajo control. Y para su propia protección, tome notas. Si el círculo de conflicto se extiende para incluir a los padres, pastores u otros, su cuidadoso registro de declaraciones y hechos puede probar ser valioso.

El año pasado, Brad y Roger eran los gemelos problemáticos de la clase. Sus constantes actos desagradables estaban siempre cerca al nivel de ofensas por las que había que sacarlos de la clase. Para colmo, en la esfera emocional tampoco permitían que ninguno de nuestros líderes se acercase a ellos. No podíamos conocerlos ni obtener respuestas a preguntas sencillas.

Pero en la primavera, me espanté cuando estos dos se inscribieron para asistir al campamento de verano. No lo podía creer. ¿Cómo podrían aguantar estar con nosotros durante una semana? Tuve la tentación de reservar sus boletos de autobús para que regresasen antes de tiempo.

Me senté cara a cara con ellos y les dije que no quería que fueran al campamento porque no creía que podrían quedarse toda la semana. Les recordé que durante todo el año habíamos tenido problemas con ellos, y que sería una semana miserable para todos. Ellos me aseguraron que sinceramente querían ir. Así que les dije que esperaba ver un gran cambio en sus actitudes. Si iban, necesitaban formar parte del grupo. Les dije que los estaría velando con la esperanza de quedarme asombrado. El campamento iba a ser un tiempo de cambio.

Los gemelos problemáticos llegaron a ser el *dúo dinamita*, las estrellas del campamento. No solo que no causaron problemas, sino que verdaderamente fueron los mayores contribuyentes del equipo de drama, impresionándonos con su talento y humor que no sabíamos que tenían. Estoy convencido de que Dios usó el poder transformador de una buena conversación en el momento preciso, para tocar los corazones.

No tema involucrar a los padres

Todos queremos ser confidentes, a quienes los jóvenes puedan confiar cualquier secreto. Pero he observado una tendencia peligrosa entre los obreros de la juventud para mantener la confidencia a cualquier costo. Recuerde, usted no es un abogado ni un siquiatra; sino un pastor. Y los que pastorean a los hijos de la gente, son responsables ante los padres y ante los jóvenes.

Cuando varias personas de confianza me dijeron que Rob estaba vendiendo drogas, tuve una fuerte impresión de que esto era cierto. Como era de esperarse, cuando lo confronté actuó como si no tuviera la menor idea de lo que yo estaba diciendo. Sin embargo, después de unos pocos minutos, saqué una confesión. No había vendido las drogas, solo las había entregado y nada más lo hizo un par de veces. Mientras hablábamos, pareció estar sinceramente arrepentido. Me aseguró que creía que las drogas eran estúpidas y que en efecto, ya había terminado con esos «amigos».

Era maravilloso escuchar eso. Hasta le creí (más o menos). A pesar de su sinceridad, no era mi responsabilidad absolverlo de culpa ni tenerlo por responsable de sus acciones. Como Rob era menor, sus padres eran responsables por él.

Dije a Rob, como digo a todos los jóvenes en esta clase de situación, que tenía el fin de semana para decírselo a sus padres. Le informé que el lunes por la noche yo los llamaría para asegurarme de que ellos lo supieran. Si quería, yo lo acompañaría para apoyarlo mientras daba las noticias. Sin embargo, sus padres se enterarían de este asunto por él, por mí o por los dos. El domingo por la noche Rob habló con sus padres.

La disciplina es como un tratamiento de conducto dental. No es divertido, pero es bueno para usted. Ambos procedimientos son simples, pero decisivos que evitan el decaimiento que destruye toda una estructura, ya sea en un diente, una persona, o todo un ministerio. Una vez logrado, se restaura la debilidad y dolor con un estado de fortaleza y utilidad.

HÁGALO PERSONAL

1. ¿Disciplinar a los jóvenes es fácil o difícil para usted? ¿Por qué?
2. ¿Cuáles son algunas maneras constructivas de tratar con un joven que necesita disciplina?
3. ¿Qué comunican sus métodos actuales de disciplina a los jóvenes?
4. ¿Cuáles son algunos problemas mayores de disciplina que pueden requerir una consulta individual con él o los padres?
5. ¿Cuál ha sido la situación de disciplina más difícil que ha tenido que enfrentar?
6. ¿Saben los jóvenes las normas de conducta y disciplina que usted requiere de ellos?
7. ¿Saben sus líderes cómo manejar una situación difícil de disciplinar?
8. De las ideas enumeradas, ¿cuáles son las tres que necesita mejorar para brindar a los jóvenes una mejor guía?

DIECINUEVE

Iniciar cambios con propósito

Desde el primer capítulo he intentado alentarlo, desafiarlo e inspirarlo. Me emociona sinceramente que desee progresar y construir un ministerio de jóvenes con propósito. Espero con ansias oír los informes de su éxito luego de establecer un ministerio saludable con la juventud. Para ministrar con propósito, quizá necesite iniciar algunos cambios importantes, así que este capítulo final lo ayudará a construir una base de apoyo para hacer los ajustes estructurales.

Como somos criaturas de hábito y comodidad, el cambio es molesto y desafiante para nosotros. Las atractivas ideas nuevas de su ministerio para jóvenes requieren una aventura de fe. Como cualquier aventura verdadera, esto estará repleto de incertidumbres y formulará muchas preguntas:

¿A qué dirección nos llevarán los cambios en el ministerio?

¿Qué encontraremos en el camino?

¿Cómo manejaremos la oposición y la adversidad?

¿Qué recursos necesitaremos?

¿Tendrán éxito nuestras innovaciones?

Preguntas como estas pueden causar dudas y estrangular la fe. Mi oración es que el valor permanente de su cambio pese más que su duda y temor. Inspírese con las palabras del apóstol Pablo en 1 Timoteo 4:10: «En efecto, si trabajamos y nos esforzamos es porque hemos puesto nuestra esperanza en el Dios viviente.» Cuando deposita su esperanza en Dios para sus modificaciones en el ministerio, estará en buenas manos.

Acciones para el cambio sabio

El cambio nunca es fácil y pocas veces divertido. Sin embargo, hay algunos pasos que se pueden tomar para aliviar el dolor de un cambio completo de paradigma o hasta de ajustes apenas leves a su estrategia actual.

Evalúe sus motivos para el cambio

Antes de activar sus planes para tomar una dirección nueva, es sabio evaluar sus motivos. Si son impuros o inadecuados, el valor de su cambio disminuirá. Tal y como los medios deben justificar el fin, sus motivos deben estar en santa armonía con las decisiones finales tomadas para su ministerio. Si sus motivaciones personales se manejan por beneficiar el ego, están equivocadas. No busque el avance del ego en el ministerio para jóvenes. Su motivación primaria para hacer un cambio debe ser la fiel obediencia a Cristo. Si su motivación para el cambio tiene relación con la posición que en el futuro le proporcionará el éxito, tenga cuidado. Moverse hacia arriba es el estándar vocacional del mundo. Al final, la prueba no será cuán magnífico usted llegó a ser, sino cuán fielmente sirvió.

Permanezca en oración

Desde el principio invierta un tiempo con Dios y descubra si sus deseos de hacer cambios dentro del ministerio son consecuentes con los de él. Pida la voluntad de Dios para todas sus ideas propuestas. Proverbios 2:3-6 dice: «Si llamas a la inteligencia y pides discernimiento; si la buscas como a la plata, como a un tesoro escondido, comprenderás el temor del Señor y hallarás el conocimiento de Dios. Porque el Señor da la sabiduría; conocimiento y ciencia brotan de sus labios.» Ahora vuelva al pasaje y marque las palabras «llamas» «pides» y «buscas». Estas acciones reflejan una actitud de oración y por resultado recibirá una sabiduría mayor que la suya. Los cambios importantes requieren dosis poderosas de la sabiduría de Dios.

Evalúe con sinceridad enumerando los pro y los contra específicos

Para evaluar con sinceridad los cambios propuestos, haga una lista detallada de lo bueno y lo malo que estos crearán. Esto demostrará a todos que usted ha pensado bien en sus planes. Asegúrese de que la emoción del cambio no limite su visión y solo vea lo bueno. Quizá deba preguntar a otros si usted fue preciso y sincero en su evaluación.

Busque el consejo y el apoyo de su supervisor

Proverbios 27:9 dice: «El perfume y el incienso alegran el corazón; la dulzura de la amistad fortalece el ánimo.» Discuta su lista de pros y contras con su supervisor. Muéstrele que ha pensado en el asunto desde todos los ángulos posibles. Anticipe las preguntas y prepare respuestas sensatas. Esta sesión de intercambios de ideas es una buena ocasión para solicitar apoyo en el cambio que quiere hacer; mientras mejor se prepare, más fácil le será lograr apoyo. Asegúrese de obtener el consejo de su supervisor respecto a la nueva idea para que esté inclinado a apoyarlo sinceramente y tal vez hasta ganar el objetivo.

Invierta tiempo con los voluntarios, padres y jóvenes que más lo apoyan

Cuando cambié la estructura de nuestro programa del martes por la noche, de una reunión grande en conjunto a un estudio bíblico por área en grupos pequeños, sabía que se me iban a oponer. Fui lo suficientemente inteligente como para saber que quería que la gente positiva fuera la primera en oír acerca del experimento que intentaba. Sabía que harían preguntas, pero sin atacarme a mí. Necesitaba una audiencia positiva, delante de la cual pudiera ensayar mi presentación de la nueva idea.

Invierta tiempo con los voluntarios, padres y jóvenes más negativos

La gente negativa no se opone ni reacciona tanto en reuniones individuales como en grupo. Reunirse a solas con ellos le permite escuchar sus preocupaciones sin que estén intentando influenciar a otros con su posición. Muchas veces, este tipo de persona quiere que lo escuchen.

La gente negativa es típicamente insegura, crítica y necesitada de más tiempo y amor que los demás. No quiero decir que toda la gente negativa responderá amablemente a sus cambios, pero apreciarán la atención y explicaciones especiales.

> **La gente negativa es típicamente insegura, crítica y necesitada de más tiempo y amor que los otros.**

Refiérase a sus cambios como «experimentos»

Uno de los muchos principios de liderazgo que he aprendido de mi pastor es comunicar los cambios como experimentos. Hacer esto hace los cambios menos «arriesgados». Si el experimento funciona, la gente está lista para aplicar completamente el plan. Si el experimento no funciona, no es muy importante; era solo un ensayo.

Espere que haya gente lastimada

La vieja frase: «Nosotros siempre lo hemos hecho de esta manera» es un testimonio de la molestia que crea la transformación. La mayoría de la gente no aprecia el cambio. A menudo, instituir el cambio no es el problema; lo difícil es motivar y dirigir a los otros para que lo acepten. Los que están conformes con la mediocridad, o quienes no ven ningún valor en la nueva dirección propuesta, son difíciles de convencer.

El cambio hace que la gente vaya más allá de su zona de comodidad y desarrolle conductas nuevas. Con facilidad puede lastimar a los que invierten su interés en lo que se está cambiando. Usted, el agente del cambio, lastimará a otros por estar incomodando esas vidas. No obstante, esa actitud no debe ser una excusa que le impida abrazar el progreso con propósito.

Sea sabio con las oportunidades

Aprovechar con sabiduría la oportunidad hace que los cambios parezcan más estratégicos. Tres buenas oportunidades para hacer cambios importantes en el ministerio con la juventud son: enero, después de Navidad; junio, después de la graduación; y agosto/septiembre, a principios del año escolar (depende del país).

Reconozca que la gente se ajusta con el tiempo

Cuando en nuestros cultos y programas dejamos de sentarnos en filas para sentarnos en mesas redondas, nuestros jóvenes se quejaron durante varias semanas. Ahora se han olvidado. Cuando les pedí a algunos voluntarios endurecidos que renunciasen, la gente se quejó. Ahora las quejas han pasado. Cuando cambiamos nuestro programa del miércoles al martes, fui el objeto de mucho enojo por tal locura. Ahora sería criticado si lo cambiáramos al miércoles. La gente se acostumbra con el tiempo.

Dé las gracias a sus agentes de cambio

Hace un tiempo, el liderazgo de la iglesia me pidió que aumentara de dos a tres el número de nuestros cultos de fin de semana para el ministerio con los jóvenes. Este solo cambio causó una gran alarma entre los jóvenes a los que se les pidió que asistieran al culto nuevo del sábado por la noche en vez de sus mañanas usuales de domingo. Nos enfrentamos a comentarios como estos: «¡Pero ese tipo nuevo que es tan guapo viene los domingos por la mañana!» «¡No podemos comer las rosquillas el sábado por la noche; no es tradicional!»

Algunos miembros del personal se quedaron espantados con las noticias y con la mirada parecían decir: «Por favor, no me hagas eso» y «¿Estás seguro de que vas a hacerlo *todos* los sábados?» Sus preguntas incluían: «¿Cómo vamos a promoverlo, apoyarlo y equiparlo con músicos, un equipo de drama y voluntarios?»

Por fin llegamos al punto final, y nuestro equipo de ministerio se reunió para crear otro programa de calidad. Nunca dejo de darle las gracias a los líderes voluntarios por el éxito logrado en los programas de los sábado por la noche. (¡Espere a que se enteren de que quizá agreguemos un cuarto culto!)

> Hacer que la gente se acomode a los cambios, requiere tiempo. Este nivel de comodidad a menudo depende de la fortaleza que usted demuestre en su posición, y la fortaleza de su posición a menudo depende del apoyo. Cuando tengo un apoyo sólido, los cambios vienen con facilidad. De lo contrario, los cambios son difíciles.

Depósitos del cambio: Planificación, política y oración

Tres factores primarios influyen en mi apoyo. Me gusta referirme a estos tres factores como «depósitos» en mi cuenta de apoyo. Estos son planes, política y oración.

Una vez que define, entiende y desarrolla estos tres depósitos, su posición de apoyo aumentará. Individualmente, estos tres elementos son válidos e importantes, pero en conjunto forman una base sinérgica para obtener éxito en la reestructuración o nuevo diseño del proceso del ministerio para jóvenes o los programas.

Depósito de la planificación

Se acusan a muchos obreros de jóvenes (y bien) de improvisar. Sé de esto porque durante años caí en esta categoría. Muchas veces me han celebrado mis habilidades de espontaneidad y relaciones, pero también me han criticado esa misma cantidad de veces por mi falta de administración y de habilidades para planear.

Mientras aumenta su ministerio, también debe aumentar su disposición para organizar. La razón es sencilla: A medida que su impacto aumenta, más personas (dentro y fuera de su ministerio) están dependiendo de usted para hacer lo bueno. Cuanto más anticipe los planes de los programas: reservar los salones, establecer el presupuesto y asegurar el campamento, más tiempo tendrá para estar con los jóvenes y con sus padres en esos programas.

Muchos de los que toman decisiones en la iglesia son personas de negocios. Personas que se sienten cómoda con el orden y la estructura y tienen fuertes habilidades administrativas. No son el tipo de persona que trata de planear un campamento una semana antes de que lleguen los campamentales. Ellos lo planean un año por adelantado y tienen cinco estimados para cada gasto. No importa si a usted le guste o no su estilo, ellos tienen posiciones influyentes que pueden modificar su presupuesto, y a menudo, su futuro. Si usted no está bien organizado, busque un ayudante que le guste planificar; es esencial para su éxito y apoyo futuro.

En mi iglesia previa, tenía un voluntario de organización. Este papá no quería trabajar con jóvenes, pero quería un ministerio de calidad para su hijo. Él fue un regalo especial que Dios me dio. Además de organizarnos, me enseñó cómo planear los programas y las actividades usando el método R.A.R. de planificación:

Resultado
Acciones
Recursos

Resultados

Comience por crear una imagen del fin. Pregúntese: «¿Cómo será un programa con éxito?» Su respuesta puede incluir el número de jóvenes, los parámetros del presupuesto y la respuesta de los padres. Mientras más claro pueda conceptualizar el resultado deseado, más fáciles llegan a ser los próximos dos factores.

Acciones

¿Qué acciones se deben tomar para alcanzar su resultado? Su lista de pasos de acción llega a ser su plan. Mientras más tiempo emplee pensando en el resultado, más completa será su lista de acciones. Hacer una lista de todos los pasos a tomar le dará una mejor idea del tiempo necesario para alcanzar los resultados.

Recursos

Al crear un plan, piense en los recursos necesarios para alcanzar su resultado. Una evaluación no real de sus recursos personales, físicos o financieros, puede destruir sus planes y llegar a ser una fuente de frustración.

Depósito de la política

Si está sorprendido de que mencione la política en la iglesia, usted debe ser nuevo en el ministerio. Si está agradecido de que trate el asunto, probablemente es un veterano. Y si piensa que la política no es asunto de la iglesia, probablemente usted sea un personaje de Disney buscando una dirección en el Mundo de la Fantasía.

> **Si piensa que la política no es asunto de la iglesia, probablemente usted sea un personaje de Disney buscando una dirección en el Mundo de la Fantasía.**

Los temores y las frustraciones asociados con la política en la iglesia son muchos y variados. A través de los años he oído y me he espantado con historias de horror, así que estoy bien educado en el poder de la política. He visto a obreros talentosos y bien intensionados, dañarse por el uso inadecuado de la política. Así que, puedo relacionarme y compadecerme con todas las razones para temerle a la política de la iglesia, pero concluyo que cualquier intento para pasarla por alto es insensato e inútil.

Detrás de nuestros temores y frustraciones con la política en la iglesia hay una equivocación en su definición. Para ayudar a corregir esa definición, permita que le ofrezca una definición nueva de la política en la iglesia, que no es espantosa: *La habilidad de ganar apoyo para el ministerio que Dios le ha confiado.*

Mi responsabilidad dentro de esta definición es confiar en Dios, permanecer fiel a mi llamado, y nutrir el apoyo para el ministerio de jóvenes en nuestra iglesia. Si me someto a nuestro liderazgo de la iglesia y consigo apoyo para nuestro ministerio de jóvenes, Dios se preocupará del resto. Como humanos, requerimos una estructura que facilite un sistema para ayudarnos con nuestro trabajo. Sin tal cosa, hay un caos. El apóstol Pablo describe la iglesia como un cuerpo que tiene muchas partes aunque funciona como uno (véase 1 Corintios 12:12-31). Para una operación precisa debe haber orden, organización y coordinación de sistemas. El cuerpo corporativo de Cristo debe ser igual al cuerpo humano. Aquí hay seis sugerencias creadas para establecer el poder de permanencia política en su ministerio de jóvenes.

Conozca los sistemas

Cada iglesia tiene su propia estructura de liderazgo organizacional. Aunque esté atado por la tradición, denominación o personalidades, el sistema forma avenidas para las decisiones. Una comprensión de los sistemas reforzará su base política del ministerio, así que si está en una iglesia nueva, busque un miembro confiable dispuesto a enseñarle.

Descubra qué es de valor

Es imprescindible que entienda y aprecie sinceramente los valores de su iglesia. Mientras los discierne, asegúrese de mirar la superficie de la iglesia «feliz». Usted, como un obrero entusiasta de jóvenes puede parecer crítico y no valorar una «vaca sagrada» de la congregación, con la cual ofende a los antiguos miembros de la iglesia. Si después de una consideración cuidadosa, decide que entiende los valores correctamente, pero no los pueden apoyar, probablemente es tiempo de hacer un cambio.

Llegue a ser un jugador del equipo

La manera más rápida de destruir el apoyo es pensar y actuar como si el ministerio de jóvenes fuera el único ministerio de la iglesia. Usted no dirige una entidad separada; usted dirige una parte de la misión completa de la iglesia. Su compromiso con otros líderes de la iglesia y miembros de la congregación aumentará el éxito de la iglesia, y además, su propio éxito.

Apoye con entusiasmo al liderazgo de la iglesia, especialmente a su pastor principal

Si quiere obtener el apoyo de otros, usted necesita darlo también. La mejor manera de lograrlo es apoyar al liderazgo de su iglesia con todo su corazón, especialmente al pastor principal. Aquí hay algunas sugerencias para desarrollar estas relaciones:

- Respete el uso de su tiempo
- Invítelos a sus programas, pero dígales que no necesitan asistir.
- Sométase a su liderazgo.
- Cuide de sus familias.
- Quíteles trabajo de encima.
- Apóyelos pública y privadamente.
- Sírvalos.

Si sus motivaciones son auténticas, uno de los beneficios maravillosos será mantener amistades perdurables. Otro subproducto de su apoyo será el ejemplo que usted le dé a los jóvenes de la iglesia. Como ve, estas relaciones de calidad con los líderes de la iglesia y su pastor principal, al ser observado por los jóvenes, tienen beneficios poderosos y a largo plazo para la iglesia. Además, estas son inversiones importantes que pagarán grandes dividendos en su deseo de ganar apoyo y triunfar en el ministerio.

Sepa cómo medir y comunicar el éxito

Es esencial que usted mida los éxitos del ministerio de jóvenes y los comunique a la iglesia. Cualquiera que sean las medidas (numéricas, grados de participación, madurez espiritual de los jóvenes, etc.), no asuma que el personal y el cuerpo de la iglesia lo conozcan. Un papel importante del ministro de jóvenes es mostrar cuidadosamente el ministerio. Nadie está mejor situado, ni nadie debe estar más apasionado, por dar las buenas noticias de lo que Dios está haciendo en medio de ellos. Cuando anuncie los resultados, siempre sea *honesto* (no aumente los números ni los resultados) y *sea humilde* (no se haga merecedor de lo que Dios y otros han alcanzado). Ambas cualidades atraerán apoyo.

Escoja sus batallas con sabiduría

Es inevitable, si permanece en una iglesia durante cualquier período significativo, usted enfrentará asuntos, problemas y gente que causa conflictos. Cuando sea posible, resuelva el conflicto amistosamente y sin la confrontación indebida. Pero si la Palabra de Dios o la razón demanda confrontación, conteste estas preguntas primero.

- ¿La confrontación puede tener resultados positivos?
- ¿He buscado la sabiduría y el consejo de un amigo confidente (más viejo o más sabio)?
- ¿He trabajado para entender y para apreciar las diferencias?
- ¿Es reconciliable la diferencia sin la confrontación?
- ¿Estoy absolutamente seguro de que no estoy equivocado, mal informado, ni miope?
- ¿He buscado humildemente y he sentido la guía de Dios?

Si ora diligentemente, por cada una de las respuestas a estas preguntas, y si obedece la guía de Dios, puede estar seguro, no importa el resultado, de haber hecho lo correcto. Optimistamente, considerando a Cristo y lo suyo, los resultados honrarán a Dios, a su gente y a sus propósitos.

El último pensamiento en cuanto a las batallas: Asegúrese de entender que la batalla verdadera es con Satanás, no con miembros ni líderes en su propia iglesia ni en otras iglesias. Para lograr sus propósitos, al enemigo le encanta enemistar a la gente de Dios, así que haga todo lo que esté a su alcance para frustrar el plan de Satanás y mantener una unidad amorosa dentro de las iglesias. La única batalla que vale la pena pelear es la que Cristo dirige contra el príncipe de las tinieblas.

Depósito de la oración

Este libro comenzó afirmando la creencia de que todo lo que hacemos de valor para el ministerio de jóvenes debe ser hecho con el poder de Dios. Estoy seguro de que usted lo cree de todo corazón. La conclusión nos trae de nuevo al poder de Dios.

Si el poder de Dios es la fuente indispensable de la energía para edificar un ministerio de jóvenes con propósito, es solo lógico que queramos conectarnos a esa fuente y depender de su naturaleza que es dar vida. Como todos sabemos, nuestra conexión con Dios viene más apropiadamente por la oración. Estoy seguro de que usted cree que la oración es importante para un ministerio efectivo con la juventud, pero ¿está convencido de que es esencial? ¿Es usted tan audaz como para decir que usted y su ministerio no pueden sobrevivir sin ella? ¿Se interesa en orar por su ministerio? ¿Anhela estar en la presencia de Dios?

No tengo ningún problema en admitir que soy codependiente. La oración es lo que me mantiene conectado y dependiente de Dios. Practique testificar la presencia de Dios mediante la oración y usted reconocerá su poder.

> **Estoy seguro de que usted cree que la oración es importante para un ministerio efectivo con la juventud, pero ¿está convencido de que es esencial?**

Propósito de la oración

Dios no necesita propósitos ni planes nuevos. Ha hecho sus propósitos claros. El propósito de la oración, por lo tanto, no es informarle a Dios algo nuevo. Ya está enterado de todo lo que hacemos en cada momento de cada día. El propósito de la oración es mantenernos dependientes de él y en relación con el que da la vida. Mediante la oración, podemos dar gracias a Dios por lo que está haciendo, y podemos clamar a él con nuestros pedidos, esperanzas y deseos.

> **El ministerio de jóvenes no necesita un líder más creativo, talentoso, ni carismático, sino líderes renovados.**

La persona de oración

La oración es el elemento principal de una persona santa. La gente que se deleita a sí misma en Dios y procura honrarlo y servirlo, es gente que también ama invertir tiempo con él. Como en cualquier otra relación, tendemos a ser como aquellos con quienes empleamos tiempo; por lo tanto, la gente santa emplea tiempo, de calidad y en cantidad, con Dios. El ministerio de jóvenes no necesita un líder más creativo, talentoso, ni carismático, pero lo que necesita desesperadamente es tener líderes renovados.

Prioridad de la oración

Para muchos, la oración es algo que agregamos (intencional o habitualmente) al fin de nuestros planes y discusiones acerca del ministerio. Usamos nuestras mentes y métodos primero, y después buscamos la bendición de Dios para lo que ya hemos creado. He cometido este error más veces de lo que quisiera admitir. Una gran tentación es dar el salto confiando en nuestras propias tendencias, deseos, habilidades y planes antes de hablar con Dios y buscar su corazón y su mente para nuestro ministerio.

Cuando hagamos de la oración una prioridad como Jesús lo hizo, comenzaremos y finalizaremos todo lo que hacemos, en diálogo con el Padre para conocer su mente y experimentar su bendición.

Poder potencial de la oración

Si creemos que la Palabra de Dios es verdad, debemos también creer que

- Todas las cosas son posibles para Cristo
- Si pedimos con fe, Dios obrará para nuestro beneficio

- Dios oye nuestra oración y petición
- Las oraciones de una persona que vive correctamente con Dios pueden alcanzar mucho
- Dios está ansioso por oír nuestras oraciones y contestar nuestros clamores de ayuda
- El que está en nosotros es mayor que el que está en el mundo
- Haremos cosas aun más grandes

Si sabemos que estas cosas son ciertas, las debemos poner en práctica. Como Jesús dijo: «Si conocéis estas cosas ... benditos sois si las hacéis.» Él nos ha inspirado con su oración ejemplar, mostrándonos que por la oración podemos formar parte de su reino en la tierra como en el cielo. ¡Qué privilegio! ¡Mejor todavía, que potencial!

Acepte lo que dice Dios y confíe en él para hacer lo que ha prometido. Mientras oremos, él nos dirigirá como agentes de cambio manejados con propósito, el cambio importante que permitirá que el Reino de Dios venga completamente a las vidas de los jóvenes, con quienes estamos honrados de compartir la vida: aquí, ahora y esperamos que para siempre.

Es apropiado concluir con esta oración de San Francisco de Asís. Haga que el valor, la serenidad y la sabiduría de que habla sea suya para lograr que cuenten las vidas jóvenes. Que también sirvan como una bendición y motivación a medida que usted persevera para edificar para nuestro Señor Jesucristo, un ministerio de jóvenes con propósito.

Señor, concédeme serenidad para aceptar las cosas que no puedo cambiar, valor para cambiar aquellas que puedo, y sabiduría para reconocer la diferencia entre estas dos cosas.

HÁGALO PERSONAL

1. ¿Cuáles son sus tres obstáculos mayores para aplicar el cambio?
2. ¿Quién es un amigo objetivo que escuchará sus ideas y hará preguntas difíciles?
3. ¿Quién se lastimará mayormente debido a los cambios que usted anticipa?
4. ¿Cuál es la mejor oportunidad para hacer los cambios en su ministerio?
5. ¿Por qué la planificación es un elemento crucial del cambio?
6. ¿Cómo responde a esta definición de la política: «La habilidad de ganar apoyo para el ministerio que Dios le ha confiado»?
7. ¿Qué pasos puede tomar para ser un jugador más fuerte del equipo?
8. ¿Qué tres cosas usted puede hacer en el próximo mes para apoyar a su pastor?
9. Este libro da una vuelta completa. Comienza con el *poder de Dios* y termina con un énfasis en la oración. ¿Qué puede hacer para recordar a diario estas verdades críticas para un ministerio fructífero de jóvenes?

Apéndice A
Los dos primeros años

Si es un ministro de jóvenes que recién comienza, este libro puede parecerle agobiante. Pero los conceptos amplios se pueden resumir en principios realizables. La siguiente lista lo ayudará a tomar los primeros pasos a medida que comienza su ministerio:

1. *Póstrese ante Dios.* Pida la sabiduría de Dios para su vida, familia, ministerio, sueños y preguntas. Él no lo desilusionará (véase el capítulo 1).

2. *Concéntrese en las relaciones.* Invierta una buena cantidad de tiempo conociendo a los jóvenes, los líderes y los padres. Pida a algunos amigos a quienes usted le rinda cuenta que lo ayuden a balancear su vida (véanse los capítulos 11 y 17).

3. *Comunique su deseo de ayudar a las familias.* Desde el comienzo, permita que la gente sepa que usted desea crear un ministerio juvenil que cuente con la amistad de la familia (véase el capítulo 14).

4. *Identifique sus valores personales.* Pregúntese qué lo apasiona y qué quiere comunicar a través de su liderazgo (véase el capítulo 13).

5. *Enseñe los propósitos.* Emplee una cantidad importante de tiempo asegurándose de que todos entienden los cinco propósitos de la iglesia (véase el capítulo 2).

6. *Busque líderes.* Estratégicamente busque líderes adultos como jóvenes que lo ayuden. Su supervivencia y la salud del ministerio dependen de los líderes (véanse los capítulos 10, 15 y 16).

7. *Desarrolle una declaración de propósito.* Después de enseñar el tema *los propósitos* y elegir algunos líderes, pida que ellos lo ayuden

a formar una declaración de propósito que comunique por qué existe su ministerio (véase el capítulo 3).

8. *Evalúe sus programas actuales.* Enseñe a su equipo a evaluar todos los programas actuales y a qué audiencia está destinada. Haga los cambios necesarios a través de los ojos de la evangelización, la adoración, la comunión, el discipulado y el ministerio (véase el capítulo 5).

9. *Cree los programas para alcanzar a la audiencia destinada y cumplir los propósitos.* Quizá usted y su equipo necesiten crear programas nuevos, evaluarlos y mejorarlos para llegar a guiarse con propósito (véanse los capítulos 6–10, 12, 19).

10. *Comuníquese con claridad.* Lance la visión. Inspire a la gente a ver el razonamiento detrás de su estrategia de programación y a entender los cambios (véanse los capítulos 4, 11 y 12).

Apéndice B

Diferencias entre los ministerios de jóvenes en las edades de 11-13 y 15-18 en la Iglesia Saddleback

Como dedico la mayor parte de mi tiempo al ministerio de los jóvenes de 15-18 años, uso los ejemplos y anécdotas de ellos como un punto de referencia para *Ministerio de Jóvenes con Propósito*.

Pero este libro también se aplica a usted aunque sea un ministro de jóvenes de 11-13 años. En la Iglesia Saddleback, los dos ministerios son similares en los nueve componentes aunque tienen liderazgos separados. Convenimos en todos los principios clave e incluso usamos la misma declaración de propósito. Todo esto es para decirle, ¡que el libro tiene aplicación!

La única diferencia menor consiste en la estrategia del programa. Ambos ministerios usan el mismo propósito primario para la comunidad, la multitud, la congregación, el dedicado y el centro, con las siguientes modificaciones ligeras para los programas de 11-13 años.

Audiencia potencial	Propósito	
Comunidad	Evangelización	Los jóvenes de 11-13 años dependen más de los acontecimientos ocasionales evangelísticos mientras que el ministerio de jóvenes de 14-18 años se apoya en la evangelización entre amigos (véase el capítulo 6).

Audiencia potencial	Propósito	
Multitud	Adoración	Los jóvenes del primer grupo están separados de los del segundo grupo para nuestros cultos de adoración de fin de semana, pero esencialmente tienen el mismo formato (véase el capítulo siete).
Congregación	Compañerismo	El grupo de jóvenes menores se reúne en grupos pequeños dispersos por la propiedad de la iglesia, mientras que los mayores se reúnen en hogares de la comunidad y cada cual recibe a varios grupos pequeños (véase el capítulo 8).
Dedicados	Discipulado	El ministerio de los menores enfoca su esfuerzo de discipulado en un grupo pequeño adicional que se reúne con un líder asignado, mientras el ministerio del grupo de 14-18 años utiliza las herramientas para el discipulado que se mencionan en el capítulo 9.
Centro	Ministerio	El ministerio de los jóvenes menores se concentra en lograr la participación de los jóvenes pertenecientes al Centro en equipos de ministerio (casi como los equipos de ministerio a los jóvenes menores, véase la página 125). El ministerio de jóvenes mayores tiene un grupo de jóvenes líderes como su programa primario, el cual se explica en el capítulo diez.

Apéndice C
Atraiga los jóvenes a la Biblia

Una de las mayores frustraciones que sufren los voluntarios que trabajan con la juventud es la de tratar que los jóvenes desarrollen el apetito y la disciplina de meditar en la Palabra de Dios. Sabemos que leer la Biblia con regularidad es un elemento esencial para el proceso del discipulado, pero también sabemos que la mayoría de los jóvenes solo tienen buenas intenciones, si las tienen, de mantener un horario regular de la lectura. La realidad es que estamos ministrando a una generación bíblicamente analfabeta.

Cada año se publican varias guías amigables nuevas para estudiantes de la Biblias, en una tentativa de hacer de la Biblia una lectura fácil. He llegado a la conclusión de que las Biblias nuevas no son la respuesta. Los adolescentes necesitan herramientas que los guíen a través de las Escrituras y los ayuden a entender la Palabra de Dios. Parte del problema es que los jóvenes no saben cómo comenzar a leer la Biblia. Típicamente, comienzan en el principio y tratan de abrirse camino por Génesis. Si están verdaderamente ansiosos y son disciplinados, tal vez lleguen a leer Éxodo. Entonces, por Levítico, se sorprenden y levantan las cejas cuando tratan de discernir qué hizo Moisés cuando en 8:16-17 dice: «Luego Moisés tomó toda la grasa que recubre los intestinos, el lóbulo del hígado, los dos riñones y su grasa, y los quemó en el altar. Pero el resto del novillo, es decir, la piel, la carne y el excremento, lo quemó en el fuego, fuera del campamento, tal como el Señor se lo había mandado.» Después de algunos capítulos de sangre, sacrificio de animales y unción con aceite, los jóvenes se confunden, y a menudo abandonan su empeño de leer la Biblia. Y dicen: «¡Yo traté!»

Otro tropiezo para una mejor disciplina en la lectura de la Biblia, es que los jóvenes llegan a agobiarse con la idea de que deben ser capaces de leer toda la Biblia en un año. Un programa que requiere que lean tres capítulos al día puede intimidarlos. Seguro, es desafiante y estimulante durante los primeros días del mes de enero. Luego el joven pierde dos días y tiene que leer ¡nueve capítulos para ponerse al día con el plan de lectura! Eso puede desalentarlos. No hay razón para recomendar algo tan difícil y de tanta presión para el estudiante promedio, cuando nuestra verdadera meta debe ser cultivarlos con las disciplinas cristianas para el crecimiento espiritual.

Una herramienta más eficiente para llevar la Palabra de Dios a los jóvenes es *The One-Minute Bible for Students* [La Biblia de un minuto para jóvenes]. Este libro tiene 365 días de pasajes y elimina el misterio de lo que un estudiante debe leer. Cada día de lectura solo requiere cerca de un minuto. Al final del año, el estudiante habrá leído un panorama general de toda la Biblia. Las lecturas de la Biblia fueron escogidas por John R. Kohlenberger III, un experto internacionalmente reconocido en trabajos de referencia y traducción bíblica. Además de leer la Biblia diariamente, se agrega «un minuto extra» para la aplicación escrita por mí, mostrando cómo las Escrituras se pueden aplicar a la vida del estudiante. (Para obtenerlo, véase el número de teléfono en la página 431.)

La Biblia en un Minuto para Jóvenes no reemplaza la Biblia; es una herramienta creada para ayudar a los jóvenes a desarrollar un apetito y disciplina de la lectura de la Palabra de Dios. (He encontrado que hasta los no cristianos leerán la Biblia diariamente durante un minuto.) Si sus jóvenes necesitan ayuda para leer la Palabra de Dios y usted quiere armarlos con un sentido de victoria, este es el mejor recurso que conozco. Los guiará en la lectura y les dará confianza en el desarrollo de la disciplina. La comodidad al leer genera confianza, la cual genera un estudio más intenso que dirige a un cambio de vida.

Para los que prefieren diagramas en lugar de párrafos, lo siguiente en el apéndice D es una vista general de nuestros programas y una información clave para una rápida guía de referencia.

Apéndice D

Guía de programas

Programas	DESAFÍO A LA EVANGELIZACIÓN ENTRE AMIGOS	NOCHE DE PROGRAMAS LA GRAN NOCHE	CULTOS DE ADORACIÓN DE FIN DE SEMANA	CLASES DE NUEVOS CREYENTES	CENA PARA DIEZ
Propósito de la iglesia	Misión	Misión	Magnificación	Madurez	Membresía
Propósito del ministerio juvenil	Alcanzar	Alcanzar	Honrar	Crecimiento	Relacionar
Audiencia en perspectiva	Comunidad	Comunidad	Multitud	Multitud	Multitud
Términos clave	• relaciones • evangelización continuo • «ganar» el derecho de ser oído • no programado • 5 pasos • todos pueden participar • desafiar	• grande y divertido • medio ambiente seguro • aceptación • romper la creencia de «iglesia aburrida» • ayudar la comunidad • pre evangelístico	• risa • celebración • drama y vídeo • alinearse a la filosofía de «gran iglesia» • abrir la puerta al ministerio • participación de jóvenes • 3 cultos idénticos	• base • garantía • amor de Dios • oración • Biblia • devocional • preguntas y respuestas	• íntimo • diversión • hacer sentir pequeño al «grupo grande» • relación con líderes • no hay agenda • en la casa de Doug y Cathy • para nuevos o no relacionados
Proceso número	1	2	3	4	5
Horario	Continuo	3 veces al año	Semanal	Mensual	Mensual

Programa	ADOLESCENTES Y LA TENTACIÓN	EQUIPOS MINISTERIALES	CLASE 101	ÁREA DE ESTUDIO BÍBLICO	CLASE 201
Propósito de la iglesia	Membresía	Ministerio	Membresía	Membresía	Madurez
Propósito del ministerio juvenil	Relación	Descubrir	Relación	Relación	Crecimiento
Audiencia potencial	Multitud	Multitud	Multitud	Congregación	Congregación
Términos clave	• «Rescatar» • Comentar experiencias • Seguridad • Aceptación • Grupos pequeños • Honradez • Rescate de líderes	• Jóvenes involucrados • Más de treinta ministerios • Experimentar • Participación abierta para cada uno • Impactar la salud del ministerio	Las clases incluyen: • Plan de salvación • Lo que creemos • Todo acerca de la iglesia Saddleback	• Pequeños grupos • Varios lugares convenientes • Estudio bíblico • Acerca de la vida • Fomenta intercambios • Voluntarios encargados	Las clases incluyen: • Disciplinas espirituales (H.A.B.I.T.O.)
Número del proceso	6	7	8	9	10
Horario	Semanal	Varios	Mensual	Semanal	Mensual

Programa	HERRAMIENTAS DE DISCIPLINA: JORNADA DEVOCIONAL	HERRAMIENTAS DE DISCIPLINA: S.R.5	HERRAMIENTAS DE DISCIPLINA: TESOROS ESCONDIDOS	HERRAMIENTAS DE DISCIPLINA: BANCO DE BENDICIONES	HERRAMIENTAS DE DISCIPLINA: TRABAJOS DE RAÍZ
Propósito de la iglesia	Madurez	Madurez	Madurez	Madurez	Madurez
Propósito del ministerio juvenil	Crecimiento	Crecimiento	Crecimiento	Crecimiento	Crecimiento
Audiencia potencial	Dedicados	Dedicados	Dedicados	Dedicados	Dedicados
Términos clave	• Asistente al devocional • Resultados medibles • Iniciativa propia • Peticiones de oración	• Socio Responsable 5 • 5 minutos semanales • Compañero de oración • En la escuela	• Memorización autodirigida • iniciativa propia • Trabaje a su paso • 3-5 versículos a la vez	• Autoestudio • Diezmo • Banco • Sobres	• Estudio bíblico autodirigido • Inductivo • Iniciativa propia • Aplicación práctica • Trabaje a su paso
Número del proceso	11	11	11	11	11
Horario	Propio	Propio	Propio	Propio	Propio

PROGRAMA	ALABANZA Y ADORACIÓN	MISIONES MENSUALES	INSTITUTO BÍBLICO	CLASE 301	MINISTERIO DEL EQUIPO DE LÍDERES	LIDERAZGO DE JÓVENES	CLASE 401
Propósito de la iglesia	Magnificación	Misiones	Madurez	Ministerio	Ministerio	Ministerio	Misiones
Propósito del ministerio juvenil	Honrar	Descubrir	Crecer	Descubrir	Descubrir	Descubrir	Alcanzar
Audiencia potencial	Dedicados	Dedicados	Dedicados	Dedicados	Centro	Centro	Centro
Término clave	• Muchas canciones • Enseñanza bíblica • Madurez del creyente «sentir» • Familias invitadas	• Experimentar • Comunidad local • Méjico • Tercer mundo	• Sección 1 12 clases de Biblia • Sección 2: 6 clases de teología • Sección 3: 6 clases de apologética	Clases incluyen: • Estudio de dones espirituales • Estudio detallado de «DCHPE»	• 301 graduados • Animar • Pastores participación de jóvenes • Organización de equipos de ministerio • Mantenerse en movimiento	• Actitud del «liderazgo» • Estilo de vida conveniente • Dedicado al ministerio • Grandes requisitos, gran recompensa • Siervo	Clases incluyen: • Conciencia misionera • Preparación evangelística • Propósito de vida
Número del proceso	12	13	14	15	16	17	18
Horario	Semanal	Mensual	Mensual	Mensual	Varios	Mensual	Mensual

Apéndice E

Busque su «DCHPE» en los ministerios para jóvenes

Información personal:

Nombre:

Dirección: Ciudad: Código postal:

Teléfono del hogar: Escuela: Grado:

Dones espirituales

Cada uno tiene de Dios su propio don: éste posee uno; aquél, otro. (1 Corintios 7:7)

Dones espirituales que creo tener: (véase abajo)
1.
2.
3.

Creo tener estos dones porque:
1.
2.
3.

Dones espirituales que COMUNICAN la Palabra de Dios:
predicar   evangelización   apóstol   misiones   liderazgo

Dones espirituales que EDUCAN al pueblo de Dios:
enseñar   animar   (exhortación)   sabiduría   conocimiento

Dones espirituales que DEMUESTRAN el amor de Dios:
servir   misericordia   hospitalidad   pastorear   dar   ayudar   fe   administrar

Dones espirituales que CELEBRAN la Presencia de Dios:
sanidad   milagros   lenguas   interpretación   de   lenguas   profecías

Corazón

Dios les ha puesto en el corazón que lleven a cabo su divino propósito
(Apocalipsis 17:17).

Deléitate en el Señor, y él te concederá los deseos de tu corazón (Salmo 37:4).

Nombra algunas cosas que haces bien y que te gusten hacerlas:

1.

2.

3.

La gente me elogia cuando:

Habilidades

Hay diversas funciones (1 Corintios 12:6)

Estas son mis mejores habilidades:
1.

2.

3.

Otras habilidades y/o destrezas que estoy aprendiendo y/o usando son:
1.

2.

3.

Algunos ejemplos son:
Drama, escribir, oratoria, arte, fotografía, vídeo, aconsejar, reparar, diseñar, computadoras, contabilidad, música, memorizar, dar clases privadas/explicar, atletismo, etc.

Personalidad

En efecto, ¿quién conoce los pensamientos del ser humano sino su propio espíritu que está en él? (1 Corintios 2:11)

Así es como yo me veo. (Encierra en un círculo una de las dos palabras para cada comentario)

1. En grupo yo soy más:
   RESERVADO o EXTROVERTIDO
2. Mis decisiones se basan más en:
   HECHOS/PENSAMIENTOS o SENTIMIENTOS
3. En mis relaciones tiendo a ser más:
   DEPENDIENTE de OTROS o INDEPENDIENTE
4. Mi uso de tiempo es más:
   PLANEADO o ESPONTÁNEO

Un ejemplo de por qué marqué cada uno de los asuntos anteriores:
1.
2.
3.
4.

Experiencia

Ahora bien, sabemos que Dios dispone todas las cosas para el bien de quienes lo aman, los que han sido llamados de acuerdo con su propósito. (Romanos 8:28)

Mi experiencia espiritual es (o cómo llegué a ser cristiano):

Algunas experiencias dolorosas que he tenido:

Una experiencia pasada de la cual aprendí algo es:

«DCHPE»

Si pudiera diseñar una manera específica para servir a Dios de acuerdo a mi «DCHPE» personal, sabiendo que no podría fallar, quizá fuera:

Paquete de aplicación para voluntarios

Carta de bienvenida

Estimado voluntario para ser líder:

Me agrada saber que esté interesado en trabajar en nuestro ministerio para jóvenes.

Nuestra iglesia siempre está buscando líderes voluntarios para servir en el equipo de este ministerio. Creemos que un ministerio sólido se fundamenta en las relaciones que exista entre adultos y jóvenes. Las relaciones son importantes para el sentimiento de amor del joven y la comprensión del amor de Dios de una manera práctica. De ahí proviene el verdadero crecimiento espiritual en la vida del estudiante.

La calidad de nuestro equipo es muy importante. Buscamos a hombres y mujeres que se hayan comprometido con Cristo y deseen cultivar a los jóvenes. Con la ayuda de la oración y su consideración pertinente, lea el material adjunto. Antes de tomar una decisión, lo invito a observar uno de nuestros cultos de fin de semana o los programas de mediados de semana. Entonces llene la solicitud. Debido al gran valor que damos a este ministerio, también valoramos mucho a nuestro personal.

Después que reciba su solicitud, le llamaré para acordar una entrevista. Esta información será estrictamente confidencial. Mientras tanto, siéntase en plena libertad de observar uno de nuestros cultos de fin de semana o los programas a mediados de semana.

¡El ministerio para jóvenes es una gran forma de invertir su tiempo y servir al Señor! Espero poder reunirme con usted para pasar un rato hablando acerca de sus esperanzas e intereses para el ministerio. Si tiene alguna necesidad de comunicarse conmigo, por favor, no dude en llamarme.

Bendiciones,

Doug Fields
Pastor de jóvenes

QUÉ NECESITAN LOS JÓVENES DE LOS ADULTOS INTERESADOS:

Un cambio en el mundo de los jóvenes se logra cambiando a los jóvenes uno por uno. Los jóvenes no se relacionan con los programas, pero sí se relacionan con las personas. La forma más eficaz de influenciar a un joven es a través de una importante relación con personas clave en sus vidas. Nuestro objetivo es desarrollar líderes que ministren a los jóvenes.

Los jóvenes necesitan adultos que:
* amen a Dios y vivan para él
* estén interesados en sus vidas
* tomen la iniciativa de emplear tiempo con ellos
* oren por ellos
* sean realistas
* tengan palabras de ánimo
* crean en ellos
* se rían
* vayan a «su mundo»
* recuerden sus nombres y cuiden de ellos
* compartan el amor de Dios a través de la experiencia personal
* sean constantes con los programas
* sean pacientes
* gocen de la vida

CÓMO INVOLUCRARSE EN LA VIDA DE LOS JÓVENES

Luego explicaremos el proceso de la solicitud, pero es importante que primero conozca qué responsabilidades le pedimos a nuestro equipo. Para un ministerio eficiente con jóvenes, necesita:

1. Entender el propósito y la expresión de valores de nuestro ministerio. Repase los valores y objetivos que hacen nuestro ministerio eficaz al alcanzar y cultivar a los jóvenes.

2. Responsabilizarse con un programa. Considere el papel para el cual Dios le formó con el fin de relacionarse con los jóvenes.

3. Desarróllese como ministro. Mejore su ministerio personal, el cual terminará por influenciar a los jóvenes.

ENTIENDA EL PROPÓSITO Y LA EXPRESIÓN DE VALORES PARA NUESTRO MINISTERIO.

Propósito establecido

Nuestro ministerio para jóvenes existe para **alcanzar** a jóvenes no creyentes, **relacionarlos** con otros cristianos, ayudarlos a **crecer** en su fe, desafiarlos a **descubrir** su ministerio y **honrar** a Dios con su vida.

Expresión de valores

La expresión de valores son palabras que reflejan nuestros valores, actitudes, estilos y creencias que «inspiran» nuestro propósito. Tratamos de incorporar estos elementos clave en nuestros programas y vidas. Todo esto está basado en las RELACIONES.

TRABAJO POR RELACIONES

A NIMO

R ISA Y CELEBRACIÓN

A CEPTACIÓN

T RANSPARENCIA

I NVOLUCRAR JÓVENES

O RIENTACIÓN HACIA ALCANZAR

C RECIMIENTO NUMÉRICO

C RECIMIENTO ESPIRITUAL

A MBIENTE DE HOGAR

T NTIMIDAD

P ROFESIONALISMO

S EGUIMIENTO ESTRATÉGICO

Asuma la responsabilidad de un programa

Opción de programas: Culto de fin de semana, sábado: 5:00 p.m.; domingo: 8:45 a.m. y 11 a.m.

Estas son nuestras reuniones de grupos grandes que están

creadas para tener una atmósfera de amistad, diversión, desafío y emoción. Este programa rompe la mentalidad de «iglesia aburrida» y ayuda a los jóvenes a celebrar la vida. Están llenos de risas, payasadas, vídeos, canciones, dramas y un mensaje que lleva a los jóvenes a la madurez espiritual.

Papel del voluntario: Saludar a los concurrentes al servicio de fin de semana/Líder en la mesa

Necesitamos adultos que den la bienvenida, aprendan nombres, hablen a los jóvenes en las mesas, los animen a asistir a otros programas, y además ayuden a crear una atmósfera de aceptación.

Opción de programa: Estudio bíblico en pequeños grupos por área (varias noches, de 7 a 9)

Este es un programa clave para hacer pequeños nuestros grupos grandes. Lo dividimos en grupos de estudio bíblico a mediados de semana. Estos grupos se reúnen en casas para estudiar la Biblia y se separan en pequeños grupos para obtener mejor interacción, peticiones de oración y ser responsables unos a otros. Es poderoso para los jóvenes que se están cultivando en base a los grupos pequeños.

Papel de los voluntarios: Maestros E.B.A., pastores, líderes de grupos pequeños

En general, la mayoría de nuestros nuevos voluntarios comienzan como líderes de grupos pequeños. Esta es su oportunidad para relacionarse profundamente con un grupo de jóvenes que usted puede cuidar, animar, orar y atender durante la semana.

Opción de programa: Equipos de ministerio (ítempos de encuentros variados)

Los equipos de ministerio están llenos de jóvenes que están relacionados con un área del ministerio basándose en sus deseos, dones, y forma de ser. Quisiéramos que todos nuestros jóvenes dedicados tuvieran un ministerio donde sirvan a Dios. Algunos ejemplos de estos equipos son: drama, música, dar la bienvenida, viajes misioneros, organizar programas especiales, surfear, vídeo, computadoras; las opciones son ilimitadas y la experiencia en el ministerio es incalculable.

Papel de los voluntarios: Equipo de ministerio Coordinador/Supervisor

Supervisar la organización e implementación de uno de los muchos ministerios. La mayoría de los equipos comienzan con jóvenes, pero funcionan mejor cuando tienen un líder adulto para guiarlos y brindarles estrategias y aliento.

Hay muchas otras oportunidades de participar en nuestro ministerio. Las tres mencionadas anteriormente son las mejores para comenzar. Si usted tiene un don o deseo específico, me gustaría mucho hablar con usted acerca de cómo podría expresarlo de acuerdo al contexto de nuestro ministerio juvenil.

¿A qué me comprometo?

- Asistir al programa regularmente (pedimos que por lo menos llegue quince minutos más temprano y se quede por lo menos quince minutos después del final. Estos minutos extras son importantes para relacionarse con los jóvenes.
- Ministrar relacionándose con los jóvenes durante la semana (media hora de tiempo adicional para atender a los jóvenes por medio de notas, llamadas telefónicas, o encuentros, etc.)
- Asistir a la reunión mensual del equipo.
- Desarrollarse como ministro.
- Nuestro objetivo es ayudar a los líderes voluntarios a pasar de un ministerio de programa dirigido (dependiente del programa) a un ministerio autodirigido (independiente). Algunas sugerencias para ayudarlo a desenvolverse como ministro son:
- Tiempo: Sea paciente; sentirse cómodo y relacionarse con los jóvenes toma tiempo.
- Participación: Asistir a programas especiales y campamentos lo ayudará a intensificar y solidificar sus relaciones con los jóvenes.
- Iniciativa: Mientras más invierta, mayores serán los resultados que obtendrá. Sus relaciones se harán más profundas mientras más tiempo invierta.

Cómo llegar a ser un voluntario del ministerio juvenil: Proceso de solicitud

1. Exprese interés

Usted debe tener interés en servir a Dios amando a los jóvenes, pero no sabe hasta dónde puede servir. Lo ayudaremos con eso. Algunas de las personas que menos posibilidades parecen tener, son los mejores obreros con los jóvenes, así que tome el siguiente paso mientras considera este ministerio en oración.

2. Contacto inicial con el personal de la iglesia

Esta es nuestra oportunidad para tener un pequeño contacto y escuchar los deseos que tenga de involucrarse en el ministerio. Además, le daremos un vistazo general de los ministerios y le programaremos una visita para observar nuestros programas.

3. Reciba material del ministerio juvenil

Este paquete le brinda información básica para ayudarlo a decidir qué hacer acerca del ministerio. Hemos tratado de explicarle tanto como es posible, pero se obtiene un panorama más claro cuando usted observa un programa.

4. Observe los programas

Antes de llenar la solicitud, lo animamos a observar un programa. Esta es una gran oportunidad para que tenga un mejor concepto del ministerio, sin tener expectativas o responsabilidades que cumplir. Tendrá oportunidad de conocer a los jóvenes, otros miembros del equipo y escribir preguntas para nuestra próxima entrevista. Es normal que se sienta incómodo al observar el programa (por lo regular, los jóvenes no se esforzarán en hacer que usted se sienta bienvenido hasta que usted los conozca).

5. El paquete completo de la solicitud

Este paquete de solicitud se desarrolló para obtener información adecuada para nuestro proceso de investigación. Pedimos dos referencias. Usted puede elegir (1) un pastor, (2) un amigo cercano o (3) un empleador que haya tenido el año pasado.

6. Entrevístese con el pastor de jóvenes

Esta es una oportunidad para intercambiar algunas ideas que tenga acerca de sus observaciones, describir su peregrinaje espiritual, y comunicar cuáles son sus dones y deseos para trabajar con el ministerio de jóvenes. Discutiremos acerca de una descripción del trabajo que se adapte más a su «DCHPE».

7. Considere en oración su compromiso

Queremos que dedique tiempo a orar y pensar acerca de este compromiso. Además lo animamos a buscar el consejo de su familia y/o amigos en cuanto a su compromiso.

8. Devuelva la solicitud de compromiso firmada

Después que decida que realmente quiere participar, firme la hoja de compromiso y devuélvala.

9. Comience a ministrar

Hablaremos de la fecha para comenzar cuando usted devuelva la solicitud. La fecha puede variar dependiendo de la participación que le interese.

10. Reunión de evaluación

En su marca de un mes, nos reuniremos para evaluar sus ideas y percepciones en cuanto a su participación. Continuaremos la evaluación a través del año y ajustaremos su papel para que sirva mejor a su estilo, personalidad y fortalezas.

QUÉ PUEDE ESPERAR DE SU IGLESIA

- estructura y liderazgo
- palabras de ánimo
- oportunidades de capacitación y aprendizaje
- cartas de apoyo y dirección
- oración y responsabilidad
- desafío para desarrollar su ministerio

¡Felicidades! Casi ha terminado de procesar su paquete. Sé que parece tener mucho material, pero mediante este «proceso» obtendrá una información de mucho valor para hacer más fácil su transición al ministerio de jóvenes. Ahora, por favor, complete la solicitud y envíe sus referencias. Le repito, si tiene alguna pregunta o necesita ayuda adicional, siéntase libre de comunicarse conmigo.

SOLICITUD PARA VOLUNTARIOS DEL MINISTERIO JUVENIL

INFORMACIÓN GENERAL

nombre

fecha actual

dirección

fecha de nacimiento

teléfono durante el día

ocupación

teléfono durante la noche

empleador

Categoría de trabajo
❏ tiempo parcial ❏ tiempo completo ❏ estudiante

Estado civil
❏ soltero ❏ casado ❏ divorciado

Educación

secundaria

año de graduación

Universidad / otra educación

año de graduación

título

estudios secundarios

otra educación

año de graduación

Historia personal y espiritual
Escriba un breve testimonio acerca de cómo llegó a ser un cristiano (incluya la fecha).

Explique brevemente asuntos importantes en su vida que lo han impresionado espiritualmente.

Describa tres maneras principales en que ha crecido en su peregrinaje espiritual desde que se convirtió en un cristiano.

¿Cómo describiría su peregrinaje espiritual actual?

¿A quién le rinde cuentas actualmente en su peregrinaje espiritual?

¿Qué hace usted cuando tiene un conflicto con alguien? ¿Cómo maneja la confrontación?

¿Hay algún asunto especial o preocupación en su vida actual que tenga un impacto en su compromiso y participación en el ministerio de jóvenes? (Por ejemplo: relaciones, otros compromisos, etc.)

Para cuidar a los jóvenes, creemos que es nuestra responsabilidad buscar un personal adulto capaz de proporcionar salud, seguridad y relaciones nutritivas. Por favor, sea sincero al contestar las siguientes preguntas. Cualquier asunto especial puede ser discutido individualmente con el personal pastoral.

¿Está usando drogas ilícitas?   ❏ sí   ❏ no

¿Alguna vez ha tenido que tratarse por causa de abuso de alcohol o drogas?   ❏ sí   ❏ no

En caso positivo, por favor explíquelo.

¿Cuál es su opinión respecto a beber alcohol?

Después de ser adulto, ¿alguna vez tuvo relaciones sexuales con menores? ❑ sí ❑ no

¿Alguna vez lo han acusado o condenado en forma alguna de abuso de menores? ❑ sí ❑ no

En caso positivo, descríbalo por favor.

¿Fue víctima de forma alguna de abuso a menores? ❑ sí ❑ no

En caso positivo, ¿le gustaría hablar con un consejero o el pastor? ❑ sí ❑ no

¿Estaría de acuerdo en que el Estado de Convicción Criminal le tomara sus huellas dactilares? ❑ sí ❑ no

¿Desde cuándo asiste a la Iglesia Saddleback? _____

¿Es miembro?

❑ sí ❑ no

Haga una lista de fechas y actividades de otras experiencias ministeriales en la Iglesia Saddleback, y las razones por las cuales dejó ese ministerio.

FECHA INICIAL	MINISTERIO/ACTIVIDAD	FECHA FINAL	RAZÓN

Describa cualquier otro ministerio/iglesia en el cual participó.

¿Qué dones espirituales cree tener, y cómo le gustaría usarlos en el ministerio de jóvenes?

¿Por qué quiere trabajar en el ministerio de jóvenes?

¿Qué espera del personal del ministerio de jóvenes?

La información contenida en esta solicitud es absolutamente correcta, según mi entender. Yo, quien firma este documento, autorizo a la Iglesia de la Comunidad del Valle de Saddleback o a sus representantes para dejar conocer cualquiera o toda la información registrada en relación al trabajo con menores. La Iglesia Saddleback puede constatar con mis referencias y las agencias respectivas del gobierno si lo estima necesario para verificar mi idoneidad como obrero para la juventud. Entiendo que el personal profesional de la iglesia mantendrá confidencialmente la información personal de esta aplicación.

_____   _____
Firma   Fecha actual

IGLESIA SADDLEBACK

REFERENCIA PARA EL MINISTERIO DE JÓVENES

_____ solicita trabajar con los jóvenes como obrero voluntario del ministerio para jóvenes de la Iglesia Saddleback y dio su nombre como una referencia personal.

La persona en este ministerio estará en contacto cercano a jóvenes, y queremos asegurar que estas relaciones van a ser sanas. Por favor, llene este modelo y use el sobre adjunto para enviarnos su evaluación respecto a la integridad y carácter de esta persona. Su respuesta será confidencial.

1. Describa su relación con esta persona.

2. ¿Desde cuándo la conoce?

Para contestar las preguntas del 3 al 8, tenga la bondad de usar la escala siguiente:

1: bajo   2: promedio bajo   3: normal   4: muy bueno
5: excelente

¿Cómo calificaría sus habilidades en los asuntos siguientes?:

3. Relaciones con personas de su edad

4. Madurez emocional

5. Cómo resuelve conflictos

6. Cumplidora de sus compromisos

7. Tiene habilidad para relacionarse con jóvenes

8. Espiritualmente madura

9. ¿Cuáles son las esferas fuertes de esta persona?

10. ¿Le preocupa que esta persona trabaje con jóvenes? Si es así, explique su preocupación.

Gracias por el tiempo que invirtió completando este cuestionario. Si tiene alguna pregunta en cuanto a esta referencia, diríjase al Departamento de Ministerio Juvenil.

_____
Nombre   Fecha

_____
Número de teléfono

Apéndice 6

RESPONSABILIDAD DEL EQUIPO DEL MINISTERIO DE JÓVENES

Después de estudiar el ministerio, emplear tiempo en oración y hablar con mi familia acerca del compromiso que conlleva participar en el equipo del ministerio de los jóvenes, decido comprometerme con lo siguiente:

☐ Reconozco el señorío de Jesucristo en mi vida y tengo una relación personal con él.

☐ Me comprometo a desarrollar y madurar mi relación con Dios mediante los devocionales, la asistencia activa a la iglesia y la participación en las relaciones responsables.

☐ Me comprometo a escoger y vivir una vida que sea tanto piadosa como irreprochable, sabiendo que mi estilo de vida es un ejemplo para los jóvenes.

☐ Me comprometo a trabajar en el ministerio de jóvenes por lo menos durante un año.

☐ Asistiré a las reuniones mensuales de equipo.

☐ Intentaré encontrar por lo menos un adulto voluntario que colabore con el crecimiento del ministerio.

☐ Entiendo los cinco propósitos de la iglesia y la estrategia del ministerio con la juventud y me comprometo a ayudar a cumplir los propósitos y amar a los jóvenes que Dios traiga a mi ministerio.

☐ Estoy haciendo un compromiso significativo y mi presencia es importante, por lo tanto, estoy de acuerdo en ser constante y llegar a tiempo a los programas con los cuales me he comprometido.

Me comprometo con uno de los siguientes programas:
☐ Culto de fin de semana ☐ 5 p.m. ☐ 8.45 a.m. ☐ 11 a.m.
☐ Grupo pequeño de estudio bíblico
☐ Coordinador de un equipo de ministerio: Ministerio _____
☐ Recuperación (divorcio, drogas, trastornos alimenticios)
☐ Programas especiales

_____

Firma   Fecha

Apéndice H

DOUG FIELDS Roles y metas	Mes: Semana:		Lunes	Martes	Miércoles	Jueves	Viernes	Sábado	Domingo
	F o m e n t o		7:00	7:00	7:00	7:00	7:00	7:00	7:00
P e r s o n a l			8:00	8:00	8:00	8:00	8:00	8:00	8:00
			9:00	9:00	9:00	9:00	9:00	9:00	9:00
			10:00	10:00	10:00	10:00	10:00	10:00	10:00
			11:00	11:00	11:00	11:00	11:00	11:00	11:00
	L í d e r		12:00	12:00	12:00	12:00	12:00	12:00	12:00
M a e s t r o			1:00	1:00	1:00	1:00	1:00	1:00	1:00
			2:00	2:00	2:00	2:00	2:00	2:00	2:00
			3:00	3:00	3:00	3:00	3:00	3:00	3:00
	M Y L C		4:00	4:00	4:00	4:00	4:00	4:00	4:00
P a s t o r			5:00	5:00	5:00	5:00	5:00	5:00	5:00
			6:00	6:00	6:00	6:00	6:00	6:00	6:00
	O t r o		7:00	7:00	7:00	7:00	7:00	7:00	7:00
A d m i n			8:00	8:00	8:00	8:00	8:00	8:00	8:00
			9:00	9:00	9:00	9:00	9:00	9:00	9:00

DOUG FIELDS — Roles y metas

Mes: **March**
Semana: 6 - 12

Roles (columns): Familia · Líder · MYLC · Pastor · Admin

Hora	Lunes 6	Martes 7	Miércoles 8	Jueves 9	Viernes 10	Sábado 11	Domingo 12
7:00							
8:00				J. ALONSO EN DENNEY'S			CULTO NO. 2
9:00		REUNION IGLESIA		REUNION DESARROLLO-VIDA			
10:00						CODY BALOMPIÉ	CULTO NO. 3
11:00		RIGOBERTO	AARON MATT	DAVID J.	KATHLEEN LYNNE		
12:00							
1:00							
2:00							
3:00		PERSONAL DEL MINISTERIO	ESCUELA LHHS		ESCUELA ETHS		
4:00		PARA LOS JOVENES	BALONCESTO DAN / ESTEBAN	CASA	LUCHA LIBRE DAVID / BILL		
5:00						CULTO NO. 1	
6:00			JUEGO DE TORIE	ESTUDIO BIBLICO DEL ÁREA	CATHY		
7:00							
8:00							
9:00							

DOUG FIELDS — Mes: **March** — Semana: **6 - 12**

Roles y metas			Lunes 6	Martes 7	Miércoles 8	Jueves 9	Viernes 10	Sábado 11	Domingo 12
P	Devocional	10	7:00	7:00	7:00	7:00	7:00	7:00	7:00
e	Ejercicio	11	8:00	8:00	8:00	8:00 J.ALONSO EN DENNEY'S	8:00	8:00	8:00 CULTO NO.2
	Amigos	12	9:00	9:00 REUNIÓN IGLESIA	9:00	9:00 REUNIÓN DESARROLLO-VIDA	9:00	9:00	9:00
o			10:00	10:00	10:00	10:00	10:00	10:00 CODY BALOMPIÉ	10:00
n			11:00	11:00	11:00	11:00	11:00	11:00	11:00 CULTO NO.3
M	Prep fin de sem.	20	12:00	12:00 RIGOBERTO	12:00 AARON MATT	12:00 DAVID J.	12:00 KATHLEEN LYNNE	12:00	12:00
a	Prep Est.B.Area	21	1:00	1:00	1:00	1:00	1:00	1:00	1:00
e			2:00	2:00	2:00	2:00	2:00	2:00	2:00
			3:00	3:00 PERSONAL DEL MINISTERIO	3:00 ESCUELA LHHS	3:00	3:00 ESCUELA ETHS	3:00	3:00
o			4:00	4:00 PARA LOS JÓVENES	4:00 BALONCESTO DAN/ESTEBAN	4:00 CASA	4:00 LUCHA LIBRE DAVID/BILL	4:00	4:00
P	Tiempo para jov.	30	5:00	5:00	5:00	5:00	5:00	5:00 CULTO NO.1	5:00
	Padres	31	6:00	6:00	6:00	6:00 ESTUDIO BÍBLICO DEL ÁREA	6:00	6:00	6:00
			7:00	7:00	7:00 JUEGO DE TORÉ	7:00	7:00 CATHY	7:00	7:00
			8:00	8:00	8:00	8:00	8:00	8:00	8:00
A	Llamadas	40	9:00	9:00	9:00	9:00	9:00	9:00	9:00

Roles y metas (lista):

F	Ideas, grupo peq.	50
o	Grabación para	
m	comprometidos	51
e	Planilla, «para	
n	conocerte mejor»	52
L	Reunión personal	60
f	Tiempo crecim.	61
d	Desarrollo de	
e	personal	62
t	Pastores	
r	Estudio.B.A.	63
o	Preparar person.	64
M	Editar libro	70
Y	Pedido, Biblias	
L	de un minuto	71
G		
O		
t	Seguimiento	41
r	Carta a padres	43
o	Volantes, camp.	42
	Planes, verano	44

DOUG FIELDS — Roles y metas

Mes: **March** Semana: **6 - 12**

Roles y metas (columna izquierda):

- P Devocional — 10
- e Ejercicio — 11
- 12 Amigos
- F Ideas, grupo peq. — 50
- o Grabación para
- m comprometidos — 51
- e Planilla, «para
- n conocerte mejor» — 52
- M Prep fin de sem. — 20
- a Prep Est.B.Area — 21
- L Reunión personal — 60
- f
- d Tiempo crecim. — 61
- e Desarrollo de
- t personal — 62
- r Pastores
- Estudio.B.A. — 63
- Preparar person. — 64
- P Tiempo para jov. — 30
- s Padres — 31
- M Editar libro — 70
- Y Pedido, Biblias — 71
- L de un minuto
- C
- A Llamadas — 40
- d Seguimiento — 41
- m Carta a padres — 43
- i Volantes, camp. — 42
- n Planes, verano — 44

Agenda semanal:

Hora	Lunes 6	Martes 7	Miércoles 8	Jueves 9	Viernes 10	Sábado 11	Domingo 12
7:00							
8:00				J. ALONSO EN DENNEY'S			CULTO NO. 2
9:00		REUNIÓN IGLESIA		REUNIÓN DESARROLLO-VIDA			
10:00						CODY BALOMPIÉ	CULTO NO. 3
11:00				DAVID J.	KATHLEEN / LYNNE		
12:00		RIGOBERTO	AARON / MATT				
1:00							
2:00							
3:00		PERSONAL DEL MINISTERIO PARA LOS JÓVENES	ESCUELA LHHS		ESCUELA ETHS		
4:00			BALONCESTO DAN / ESTEBAN	CASA	LUCHA LIBRE DAVID / BILL		
5:00						CULTO NO. 1	
6:00			JUEGO DE TORRE	ESTUDIO BÍBLICO DEL ÁREA			
7:00					CATHY		
8:00							
9:00							

Apéndice I
Más materiales

Dos elementos del ministerio con la juventud no discutidos en este libro son el desarrollo de adolescentes y la cultura del adolescente. Se han escrito volúmenes sobre el desarrollo y la cultura adolescente y existen muchas bibliografías excelentes sobre el ministerio con adolescentes. Sería más lógico, entonces, dirigirlo a las obras ya existentes.

Para más información sobre el desarrollo del adolescente, véase *Introduction to Youth Ministery* por John Dettoni (Zondervan, 1995). Incluye una bibliografía de cuarenta páginas con docenas de fuentes acerca del desarrollo del adolescente.

Walt Mueller del Centro para el Padre/Comprensión del Joven ha escrito un libro excelente titulado *Understanding Today's Youth Culture* [Comprendiendo la cultura actual de la juventud] (Tyndale, 1994). CPYU publica también un boletín para informar a padres y obreros de la juventud de tendencias culturales actuales y de recursos en el World Wide Web. Usted puede obtener más información acerca del ministerio en http://www.cpyu.org/index.html.

Para la bibliografía más reciente del ministerio con la juventud, busque la compilación de *Youth Worker Journal* en:

http: //www.youthspecialties.com.

Índice temático